工学结合·基于工作过程导向的项目化创新系列教材
国家示范性高等职业教育土建类"十三五"规划教材

建筑工程资料管理

（第2版）

JIANZHU GONGCHENG ZILIAO GUANLI

主　审　袁钢强　罗银燕

主　编　骆　萍

副主编　颜立新

编　委　蒋世军　徐文芝
周　红　郭志英
张艳芝　万　平
胡　佳　许　博
欧阳文利

華中科技大學出版社
http://www.hustp.com
中国·武汉

内 容 简 介

本书根据《中华人民共和国建筑法》《建设工程法律法规及相关知识》《建筑工程资料管理规范》《建设工程文件归档规范》《法律法规及相关知识、专业通用知识》《资料员专业基础知识》《建设工程质量管理条例》等，结合相关职业资格考试内容，对建设工程文件与档案管理、建筑工程资料管理基本知识、施工现场材料的见证取样、工业与民用建筑工程施工文件的形成、建设工程声像档案与电子文件的形成、建设工程文件归档整理、建设工程竣工验收备案等七个方面的内容进行了较系统的阐述。通过本书的学习，读者能够综合掌握建筑工程资料的基本知识及资料收集、制作、整理与归档工作的基本操作技能。

本书具有三个显著特征。第一，针对性。本书以相关职业标准、建筑企业专业技术管理人员岗位资格考试大纲为依据，内容和编排与考试大纲相对应。第二，实践性。突破学科体系模式，尤其是学校教材体系模式，理论知识以必要、够用为原则，专业技能基本覆盖岗位工作实践业务。第三，基础性。把握人才层次标准和职业标准能力测试的特点，考核最常用、最关键的基本知识、基本技能。

为了方便教学，本书还配有教学课件等教学资源包，相关教师和学生可以登录“我们爱读书”网(www.ibook4us.com)免费注册并浏览，或者发邮件至 husttujian@163.com 免费索取。

本书适合于全国高职高专院校土建类专业学生使用，也可作为建设行业职工培训的学习教材。

图书在版编目(CIP)数据

建筑工程资料管理/骆萍主编.—2版.—武汉：华中科技大学出版社，2017.2（2022.12重印）
国家示范性高等职业教育土建类“十三五”规划教材
ISBN 978-7-5680-2096-1

Ⅰ.①建…　Ⅱ.①骆…　Ⅲ.①建筑工程-技术档案-档案管理-高等职业教育-教材　Ⅳ.①G275.3

中国版本图书馆 CIP 数据核字(2016)第 183888 号

建筑工程资料管理(第 2 版)
Jianzhu Gongcheng Ziliao Guanli
骆　萍　主编

策划编辑：康　序
责任编辑：康　序
封面设计：原色设计
责任校对：刘　竣
责任监印：朱　玢
出版发行：华中科技大学出版社(中国·武汉)　　电话：(027)81321913
　　　　　武汉市东湖新技术开发区华工科技园　　邮编：430223
录　　排：武汉正风天下文化发展有限公司
印　　刷：武汉市籍缘印刷厂
开　　本：787 mm×1 092 mm　1/16
印　　张：18.75
字　　数：480 千字
版　　次：2022 年12月第 2 版第 6 次印刷
定　　价：38.00 元

前言

近年来，随着我国基础建设事业的蓬勃发展，建筑工程资料作为展示工程项目管理水平和体现工程项目管理的规范和标准力度的载体，逐渐引起了建筑行业的主管部门及管理者的重视。在工程建设过程中，如何按照国家制定的法律法规，以及规范和标准等对工程的实施过程进行管理并记录在案，最后形成完整的工程竣工验收资料，是一项系统的质量管理工作。建筑工程资料的管理是施工管理程序化、规范化和制度化的具体体现，是工程建设各主体在依法建设、现场管理、质量控制及采用新技术方面的原始记录，是建设工程施工质量的重要组成部分。

真实、完整、系统的资料是建筑工程规范管理过程中的重要组成部分。在初步掌握施工准备阶段的文件资料、施工资料、监理资料、竣工图资料及竣工验收备案资料的酝酿收集和编制方法，同时在对我国建筑工程技术资料管理方面的相关法律法规有较为深入了解的基础上，通过在具体工程背景下进行以项目为载体的建筑工程资料管理能力的实践训练，能够培养学生具备真正的职业能力。

建筑工程资料管理是实践性很强的工作。为了帮助学习者掌握建筑工程资料管理的基本方法，培养职业能力，切实解决工作中的实际问题，提高资料管理水平，编者在深入进行大量调研的基础上，结合建筑工程资料管理的课程实践，组织编写了本书。

全书共七个项目，由骆萍担任主编。项目1至项目7及附录由骆萍编写；蒋世军、周红、郭志英、张艳芝、万平参与了项目4的编写；周红、徐文芝、蒋世军、许博、欧阳文利参与了项目6的编写；最后由骆萍、周红、胡佳负责全书的审核和统稿。袁钢强、罗银燕对全书的最终定稿进行了大量的指导。

本书可作为建筑工程资料管理的实践性教学指导用书，也可作为职业岗位培训教材。全书在编写过程中参考了大量的相关文献资料，编者在此对文献资料的作者表示衷心的感谢！

为了方便教学，本书还配有教学课件等教学资源包，相关教师和学生可以登录“我们爱读书”网(www.ibook4us.com)免费注册并浏览，或者发邮件至 husttujian@163.com 免费索取。

由于编写时间仓促和编者水平有限，所以本书难免存在不足之处，恳请各位专家和读者批评指正。

编　者

2016年7月

目录

项目1 建设工程文件与档案管理概述

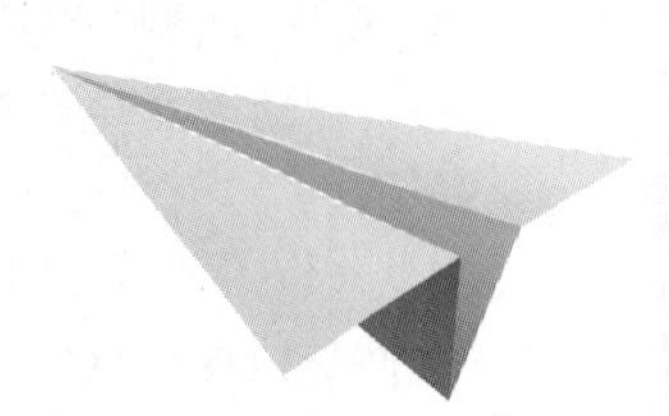

学习目标

知识目标：①了解建筑工程资料的重要性；②了解建设工程文件档案管理的基本概念、范围及分类、现状。

技能目标：①调研分析能力；②获取信息能力；③口头与书面表达能力。

素质目标：①良好的学习观念；②良好的观察力、逻辑思维能力；③良好的协作和沟通能力。

重点：建设工程资料的重要性。

难点：①建设工程文件与档案管理的基本概念；②建设工程文件与档案管理的范围及分类。

建设工程文件与档案是在新建、改建、扩建工程中形成的，它是进行工程维护和管理活动的重要依据和不可缺少的条件。

任务1 建设工程文件与档案管理的基本概念

一、建设工程文件与档案的基本含义

建设工程文件是指在工程建设过程中形成的各种形式的历史记录，包括工程准备阶段的文件、监理文件、施工文件、竣工图和竣工验收备案文件等。

建设工程档案是指在建设工程规划、设计、施工、管理等活动中直接形成的应当归档并具有保存价值的文字、图纸、图表、声像等不同形式的历史记录。

建设工程档案是城建档案的基本内容，属于科学技术档案的重要组成部分。从20世纪50年代末期在我国形成“技术档案”“城市基本建设档案”和20世纪80年代初期形成“科学技术档

案”的概念之后，建设工程档案就被列入技术档案或科技档案的范畴，并作为城建档案的内容。中华人民共和国住房与城乡建设部于 2001 年 7 月发布的“关于修改《城市建设档案管理规定》的决定”第二条指出：本规定所称城建档案，是指在城市规划、建设及管理活动中直接形成的对国家和社会具有保存价值的文字、图纸、图表、声像等各种载体的文件材料。

提出“建设工程档案”这一概念的原因主要有以下几点。

(1) 任何概念都是随着事物的发展而不断变化和深化的，没有永恒不变的概念，而建设工程档案这一概念的确立正是人们对这一事物不断加深认识的结果。

(2) 对于城建档案来说，确立建设工程档案这一概念，不仅重点突出，而且并不影响和排斥属于城建档案范围的其他档案的地位与作用。

(3) 建设工程档案不单指在城市建设范围内形成的档案，也包括乡村建设的重要档案（如公路、桥梁、涵洞、水利、电力等工程等），它实际上已经超出了城市建设范围，城建档案这一概念已经不能涵盖非城市建设工程档案，因此用建设工程档案才能将城乡建设工程档案综合起来进行介绍。

(4) 中华人民共和国住房和城乡建设部（以下简称国家住建部）颁发的国家标准《建设工程文件归档规范》(GB/T 50328—2014) 和国务院颁发的《建设工程质量管理条例》等法规文件，是提出建设工程档案这一概念的主要依据。

二、形成建设工程档案的条件

如今，信息、能源、材料已成为人类社会科学技术发展的三大支柱。档案信息资源是科学决策的重要依据，建设工程从项目的提出、方案的论证、立项的报批等，都必须充分地收集各种与项目有关的信息资料，然后通过分析研究，找出事物的运动规律，从而预见事物发展变化的趋势，确定目标。

“档案里面出效益，档案信息就是财富”，这是很多专家学者所公认的结论，但档案又来源于人们的工作、生产、科学研究等活动。建设工程档案则来源于工程建设的各个阶段，没有工程建设，就没有建设工程档案，反过来没有建设工程档案，就不可能顺利地进行工程项目建设。因此，建设工程与建设工程档案之间是一种互相依存、相辅相成的关系。

建设工程档案来源于工程建设，没有工程建设就没有建设工程档案。同时，有了工程建设不等于有了建设工程档案，这是因为：①在人们缺乏档案意识，只顾眼前利益不顾长远需要的情况下，即使有工程建设也不可能形成建设工程档案或不可能形成完整、准确的建设工程档案；②在人们还没有具备高度自觉和根除弄虚作假、投机取巧等腐败现象的情况下，有些利欲熏心的人为了巧取豪夺，弄虚作假，损害国家和人民的利益，也不可能形成完整、准确的建设工程档案；③在缺乏规章制度、管理不善、有关领导放任自流的情况下，也不可能形成完整、准确、系统的建设工程档案；④在缺乏必要的设备设施和具备档案管理专业的知识的人员进行管理的情况下，也不可能形成完整、准确、系统的建设工程档案，即使能形成某些工程项目的文件材料，也可能漏洞百出，给工程建设带来无穷的后患。

概括地说，形成完整、准确、系统的建设工程档案，离不开以下几个条件。

(1) 建设工程档案的存在和不断发展是形成建设工程档案的先决条件。不论过去、现在还是未来，都有各种工程建设的存在，而且这些工程建设总在不断发展和变化运动之中，这是形成建设工程档案的先决条件或首要的前提条件。大量的建设工程档案都是随着工程建设的存在而形成的。

(2) 建设工程档案是建设工程质量控制和检验的重要手段和依据。建设工程在建设过程中,为确保工程质量,质量监督部门和检测部门必须对建筑材料的合法性和适应性进行甄别和检验,对隐蔽工程进行覆土前进行验收和签证,从而形成的甄别和检验文件就是建设工程档案的重要内容之一。

(3) 建设工程在使用、维护管理和扩建、改建过程中,必须以工程档案作依据,这是形成建设工程档案的重要条件之一。人们在实践中早已认识到,凡是已经存在的建设工程如果缺乏反映这些工程项目的原始记录(即工程档案),就不便于维护和管理,尤其是对这些工程项目进行扩建、改建或重建时,会不知从何下手。例如,四川石油管理局勘察规划设计院在规划设计湖北红花套地区长距离输气管线中,使用1 m以上管径的管线跨越长江,跨度达1 km以上,过去没有设计过,通过利用已有的类似结构的工程档案,利用有关管线的工程档案,最终获得成功。有的建设和施工单位虽然没有收集和保管好工程建设档案,但能利用有关管线工程档案却获得成功;而有的建设和施工单位没有收集保管好工程建设档案,却又盲目施工,从而造成各种重大事故的情况则时有发生。由此可见,不论是新建还是扩建、改建工程,以及抢险救灾都需要利用建设工程档案。

(4) 维护国家建筑文化遗产和各种名胜古迹的需要,也是形成建设工程档案的条件之一。历史上留存下来的各种建筑和名胜古迹,构成了中华民族十分壮观的文化景象,因而享誉全球。因长时期战乱和天灾人祸,历史上设计和建筑的如都江堰、长城、故宫等古老建设工程,除了有关史志资料作了或详或略的记载外,已很难找到反映这些工程建设的原始记录档案了。现在的补救措施,只能是对修复、维护管理中形成的档案和所搜集到的有关史志资料进行妥善管理。我们今天的工程建设又将成为未来的历史的文化遗产,在科学技术越来越发达、保护与管理条件越来越好的情况下,我们再也没有理由给后代留下建设工程档案的空白。因此,形成完整、准确、系统的建设工程档案,不仅是当代人的需要,也是历史发展的必然要求。

(5) 坚持依法治档,健全与完善各项规章制度是形成完整、准确、系统的建设工程档案的重要条件之一。由于人为的、自然的各种不利于建设工程档案形成的因素普遍存在,如果没有国家法律法规及有关规章制度作保证,建设工程档案就很难以形成,或者即使能形成也难以维护它的安全和进行科学的管理。

(6) 加强专业培训,使参与建设工程档案管理的人员具备档案管理素质也是形成完整、系统的建设工程档案的重要条件之一。

三、建设工程档案和其他档案资料的关系

(1) 建设工程档案与建设系统各种专业档案之间有着密切的关系。建设工程涉及城市规划、国土规则、工程地质勘查、城市测绘、城市规划管理、土地管理、房地产管理、园林绿化、环境保护、环境卫生、地名管理、人防管理、城市公共交通、道路、桥梁、公路、铁路、航空、水运、水利、给水、排水、煤气、天然气、液化气、热力、电力、电信、工业运输管理、建筑工程设计、市政工程设计、施工技术等30多个专业。建设工程档案与这些专业部门形成的各种专业档案有着密切的联系。建设工程档案与这些专业档案之间是互为补充、互相合作但又必须服从建设工程档案这

个整体的关系，否则不利于建设工程档案的集中统一管理和有效的开发利用。

（2）建设工程档案与文书档案之间也有着密切的关系。

（3）建设工程档案也历史档案之间也有着密切的关系。

（4）建设工程档案与图书资料之间也有着密切的关系。

四、建设工程档案管理的基本内容

建设工程档案管理的基本内容有以下几个方面。

（1）形成过程管理。

（2）基础工作管理。

（3）开发利用管理。

五、建设工程档案管理的基本要求

建设工程档案管理的基本要求有以下几点。

（1）保证建设工程档案的完整、准确、系统与安全。

（2）加强建设工程档案的标准化、规范化管理，以适应现代化工程建设的需要。

（3）加大依法治档的力度，健全与完善各项管理制度。

任务 2 建设工程文件与档案管理的范围、分类及内容

一、城市建设档案的范围、分类

下面以城市建设档案为根据来了解建设工程档案的范围和分类。

按照国家住建部于2001年修订发布的“关于修改《城市建设档案管理规定》的决定”第五条规定，城建档案馆重点管理下列档案资料。

（1）各类城市建设工程档案，主要包括以下档案：①工业、民用建筑工程；②市政基础设施工程；③公用基础设施工程；④交通基础设施工程；⑤园林建设、风景名胜建设工程；⑥市容环境卫生设施建设工程；⑦城市防洪、抗震、人防工程；⑧军事工程档案资料中，除军事禁区和军事管理区以外的穿越市区的地下管线走向和有关隐蔽工程的位置图。

（2）建设系统各专业管理部门形成的业务管理和业务技术档案。这些专业部门包括城市规划、勘察、设计、施工、监理、园林、风景名胜、环卫、市政、公用、房地产管理、人防等部门。

（3）有关城市规划、建设及其管理的方针、政策、法规、计划方面的文件，科学研究成果和城市历史、自然、经济等方面的基础资料。

按照原国家建设部办公厅1993年8月修订印发的《城市建设档案分类大纲》，城建档案划分为18个大类和102个属类，具体介绍如下。

(1) 综合类:①政策、法规;②会议;③计划、统计;④外事;⑤城建档案工作。

(2) 城市勘测类:①工程地质;②水文地质;③控制测量;④地形测量;⑤摄影测量;⑥地图。

(3) 城市规划类:①国土规划;②总体规划;③分区规划;④详细规划;⑤县镇规划;⑥规划基础材料。

(4) 城市建设管理类:①土地管理;②建设用地规划管理;③建筑工程管理;④房地产管理;⑤地名管理。

(5) 市政工程类:①道路、广场;②桥梁;③涵洞;④隧道;⑤排水;⑥环境卫生。

(6) 公用设施类:①给水;②供气;③供热;④公用交通(含地铁);⑤供电;⑥电信。

(7) 交通运输工程类:①铁路;②公路;③水运;④航运。

(8) 工业建筑类:①动力;②矿业;③冶金;④机械;⑤电子;⑥石油;⑦化工;⑧轻工;⑨纺织;⑩建材;⑪医药。

(9) 民用建筑类:①住宅;②办公用房;③文化;④教育;⑤卫生;⑥体育;⑦商业、金融、保险;⑧其他。

(10) 名胜古迹、园林绿化类:①公园;②绿地、苗圃;③名木古树;④纪念性建筑;⑤名人故居;⑥名胜古迹、古建筑;⑦城市雕塑。

(11) 环境保护类:①环境管理;②环境监测;③环境治理;④自然保护。

(12) 城市建设科学研究类:①城市规划设计;②城市建设;③城市建筑科学技术;④城市现代化管理。

(13) 县(村)镇建设类:①县区;②乡镇;③村庄。

(14) 人防、军事工程类:①人防工程;②军事工程。

(15) 水利、防灾类:①水利工程;②防洪、防汛工程;③防灾、抗震工程。

(16) 工程设计类:①工业建筑设计;②民用建筑设计;③市政工程设计;④军事工程设计;⑤交通运输工程设计;⑥环保环卫工程设计;⑦园林工程设计;⑧其他。

(17) 地下管线类:①地下管线综合;②给水管线;③排水管线;④供气管线;⑤供热管线;⑥供电管线;⑦电信管线;⑧军事管线;⑨工业输送管线。

(18) 声像类:①照片;②缩微片(卷);③录像带;④录音带;⑤光盘与磁盘。

以上类别的划分,适用于各大、中、小城市建设档案的分类,其不仅规定了建设工程档案的具体范围和基本内容,而且所用的类别字母和号码,都是按照标准化、规范化的要求统一规定和设置的,不论是减少还是增加类别,凡是上述档案内容中的类别都应以这些代号为依据“对号入座”。

二、城市建设档案的内容

城市建设档案的内容可归纳为以下五个方面。

(1) 城市建设综合管理档案形成于城市建设系统各单位,包括有关城市规划、建设及其管理工作形成的全部业务工作管理和科学技术管理方面的能反映整个城市建设发展的历史和面貌的全部档案。

(2) 城市建设专业管理档案形成于城市建设专业主管部门,包括城市规划、规划管理、城市勘察与测绘、房地产管理、土地管理、园林管理、环保环卫管理、市政公用设施管理、公用交通管理、地名管理和人防管理等部门形成的专业档案。

(3) 城市建设工程设计竣工档案形成于各建设单位，包括本城市和驻在本城市的各级各类机关、各行业进行建设的单位在工程项目建设中形成的建设工程档案（主要是竣工档案）。

(4) 城市建设工程设计、施工档案和科学成果档案形成于城市建设设计、施工、科研部门和城市建设有关单位。

(5) 虽不属于档案范畴，但形成于同步的城市建设基础资料，根据城市规划、建设、管理工作需要，产生于驻市各级有关单位，包括城市历史沿革、城市经济、人口、科技、文化、教育、资源、水文、气象、地震等方面的资料。

从上述城市建设档案的形成范围、类别和涉及的单位可以看出，城市建设档案具有广泛性、综合性、专业性等特点。除此之外，它还具有成套性、动态性等特点。就其中的建设工程档案而言，一个建设工程项目特别是一些大型工程项目从立项开始，一般要经过提出项目建议书、进行可行性研究、编制设计任务书、选址、编制设计文件、安排年度计划、建设准备、工程施工、竣工验收等九个程序。要由建设单位、计划管理部门、城市建设综合主管部门、土地管理部门、设计单位、专业主管部门等共同完成，并形成每一个工程项目内互相衔接、不可分割的文件材料。一个工程项目中的文件材料互相衔接、不可分割地整理归档、汇集配套，才能反映出这个工程项目的全部过程，才能便于管理和提供利用，这是建设工程档案成套性特点的具体体现。由于工程项目的维护、管理、扩建、改建处在不断地变化之中，因而建设工程档案也要不断变动，以保证它与工程项目的真实面目相一致，从而能准确地反映工程项目的变动情况。所以说建设工程档案具有动态性特点，能够让工程项目健康地向前发展。

任务3　建设工程文件与档案管理的现状

一、历史的教训

由于受科学技术水平和各种条件的限制，在中华人民共和国成立之前，数千年所形成的建设工程档案除近代极少数幸存下来之外，绝大多数都被毁灭，这是莫大的历史教训。新中国成立后，中国共产党和人民政府总结历史教训，对旧政权遗留下来的历史档案和1919年至1949年民主主义革命时期形成的革命历史档案进行了广泛收集，建立现行档案的收集、整理、鉴定、保管、统计和利用制度，并进而将城市基本建设档案的管理也提上了议事日程。但由于人们认识水平的局限和宣传工作的滞后，在相当长一段时间内，相当一部分单位和相当一部分管理人员不具备档案意识，特别是不具备科技档案和工程档案意识，“技术心中有，图纸地下丢”、“工程结束，档案不留”等现象几乎到处可见，因而给国家建设和管理造成极大的影响，带来了巨大的经济损失。

据20世纪80年代国家档案局印发的全国科技档案工作会议文件汇编资料，河北省保定市由于城市建设档案不完整不准确，1978年至1980年三年内就造成了大小事故32起，浪费国家资金几百万元，而且影响着城市建设和工程维修工作的正常开展。北京市东郊某施工单位在一次挖地下管道时，没有按有关档案的记载施工，把中央人民广播电台的电线、电缆挖断了，使广播中断了很长时间，不仅修复电线、电缆会造成经济损失，而且使一些外国使馆人员在广播突然中断后以为中国发生了什么事情，闹得人心惶惶，造成了严重的政治影响，其他城市类似事故也不少。至于因建设单位没有妥善保管征地时形成的红线图和竣工验收时应当接收的完工图而打“官司”或造成经济损失的事例更是屡见不鲜。所有类似事例的出现都在提醒人们管理好建设工程档案是管理好现代城市建设的迫切要求，管理好建设工程档案必须吸取历史上的教训，必须认真总结建设工程档案管理上正反两个方面的经验。

二、建立健全和不断完善管理制度

在总结正反两方面经验的基础上，1980 年 12 月 27 日，当时的国家经济贸易委员会，国家建设委员会、国家科学技术委员会、国家档案局联合发布了《科学技术档案工作条例》（以下简称《条例》），以规范包括建设工程档案管理在内的科学技术档案工作。

《条例》规定：科技档案是指在自然科学研究、生产技术、基本建设（以下简称科研、生产、基建）等活动中形成的应当归档保存的图纸、图表、文字材料、计算材料、照片、影片、录像、录音带等科技文件材料；科技档案工作是生产管理、技术管理、科研管理的重要组成部分，各工业、交通、基建、科研、农林、军事、地质、测绘、水文、气象、教育、卫生等单位（以下简称各单位），都应当把科技档案工作纳入生产管理工作、技术管理工作、科研管理工作之中并加强领导；各单位应当按照集中统一管理科技档案的基本原则，建立健全科技档案工作，达到科技档案完整、准确、系统、安全和有效利用的要求。

《条例》在对建立健全科技文件材料的形成、积累、整理归档制度和科技档案部门接收后进行分类、编目、登记、统计、加工整理、鉴定、保管、提供利用等业务工作进行明确规定的同时，对建立健全管理体制也提出了具体的要求。《条例》规定，国家档案局和各级档案管理机关应当加强对科技档案工作的指导、监督和检查；科技档案工作必须按专业实行统一管理。同时规定，国务院所属的各专业主管机关和省、自治区、直辖市人民政府所属的各专业主管机关，应当建立相应的档案管理机构，加强对所属企业、事业单位档案工作的领导；国务院所属的各专业主管理机关，应根据需要建立专业档案馆，收集和保管本专业需要长期和永久保存的科技档案；大中城市应当建立城市基本建设档案馆，收集和保管本城市需要长期和保存的基本建设档案；专业档案和城市基本建设档案馆是科学技术事业单位。

《条例》对大中型企事业单位设立直属的科技档案机构，小型企事业单位设立单独的科技档案室，或可设立文书档案和科技档案统一管理的档案室，或者配备专（兼）职人员管理，各单位的科技档案工作由领导生产、科研的负责人或者总工程师分工领导等，也都作了明确的规定。

《条例》实施后，建设系统的各级机关领导把建设工程档案的管理纳入议事日程和自己的职责范围，并建立了城建档案馆和各基层单位档案室，调整充实或配备了档案人员，建立了各项规章制度，在较短的时间内，改变了以往因职责不分、各行其是、家底不清、管理混乱而造成建设工程档案工作滞后的情况，使建设工程档案的管理工作开始出现新的生机。自从 1987 年《中华人民共和国档案法》颁布实施后，国家进一步强化了建设档案管理制度，并将其纳入国家法制建设的轨道。国务院于 2000 年颁布的《建设工程质量管理条例》把“有完整的技术档案和施工管理资料”列为建设工程竣工验收的条件之一，同时规定建设单位在工程竣工验收后未按规定移交建设工程档案的应责令改正，并处以 1 万元以上 10 万元以下的罚款。

根据长沙市城建档案管理处（馆）编印的《城市建设档案管理法规文件汇编》收录的 20 多年以来形成的、现在正在实施的有关建设工程档案管理的法规文件，仅国务院、国家住建部、国家档案局等专业主管机关和湖南省政府所属的专业主管机关、长沙市专业主管机关的制定的就有 20 多个，并且中央有关专业机关和其他各省、自治区、直辖市及几百个城市的专业主管机关都制定了一系列建设工程档案管理法规和规章。这样就在全国范围内形成了一个纵横交错、上下贯通、不断完善的法规体系，使建设工程档案管理有法可依、有章可循，并且朝着规范化、标准化、法制化的方向发展。

三、已经取得的成就

通过在总结历史经验教训的基础上，坚持改革创新的方针，建立健全和不断完善各项规章制度，建立科学的管理体制，我国的建设工程档案管理发生了很大的变化，取得了很大的成就，改变了落后面貌。据有关部门统计，全国大部分省（自治区、直辖市）住建厅建立了城市建设档案管理机构，尚未建立专管机构的省（市）也确定了分管人员，有 574 个城市建立了城建档案馆，800 多个行政区、县建立了城建档案室并配备了大批城建档案管理人员，形成了层层有人管，各级有人抓的局面。这样不仅堵住了建设工程档案残缺不齐或自生自灭的漏洞，同时通过收集、整理、鉴定、保管和补测补绘等基础工作，形成了大批建设工程档案，为各项建设工程服务，使建设工程档案的作用得以充分发挥。例如，1991 年 12 月，湖南省湘潭市的重点建设项目煤气二期工程开始设计施工，当湘潭市档案馆二馆的负责人听说市政府需要投资修建湘江大桥的煤气管道时，及时将此信息通报湘潭市城建档案馆，湘潭市城建档案馆由于收集、整理和保管了市区范围内各项重点工程的档案，便向有关部门提供了相关档案 24 卷（册）、图纸 101 张，有关部门在利用这些档案资料时发现 20 世纪 50 年代初期在修建湘江大桥时，已经在桥墩下隐蔽了煤气管道，故安装煤气管道不需重新勘测、设计。仅此一项，就为湘潭市煤气二期工程节省投资几十万元，还大大缩短了施工时间。类似的事例在全国各大中城市都有发生，这无疑是得益于对建设工程档案“齐抓共管”和有关各项制度的建立健全。

发展到现在，城建档案馆已成为各个城市建设工程档案资料的储存、利用、咨询和服务的中心。

项目2 建筑工程资料管理基本知识

学习目标

知识目标：能自学规范。

技能目标：①调研分析能力；②获取信息能力；③口头与书面表达能力。

素质目标：①良好的学习观念；②良好的观察力、逻辑思维能力；③良好的协作和沟通能力。

重点：①术语；②基本规定。

难点：资料的签章、折叠竣工图纸、竣工图签章。

任务1 建筑工程资料管理常用术语

一、建筑工程资料

建筑工程资料是建筑工程在建设过程中形成的各种形式信息记录的统称，简称工程资料。

二、建筑工程资料管理

建筑工程资料管理是建筑工程资料的填写、编制、审核、审批、收集、组卷、移交及归档等工作的统称，简称工程资料管理。

三、工程准备阶段文件

工程准备阶段文件是建筑工程开工前，在立项、审批、征地、拆迁、勘察、设计、招投标等工程准备阶段形成的文件。

四、监理资料

监理资料是建筑工程在工程建设监理过程中形成的资料。

五、施工资料

施工资料是建筑工程在工程施工过程中形成的资料。

六、竣工图

竣工图是指建筑工程竣工验收后，反映建筑工程施工结果的图纸。

七、工程竣工文件

工程竣工文件是指在建筑工程竣工验收、备案和移交等活动中形成的文件。

八、工程档案

工程档案是指在建筑工程在建设过程中形成的具有归档保存价值的工程资料。

九、组卷

组卷是指按照一定的原则和方法，将有保存价值的工程资料分类整理成案卷的过程，也称立卷。

十、归档

归档是指工程资料整理组卷并按规定移交相关档案管理部门的工作。

任务2 基本规定

工程资料应与工程建设同步形成，并应真实反映建筑工程的建设情况和实体质量。

一、工程资料的管理

工程资料的管理应符合下列规定。

(1) 工程资料管理应制度健全、岗位责任明确，并应纳入工程建设管理的各个环节和各级相关人员的职责范围。

(2) 工程资料的套数、费用、移交时间应在合同中明确。

(3) 工程资料的收集、整理、组卷、移交及归档应及时。

二、工程资料的形成

工程资料的形成应符合下列规定。

(1) 工程资料形成单位应对资料内容的真实性、完整性、有效性负责。由多方形成的资料，应各负其责。

(2) 工程资料的填写、编制、审核、审批、签认应及时进行，其内容应符合相关规定。

(3) 工程资料不得随意修改；当需要修改时，应实行划改，并由划改人签署。

(4) 工程资料的文字、图表、印章应清晰。

(5) 工程资料应为原件；当为复印件时，提供单位应在复印件上加盖单位印章，并应有经办人签字及日期。提供单位应对资料的真实性负责。

(6) 工程资料应内容完整、结论明确、签认手续齐全。

(7) 工程资料宜按《建筑工程资料管理规程》(JGJ/T 185—2009)的主要步骤形成，见附录A中图A-1。

(8) 工程资料宜采用信息化技术进行辅助管理。

任务3 工程资料管理

一、工程资料的分类

工程资料可分为工程准备阶段文件、监理文件、施工资料、竣工图和工程竣工文件等五类。

工程准备阶段文件可分为决策立项文件、建设用地文件、勘察设计文件、招投标及合同文件、开工文件、商务文件等六类。

监理资料可分为监理管理资料、进度控制资料、质量控制资料、造价控制资料、合同管理资料和竣工验收资料等六类。

施工资料可分为施工管理资料、施工技术资料、施工进度及造价资料、施工物资资料、施工记录、施工试验记录及检测报告、施工质量验收记录、竣工验收资料等八类。

工程竣工文件可分为竣工验收文件、竣工决算文件、竣工交档文件、竣工总结文件等四类。

二、工程资料的填写、编制、审核及审批

工程准备阶段文件和工程竣工文件的填写、编制、审核及审批应符合国家现行有关标准的规定。

监理资料的填写、编制、审核及审批应符合现行国家标准《建设工程监理规范》(GB 50319—2013)的有关规定。

施工资料的填写、编制、审核及审批应符合国家现行有关标准的规定。施工资料用表宜符合《建筑工程资料管理规程》(JGJ/T 185—2009)附录C中的规定(可参考第4章中相关内容)，其附录C中未规定的，可自行确定。

竣工图的编制及审核应符合下列规定。

(1) 新建、改建、扩建的建筑工程均应编制竣工图，竣工图应真实反映竣工工程的实际情况。

(2) 竣工图的专业类别应与施工图对应。

(3) 竣工图应依据施工图、图纸会审记录、设计变更通知单、工程洽商记录(包括技术核定单)等绘制。

(4) 当施工图没有变更时，可直接在施工图上加盖竣工图章形成竣工图。

(5) 竣工图的绘制应符合国家现行的有关标准的规定。

(6) 竣工图应有竣工图章及相关责任人的签字。

(7) 竣工图应按本书附录B的方法绘制，并应按本书附录B的方法折叠。

三、工程资料编号

工程准备阶段文件、工程竣工文件宜按本书附录A表A-1所规定的类别和形成时间的顺序编号。

监理资料宜按本书附录A表A-1所规定的类别和形成时间的顺序编号。

施工资料编号宜符合下列规定。

(1) 施工资料编号可由分部、子分部、分类、顺序号四组代号组成，组与组之间应用横线隔开(见图2-1)。

××—××—××—×××
① ② ③ ④

图2-1 施工资料编号

其中，①为分部工程代号，可按本书附录A中表A-2的规定执行；②为子分部工程代号，可按本书附录A中表A-2的规定执行；③为资料的类别编号，可按本书附录A中表A-1的规定执行；④为顺序号，可根据相同表格、相同检查项目，按形成时间的顺序填写。

(2) 属于单位工程整体管理内容的资料，编号中的分部、子分部工程代号可用“00”代替。

(3) 同一厂家、同一品种、同一批次的施工物资用在两个分部、子分部工程中时，资料编号中的分部、子分部工程代号按主要使用部位填写。

(4) 竣工图宜按本书附录A表A-1中规定的类别和形成时间的顺序编号。

(5) 工程资料的编号应及时填写，专用表格的编号应填写在表格右上角的编号栏中，非专用表格应在资料右上角的适当位置注明资料编号。

四、工程资料收集、整理与组卷

工程资料的收集、整理与组卷应符合下列规定。

(1) 工程准备阶段文件和工程竣工文件应由建设单位负责收集、整理与组卷。

(2) 监理资料应由监理单位负责收集、整理与组卷。

(3) 施工资料应由施工单位负责收集、整理与组卷。

(4) 竣工图应由建设单位负责组织，也可委托其他单位完成。

工程资料的组卷除应执行上述几条规定外，还应符合下列规定。

(1) 工程资料组卷应遵循自然形成规律，保持卷内文件、资料的内在联系。工程资料可根据数量多少组成一卷或多卷。

(2) 工程准备阶段文件和工程竣工文件可按建设项目或单位工程进行组卷。

(3) 监理资料应按单位工程进行组卷。

(4) 施工资料应按单位工程组卷，并应符合下列规定。

① 专业承包工程形成的施工资料应由专业承包单位负责，并应单独组卷。

② 电梯应按不同型号每台电梯单独组卷。

③ 室外工程应按室外建筑环境、室外安装工程单独组卷。

④ 当施工资料中部分内容不能按一个单位工程分类组卷时，可按建设项目组卷。

⑤ 施工资料目录应与其对应的施工资料一起组卷。

(5) 竣工图应按专业分类组卷。

(6) 工程资料组卷内容宜符合本书附录 A 中表 A-1 的规定。

(7) 工程资料组卷应编制封面、卷内目录及备考表，其格式及填写要求可按现行国家标准《建设工程文件归档规范》(GB/T 50328—2014)的有关规定执行。

五、工程资料的移交与归档

工程资料的移交归档应符合国家现行有关法规和标准的规定；当无规定时，应按合同约定移交归档。

1. 工程资料移交的相关规定

工程资料移交应符合下列规定。

(1) 施工单位应向建设单位移交施工资料。

(2) 实行施工总承包的，各专业承包单位应向施工总承包单位移交施工资料。

(3) 监理单位应向建设单位移交监理资料。

(4) 工程资料移交时应及时办理相关移交手续，包括填写工程资料移交书，以及移交目录等。

(5) 建设单位应按国家有关法规和标准的规定向城建档案管理部门移交工程档案，并办理相关手续。有条件时，向城建档案管理部门移交的工程档案应为原件。

2. 工程资料归档的相关规定

工程资料归档应符合下列规定。

(1) 工程参建各方宜按本书附录 A 中表 A-1 规定的内容将工程资料归档保存。

(2) 归档保存的工程资料，其保存期限应符合下列规定。

① 工程资料归档保存期限应符合国家现行有关标准的规定；当无规定时，则不宜少于 5 年。

② 建设单位工程资料的归档保存期限应满足工程维护、修缮、改造、加固的需要。

③ 施工单位工程资料的归档保存期限应满足工程质量保修及质量追溯的需要。

项目3 施工现场材料的见证取样

学习目标

知识目标：①掌握施工现场取样送检的要求、程序及方法；②填写见证取样单。

技能目标：①根据进入现场的原材料编制送检计划的能力；②编制材料送检计划表的能力；③填写材料送检单表格的能力；④收集材料合格证的能力；⑤掌握试件、试块送检程序及方法；⑥获取信息的能力及自查资料的能力；⑦学习验收规范的能力。

素质目标：①团队合作能力；②良好的学习观念；③良好的协作和沟通能力。

重点：施工现场材料的取样送检的要求、程序及方法。

难点：水泥、钢筋等多种材料的取样工作。

任务1 施工现场取样送检要求、程序及方法

一、资料员的工作职责

资料员的工作职责如下，可参见湘建建〔2010〕109号文件。

(1) 协助制定和建立施工资料管理计划及管理规章制度。

(2) 负责建立施工资料收集台账，进行施工资料交底。

(3) 负责施工资料的收集、审查、整理、立卷、归档、封存和安全保密工作及竣工图及竣工验收资料的收集、整理、立卷、归档、封存和安全保密工作。

(4) 负责提供管理数据、信息资料。

(5) 负责施工资料、竣工图及竣工验收资料的验收与移交。

(6) 协助建立施工信息管理系统并负责施工信息管理系统的运行、服务和管理。

扩展阅读:《建筑与市政工程施工现场专业人员职业标准》(JGJ/T 250—2011)中的表3.9.1详细描述了资料员的工作职责。

(1) 参与制定施工资料管理计划。

(2) 参与建立施工资料管理规章制度。

(3) 负责建立施工资料台账,进行施工资料交底。

(4) 负责施工资料的收集、审查及整理。

(5) 负责施工资料的往来传递、追溯及借阅管理。

(6) 负责提供管理数据、信息资料。

(7) 负责施工资料的立卷、归档。

(8) 负责施工资料的封存和安全保密工作。

(9) 负责施工资料的验收与移交。

(10) 参与建立施工资料管理系统。

(11) 负责施工资料管理系统的运行、服务和管理。

小贴士:总监理工程师、专业监理工程师、监理员按《建设工程监理规范》(GB/T 50319—2013)和湘建建〔2015〕57号文件要求对工程资料承担职责范围内的责任,具体在各类文函和表格中以签字的方式体现,签字人负主要责任,资料员一定不能代签。

工程项目岗位人员的工作职责、专业技能、专业知识,以及组织职业能力评价标准详见《建筑与市政工程施工现场专业人员职业标准》(JGJ/T 250—2011),一般在企业的岗位职责中体现。

资料员在工作中还应注意做好以下几点工作。

(1) 必须及时做好工程技术资料的记录和收集(及时性)工作。

工程技术资料是对施工项目质量情况的真实反映,因此要求各种资料必须按照施工的进度及时收集、整理。要指定专人负责管理工程技术资料,负责对质保资料逐项跟踪收集,并及时做好分项分部质量评定等各种原始记录,使资料的整理与工程形象进度同步,做到内容连贯。

(2) 确保工程技术资料的真实性、有效性(真实性)。

不真实的资料会把我们引入误区。必须坚决杜绝对原始记录采用“后补”造假和写“回忆录”。否则,一旦工程出现了质量问题,不仅不能作为技术资料使用,反而会造成工程技术资料混乱,以致误判;同时也不能为了取得较高的工程质量等级而歪曲事实。资料的编制必须实事求是、客观准确,要规范化、标准化填写,不要自以为是的填写资料,如检验批验收记录表中的检查点数与原始记录不能前后对应等。一旦出现了质量事故,当时不经意填写的资料都是证据。因此,我们一定要认真填写资料,确保资料真实、准确、有效。

(3) 确保工程技术资料的完整性。

不完整的技术内业资料将会导致片面性,不能系统地、全面地了解单位工程的质量状况。不仅资料内容要填写完整,而且所涉及的数据要有据可循,现场原始资料要完整。一份完整的施工资料不仅要有施工技术资料,还要有相应的试验资料和质量证明材料,确保资料的完整性。

除了质量证明材料，我们平时的施工日志、测量放样资料同样也很重要，虽然有些不需要作为竣工资料的一部分，但我们也要把这些相关的资料存放在一起，使质量评定表上的数据都是有据可循的。

（4）做好技术资料的整理保管。

由于现场的技术资料分散在很多人员手中，因此要求有专人把资料收集起来进行统一的分类整理。资料要按单位工程、分部工程和分项工程逐项分类整理。对资料建立专门的台账，要求台账不但能反映工程的施工进度和内业资料是否同步，内业资料是否完整，还能方便查阅。最好能实现智能化管理，在计算机上能及时查找到每一个施工项目的时间，每一份资料的存放地点，要用的时候能立即调出来。有了这样一个电子台账，不仅可以减少人力、物力的浪费，还能减轻内业人员的工作强度。要建立相应的全宗卷、卷内目录和备考表，不仅在档案盒内应存放有纸质档案，在计算机中还应保存电子版的，方便查阅。随着档案建设管理工作的不断深化，内业资料也将实现标准化、智能化和信息化管理。整理好的资料就可以移交档案室保存起来了，等工程竣工的时候，竣工资料也就完成了。

（5）加强领导和监督，确保工程资料编制的真实性。

各地区的质监站、城建档案馆在执行2015规范的资料编制工作中，一定要加强对资料编制工作的领导，特别是对资料编制虚假问题要提出严肃的批评，责令其限期改正和实施相应的处罚，要严格把控工程资料的质量关。凡是工程竣工资料不真实不合格的，一定要坚持工程不验收、备案部门不备案、城建档案馆不接收等原则。

建设单位和监理单位一定要加强对施工单位资料工作的领导和监督，把资料管理工作认真列入工作的重要议事日程。

施工单位一定要高度重视资料的编制工作，要认真落实资料编制工作的责任制度，严格防止虚假工程资料的产生，确保工程技术资料真实、有效。

工程项目建设通过资料编制和管理这根主线贯穿一个项目的始终，工程建设进展到哪个环节，工程资料的形成与管理就应当跟进到哪个环节。可以这样说，资料编制和管理工作直接影响到工程项目的整体形象，直接影响到工程的及时验收和质量评定。

总结：工程技术资料是给用户看的，也是给后人看的，是供今后工程管理、维修、改建、扩建时查阅的。将施工过程用文字记录下来，在施工完毕后，从技术资料上就可以反映出当时的施工过程，这也是工程建设完成后留下的两项成果之一。因此，资料员的工作是很重要的。

二、资料员的具体工作内容

资料员工作的内容各公司的规定有所不同，有现场资料员和公司资料员之分，但其主要的工作有以下内容。

（1）工程资料的收集、整理、立卷、归档、保管等。

（2）施工过程中各种质量保证资料的收集、检查、汇总等。

（3）施工中各种会议的记录、整理、会签、复印、分发等。

(4) 施工中各种试块、试件的取样、送检、结果回索、上报、分类保管等。

(5) 各种工程信息的收集、传递、反馈，必要时及时向领导汇报等。

三、建设工程竣工应具备的条件

建设工程竣工应具备以下六个条件。

(1) 完成建设工程设计和合同约定的各项内容。

(2) 有完整的技术档案和施工管理资料。

(3) 有工程使用的主要建筑材料、建筑构配件和设备的进场试验报告。

(4) 有勘察、设计、施工、工程监理等单位分别签署的质量合格文件。

(5) 有施工单位签署的工程保修书。

(6) 建设工程验收合格的，方可交付使用。

四、施工单位对工程材料的质量责任和义务

施工单位对工程材料的质量责任和义务要求如下。

(1) 施工单位必须按照工程设计要求、施工技术标准和合同约定，对建筑材料、建筑构配件、设备和商品砼进行检验，检验应当有书面记录和专人签字，未经检验或者检验不合格的，不得使用。

(2) 施工人员对涉及结构安全的试块、试件及有关材料，应当在建设单位或工程监理单位监督下现场取样，并送具有相应资质等级的质量检测单位进行检测。

五、相关处罚条例

《建筑法》明确规定了施工单位在施工中偷工减料的法律责任：即建筑施工企业在施工中偷工减料及使用不合格材料的，应责令改正并处以罚款；情节严重的，责令停业整顿，并降低资质等级或者吊销资质证书；造成建筑工程质量不符合规定的质量标准的，应负责返工、修理，并赔偿因此而造成的损失；构成犯罪的，应依法追究刑事责任。

《建设工程质量管理条例》则作了类似的规定，但进一步明确了具体的罚款数额幅度。即对施工中偷工减料的行为，处以工程合同价款2%以上4%以下的罚款；施工单位因偷工减料及使用不合格材料等致使建设工程质量不符合约定的，发包人有权要求施工单位在合理期限内无偿修理或者返工、改建。经过修理或者返工、改建后，造成逾期交付的，施工单位还应当承担违约责任。

六、见证、取样人员的基本要求

见证、取样人员的基本要求如下。

(1) 必须是建设(监理)、施工单位承担本工程建设任务的人员。

（2）必须具备初级以上技术职称或具有建筑（含相近专业）施工专业知识的中级岗位（施工员、专职质量检察员）证书的人员。

（3）必须经培训考核合格，取得“见证人员证书”及“取样人员证书”。

（4）必须具有建设（监理）、施工单位“见证授权书”及“取样授权书”，并向工程受监的监督站和监督站授权的检测单位递交。人员变动时，应事先重新办理。

（5）见证、取样人员的培训考核实行一本教材，省、市两级培训，由省监督站统一考试、发证的办法。

七、见证、取样人员的职责

（1）见证、取样人员对试样的代表性和真实性负有法定责任，共同在“见证取样送检委托单”上签字。

（2）取样后可马上送检测试的试件，必须立即封样送检并取回检测报告；取样后尚需时日才能试验的试件，见证人员必须亲自封样、监护，试验前见证、取样人员应对封样情况进行鉴别，双方确认无异后，共同送检并取回报告。

（3）见证、取样人员取回报告后，应及时交资料员归档，如发生不合格试样，必须分别向各自技术负责人写出书面报告，由技术负责人采取措施予以控制，及时妥善处理。

八、有见证取样送检检测权单位的职责

（1）在当地建设工程质量监督站授权承担有见证取样送检检测任务期间，按有关规定要求，保证组织健全、设备状况良好、秉公办事，认真按标准操作记录且字迹清楚、数据可靠，忠实地履行自己的职责。

（2）对有见证取样送检检测工作的“见证授权书”、“取样授权书”应妥善管理，对封样鉴别、试样外观检查、试验台账、试验报告填审发等全过程应进行严密的管理。

（3）除龄期等技术性原因外，一般应立即安排测试，让送样人旁观试验过程，并随即填发报告。

（4）发现试验结果不合格时，应及时向有关单位报告，并妥善保管资料不少于五年。

九、不合格情况的处理

有见证取样送检的试验结果发生不合格情况时，必须经有关各方共同研究，查清原因，及时按以下方法处理。

（1）对于尚未使用的已进场原材料，经检验发生不合格情况，应按产品标准规定处理。如仍应取样再检的，必须经原取样、见证人员按标准规定取样、封样、送检、试验并取回报告，再进行判定。

（2）对于因混凝土、砂浆、钢材焊接等现场制作抽取的试件，若试验结果不合格，则必须及时处理。

（3）严禁原材料、成品、半成品未检先用。

（4）施工过程中各种不合格情况的试验报告，必须附上处理情况记录，并由建设（监理）签认

证实后原样存档。任何人不得伪造、涂改、抽换或丢弃。

十、取样送检程序

(1) 建设(监理)和施工单位应向工程受监的监督站和监督站授权的检测单位递交“见证授权书”和“取样授权书”,供查核存档。

(2) 施工企业取样人员在现场进行取样和试块制作时,见证人员必须在旁见证、指正。

(3) 见证人员应和取样人员一道及时对试样采取有效的封样措施并共同送样。

(4) 有见证取样送检检测权的检测单位应及时接受并查验试样外观、尺寸是否符合试验要求,并由收样人在有取样人、见证人已共同签名的“见证取样送检委托单”的“收样人签名”栏内签名,并查验取样和见证人员证书。

(5) 检测单位对可以立即测试(含钢材,混凝土、砂浆已有龄期 28 d 的试块)的,应立即安排测试,让送样人旁观试验,并填发报告,报告应字迹清楚、数据齐全、签章完备,结论用语准确。报告应由见证人签收。

(6) 检测单位对不能立即测试,尚须进行标准养护至 28 d 的混凝土、砂浆试块及水泥性能检测等,施工企业又无标准养护条件的,检测单位可另行收取标准养护成本费(除水泥外)。待至龄期到达后,再通知取样,见证人到场验证封样后进行测试,出具报告。

(7) 在检测报告中必须注明见证单位名称、见证人员姓名,必须注明施工单位名称、取样人员姓名。发现试验结果不合格的情况,应及时直接向监督站发出试验报告。

(8) 试件取样程序具体如下:材料进场→收集出厂合格证、检查出厂合格证、查看材料外观→准备取样工具→通知监理公司专业监理员及见证员到取样现场→填写见证取样委托单→取样→请监理公司监理员签章→会同监理公司取样员一同将材料送检测中心→检测中心收样员收样→收样员签章→进行材料检测→索回试验报告→上报监理→签字→分类→整理→归档。

(9) 试块取样程序具体如下:现场混凝土、砂浆浇筑→准备制作试块工具及试块模型→通知监理公司监理员到施工现场观看试块制作过程→现场取样制作试块→24 h 后拆模→进行标注→进行养护→到达龄期通知监理员取样→施工方资料员填写见证取样委托书并签章→监理员签章,会同监理公司取样员一同将材料送检测中心→检测中心收样员收样→收样员签章→进行材料检测→索回试验报告→上报监理→签字→分类→整理→归档。

建筑材料质量的优劣是建筑工程质量的基本要素,而建筑材料检验则是建筑现场材料质量控制的重要保障。因此,见证取样和送检是保证检验工作科学、公正、准确的重要手段,是保证建筑施工质量的前提。

任务 2 原材料、施工过程取样规定及建材试验检查项目

一、常用原材料及施工过程试验取样

常用原材料及施工过程试验取样规定见表 3-1。

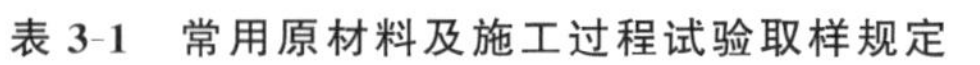

表 3-1　常用原材料及施工过程试验取样规定

序号	材料名称		取样批量	取样数量及方法		
1	水泥	硅酸盐水泥	同一水泥厂生产、同期出厂、同一出厂编号、同品种 ①散装水泥：≤500 t/批 ②袋装水泥：≤200 t/批 ③存放期超三个月必须复验	取样要有代表性，建筑施工企业应分别按单位工程取样，构件厂、搅拌站应在水泥进厂（站）时取样 ①散装水泥：随机地从不少于 3 个车罐中各采取等量的水泥，经搅拌均匀后，再从中称取至少 12 kg 水泥作为检验试样 ②袋装水泥：随机地从不少于 20 袋中各采取等量水泥，经搅拌均匀后，再从中称取至少 12 kg 水泥作为检验试样		
		普通硅酸盐水泥				
		矿渣硅酸盐水泥				
		火山灰质硅酸盐水泥				
		粉煤灰硅酸盐水泥				
		复合硅酸盐水泥				
2	钢筋	热轧带肋钢筋	应按批检查和验收，每批由同一厂别、同一炉罐号、同一规格、同一级别、同一交货状、同一进场时间的钢筋组成 取样批量≤60 t/批	拉伸 2 个	弯曲 2 个	每一验收批取试样一组 按规定取 2 个试件的均应从任意两根（或两盘中）分别切取，即在每根钢筋上切取一段拉伸试件，一段弯曲试件 低碳钢热轧圆盘条冷弯试件应取自不同盘 冷轧带肋钢筋从每盘的任意一端截去 500 mm 后切取两段试件 试件长度（mm）：拉伸试件≥标称标距＋（350～400），弯曲试件≥标称标距＋（200～250）
		热轧光圆钢筋		拉伸 2 个	弯曲 2 个	
		低碳钢热轧圆盘条		拉伸 1 个	弯曲 2 个	
		余热处理钢筋		拉伸 2 个	弯曲 2 个	
		冷轧带肋钢筋	每批由同一钢号、同一规格和同一钢筋级别的钢筋组成 取样批量≤50 t/批	逐盘拉伸 1 个	弯曲 2 个	
		进口钢筋	≤60 t	拉伸 2 个	弯曲 2 个	进口钢筋需先经化学成分检验和焊接试验，符合有关规定后方可用于工程（GB 50205—2001、GB 50201—2014）
		冷轧扭钢筋	同厂、同牌号、同规格，≤10 t	拉伸 2 个	冷弯 1 个	
		冷拉钢筋	应按批检查和验收，每批由同一级别、同一直径的冷拉钢筋组成；20 t 为一批，不足 20 t 时，亦为一批	拉伸 2 个	弯曲 2 个	每一验收批取试样一组 按规定，试件应从任意两根分别切取，即在每根钢筋上切取一段拉伸试件及一段弯曲试件 每验收批的钢筋表面不得有裂纹和局部缩颈，当用作预应力筋时，应逐根检查

续表

<table>
<tr><th>序号</th><th colspan="3">材料名称</th><th>取样批量</th><th colspan="3">取样数量及方法</th></tr>
<tr><td rowspan="2">2</td><td rowspan="2">钢筋</td><td rowspan="2">冷拔钢丝</td><td>用作预应力筋的</td><td>以每盘为一验收批，以相同材料、同一直径的一盘组成一个验收批</td><td>拉伸1个</td><td>反复弯曲1个</td><td>以每盘为一验收批，需逐盘检验，从每盘钢丝中任一端截去500 mm以上后再取两个试样，分别作拉力和反复弯曲试验</td></tr>
<tr><td>用作非预应力筋的</td><td>用相同材料的盘条冷拔成相同直径的钢丝，以同一直径的钢丝；5 t为一批，不足5 t的亦为一批</td><td>拉伸3个</td><td>反复弯曲3个</td><td>可分批抽样检验，每批任取三盘，每盘各截取两个试样，分别作拉力和反复弯曲试验</td></tr>
<tr><td rowspan="7">3</td><td rowspan="7">砖、砌块</td><td colspan="2">普通烧结砖</td><td>同一产地、同一规格，以15万块为一验收批，取20块</td><td colspan="3" rowspan="6">检验强度等级每一组取样10块
按规范要求预先确定抽样方案，在成品堆垛中随机抽取，不允许替换</td></tr>
<tr><td colspan="2">烧结多孔砖</td><td>同一产地、同一规格，以3.5万～15万块为一验收批，取35块</td></tr>
<tr><td colspan="2">蒸压灰砂砖</td><td>同一产地、同一规格，以10万块为一验收批，取35块</td></tr>
<tr><td colspan="2">粉煤灰砖(蒸压)</td><td>同一产地、同一规格，以10万块为一验收批，取20块</td></tr>
<tr><td colspan="2">烧结空心砖(非承重)</td><td>同一产地、同一规格，以3.5万～15万块为一验收批，取20块</td></tr>
<tr><td colspan="2">粉煤灰砌块</td><td>同一产地、同一规格，以200 m^3为一验收批，不足200 m^3时亦为一批，取3块</td></tr>
<tr><td colspan="2">普通混凝土小型空心砌块</td><td>同一原材配制、同等级、同一工艺，以1万块为一验收批，不足1万块时亦为一批</td><td colspan="3">取3块</td></tr>
<tr><td>4</td><td colspan="3">砂</td><td>同一产地、同一规格、同一进场时间，以400 m^3为一验收批，不足400 m^3的亦为一批；或者以600 t为一验收批，不足600 t的亦为一批</td><td colspan="3">建筑施工企业应按单位工程取样，构件厂、搅拌站应在砂石进厂(站)时取样，每一验收批取样一组
①在料堆上取样时，取样部位均匀分布，取样前先将取样部位表层铲除，然后由各部位抽取大致相等的试样8份(每份11 kg以上)，搅拌均匀后用四分法缩分至22 kg组成一组试样
②从皮带运输机上取样时，应在皮带运输机机尾的出料处，用接料器定时抽取试样，并由4份试样(每份22 kg以上)搅拌均匀后用四分法缩分至22 kg组成一组试样</td></tr>
</table>

续表

序号	材料名称		取样批量	取样数量及方法
5	碎(卵)石		同一产地、同一规格、同一进场时间，以 400 m^3 为一验收批，不足 400 m^3 的亦为一批；或者以 600 t 为一验收批，不足 600 t 的亦为一批	建筑施工企业应按单位工程取样，构件厂、搅拌站应在进厂（站）时取样。每一验收批取样一组 最大粒径在 200 mm 以内时取 40 kg 最大粒径为 31.5 mm、40 mm 时，取 80 kg ①在料堆上取样时，取样部位均匀分布，取样前先将取样部位表层铲除，然后由各部位抽取大致相等的石子 15 份（在料堆的顶部、中部和底部各由均匀分布的 5 个不同部位取得）组成一组样品 ②从皮带运输机上取样时，应在皮带运输机机尾的出料处，用接料器定时抽取 8 份石子，组成一组样品
6	轻集料		应按品种、密度等级分批堆放，以 300 m^3 为一验收批，不足 300 m^3 的亦为一验收批	取样应有代表性，每一验收批取样一组，取样数量：最大粒径≤20 mm 时，取 60 L (0.06 m^3)；最大粒径＞20 mm 时，取 80 L (0.08 m^3) ①对均匀料进行取样时，试样可以从堆料锥体自上而下的不同部位、不同方向任选 10 个点抽取，但要注意避免抽取离析的材料及面层的材料。10 个点抽取的总量应多于上述规定的数量 ②从袋装料抽取试样时，应从不同位置和高度的 10 袋中抽取
7	混凝土外加剂	普通减水剂	按生产厂家对产品分批、分编号取样 同品种掺量大于等于 1% 的外加剂每一编号以 100 t 为一个验收批 同品种掺量小于 1% 的外加剂每一编号以 50 t 为一个验收批 不足 100 t 或 50 t 的也可按一个批量计	每一编号取样量不小于 0.2 t 水泥所需用的外加剂量 每一编号取得的试样应充分混匀，分成两等份
		高效减水剂		
		早强减水剂		
		缓凝高效减水剂		
		引气减水剂、缓凝减水剂		
		早强减水剂		
		缓凝减水剂		
		引气减水剂		
		混凝土泵送剂	以 50 t 为一个验收批，不足 50 t 的也可为一批	每一批从至少 10 个不同容器中抽取等量试样混合均匀，总量不少于 0.5 t 水泥所需用的泵送剂量；每批取得的试样分为两等份

续表

序号	材料名称		取样批量	取样数量及方法
7	混凝土外加剂	砂浆、混凝土防水剂	年产500 t以上的每50 t为一验收批 年产500 t以下的每30 t为一验收批	每批取样量不少于0.2 t水泥所需用的防水剂量，试样应充分混匀，分为两等份
		混凝土防冻剂	每50 t为一批，不足50 t也可为一批	每批取样量应不少于0.15 t水泥所需用的防冻剂量（以其最大掺量计）
		混凝土膨胀剂	每120 t为一批，不足120 t也可为一批	从20个以上的不同部位取等量样品，每批抽样总数不小于10 kg，充分混合均匀后分为两等份
		喷射混凝土用速凝剂	每20 t为一批，不足20 t也可为一批	每批应于16个不同点取样，每个点取样250 g，共取4 000 g；将试样充分混合均匀后分为两等份
8	粉煤灰		同厂别、同等级 ①散装粉煤灰：以200 t为一批，不足200 t的也可为一批 ②袋装粉煤灰：以200 t为一批，不足200 t的也可为一批	①散装粉煤灰：从不同部位取15份试样，每份试样1～3 kg，混合拌匀，按四分法缩取比试验所需量大一倍的试样（称为平均试样） ②袋装粉煤灰：从每批中任抽10袋，并从每袋中各取不小于1 kg的试样，混合拌匀，按四分法缩取比试验所需量大一倍的试样（称为平均试样）
9	防水涂料	聚氨酯防水涂料	同一生产厂、同一品种、同一进场时间 甲组分每5 t为一批，不足5 t亦为一批 乙组分按产品重量配比相应增加	每一验收批产品的配比取样，甲乙组分样品总重量为2 kg。随机抽取整桶样品，抽样的桶数应不低于$\frac{N}{2}$（N是甲组分产品的桶数），将取样的整桶样品搅拌均匀后，用取样器在液面的上、中、下三个不同部位取相同量的样品，进行再混合搅拌均匀后，装入样品容器中，密封并作好标志
		聚合物基防水涂料	同一生产厂、同一品种、同一进场时间，每10 t为一批	同“聚氨酯防水涂料”
		水性沥青基防水涂料	同一生产厂、同一品种、同一进场时间，每10 t为一批，不足10 t的亦为一批	随机抽取整桶样品，抽样的桶数应不低于$\frac{N}{2}$（N是交货产品的桶数），每一验收批取样2 kg。逐桶检查外观质量，将取样的整桶样品搅拌均匀后，用取样器在液面的上、中、下三个不同部位取相同量的样品，再混合搅拌均匀后，装入样品容器中，密封并作好标志

续表

序号	材料名称		取样批量	取样数量及方法
9	防水涂料	水乳型焦油基防水涂料 溶剂型防水涂料 溶剂型焦油基防水涂料	同“水性沥青基防水涂料”	同“水性沥青基防水涂料”
		石油沥青油毡	同一生产厂、同一品种、同一标号、同一等级 每 1 500 卷为一批，不足 1 500 卷也为一批	每一验收批中抽取一卷切除距外层卷头 2 500 mm 部分后，顺纵向截取长度为 500 mm的全幅卷材两块，一块作物理试验用，另一块备用
		弹性体沥青防水卷材 沥青、焦油改性沥青、焦油防水卷材	同一生产厂、同一品种、同一标号 每 1 000 卷为一批，不足 1 000 卷也为一批	每一验收批中抽取一卷切除距外层卷头 2 500 mm 部分后，顺纵向截取长度为 500 mm的全幅卷材两块，一块作物理试验用，另一块备用
		三元乙丙防水片材	同一生产厂、同一规格、同一等级 每 3 000 m 为一批，不足 3 000 m 也为一批	每一验收批中抽取 3 卷，经规格尺寸和外观质量检验合格后，任取合格卷中的一卷，截去 300 mm 后，纵向截取 1 800 mm 作为样品
		聚氯乙烯防水卷材 氯化聚乙烯防水卷材 硫化型橡胶防水卷材	同一生产厂、同一类型、同一标号 每 5 000 m^2 为一批，不足 5 000 m^2 也为一批	每一验收批中随机抽取 3 卷外观质量合格卷材，任取 1 卷，截去 300 mm 后，纵向截取 3 000 mm 作为样品
		建筑石油沥青 道路石油沥青	同一生产厂、同一品种、同一标号 每 20 t 为一批，不足 20 t 时亦为一批	每一验收批取试样 1 kg；在料堆上取样时，取样部位应均匀分布，同时应不少于 5 处，每处取洁净的等量的试样共 1 kg
10		预制混凝土构件	成批生产的构件，应按同一工艺正常生产的不超过 1 000件且不超过 3 个月的同类型产品为一批，不足 1 000件亦为一批 当连续检验 10 批且每批的结构性能均符合标准规定的要求时，对同一工艺正常生产的构件，可改为不超过 2 000 件且不超过 3 个月的同类型产品为一批	在每批中应随机抽取一个构件作为试件进行检验 注：“同类型产品”是指同一混凝土强度等级、同一工艺和同一结构类型的构件。对同类型型号产品进行抽样检验时，试件宜从设计荷载最大，受力最不利或生产数量最多的构件中抽取

续表

<table>
<tr><th>序号</th><th colspan="2">材料名称</th><th>取样批量</th><th>取样数量及方法</th></tr>
<tr><td rowspan="4">11</td><td rowspan="4">回填土</td><td>柱基</td><td>抽查柱基的10%,但不少于5点</td><td rowspan="4">环刀法:每段每层进行检验,应在夯实层下半部(至每层表面以下2/3处)用环刀取样
灌砂法:数量可按环刀法适当减少,取样部位应为每层压实后的全部深度</td></tr>
<tr><td>基槽、管沟、排水沟</td><td>每层按长度20~50 m取一点,但不少于一点</td></tr>
<tr><td>基坑、挖填方、地面、路面、室内回填</td><td>每层100~500 m^2上取点,但不少于一点</td></tr>
<tr><td>场地平整</td><td>每层400~900 m^2取一点,但不少于一点</td></tr>
<tr><td>12</td><td colspan="2">普通混凝土</td><td>同一混凝土强度等级、同一配合比、生产工艺相同
①每拌制100盘且不超过100 m^3的同配合比的混凝土,其取样不得少于一次
②每工作班拌制的同配合比的混凝土不足100盘时,其取样不得少于一次
③对于现浇混凝土结构:
●每一现浇楼层同配合比的混凝土,其取样不得少于一次
●同一单位工程每一验收项目中同配合比的混凝土,其取样不得少于一次
注:预拌混凝土除应在预拌混凝土厂内按规定留置试件外,混凝土运到施工现场后,也应按以上规定留置试件</td><td>每一取样单位标准养护试块的留置组数不得少于一组
施工现场根据需要应留置与结构同条件养护的试块,每项同条件养护试块不得少于一组
构件厂根据需要应留置与构件同条件养护的试块,不同条件养护的试块组数(蒸汽养护池应每池有试块)不得少于一组,并应留有备用块
用于检查结构构件质量的试块,应在混凝土浇筑地点随机取样制作,并经标准养护$f_{cu,28}$为评定依据
冬季施工的混凝土试件的留置除应符合有关规定外,应增设不少于两组与结构同条件养护的试件,分别用于检验受冻前的混凝土强度和转入常温养护28 d的混凝土强度
试样要有代表性
每组试件(包括相对应的同条件试块及冬施增设的试块)的试样必须取自同一次搅拌的混凝土拌和物</td></tr>
<tr><td>13</td><td colspan="2">轻集料混凝土</td><td>同一混凝土强度等级、同一配合比、生产工艺相同
①每拌制100盘且不超过100 m^3为一取样单位
②每一工作台班为一取样单位</td><td>每一取样单位标准养护试块的留置组数不得少于一组;根据需要可做拆模、起吊,早期强度及有特殊要求(如导热系数)等辅助性试件
以标准养护28 d折合成边长为150 mm立方抗压强度作为评定结构构件混凝土强度质量的依据
试样要有代表性
制作全部试块(包括辅助性试块)必须取自同一次拌制的混凝土拌和物,并应在浇筑地点制作</td></tr>
</table>

续表

<table>
<tr><th>序号</th><th colspan="4">材料名称</th><th>取样批量</th><th colspan="3">取样数量及方法</th></tr>
<tr><td>14</td><td colspan="4">防水混凝土</td><td>抗压强度试块的留置方法和数量均按普通混凝土规定
抗渗试块的留置：同一混凝土强度等级、同一抗渗等级、同一配合比、生产工艺基本相同，每单位工程不得少于两组</td><td colspan="3">试块应在浇筑地点制作，抗渗试件以6个为一组，成型24 h后拆模。其中至少一组应在标准条件下养护，其余试块应在现场同条件养护，试块养护期不得少于28 d，不超过90 d
试样要有代表性
每组试样包括同等条件抗压强度试块、抗渗试块、标准养护抗压强度试块，必须取自同一次拌制的混凝土拌和物</td></tr>
<tr><td>15</td><td colspan="4">砌筑砂浆</td><td>同一强度等级、同一配合比、同种原材料、每台搅拌机，每一楼层或250 m^3砌体为一取样单位（基础砌体可按一个楼层计）</td><td colspan="3">每一取样单位标准养护试块的留置组数不得少于一组，每组6块
试块要有代表性，每组试块的试样必须取自同一次拌制的砌筑砂浆拌和物
施工中取样应在使用地点的砂浆槽，砂浆运输车或搅拌机出料口，至少从三个不同部位集取，数量应多于试验用料的1～2倍</td></tr>
<tr><td rowspan="3">16</td><td colspan="4">钢筋焊接接头</td><td>—</td><td colspan="3">在工程开工或每批钢筋正式焊接之前应进行现场条件下的焊接性能试验，试验合格后方可正式生产。试件数量与要求，应与质量检查与验收时相同
钢筋焊接接头或焊接制品应分批进行质量检查与验收
质量检查应包括外观检查和力学性能试验，力学性能试验应在外观检查合格后随机抽取试件进行试验</td></tr>
<tr><td rowspan="2">钢筋焊接接头</td><td rowspan="2">电阻点焊</td><td rowspan="2">钢筋焊接骨架</td><td>热轧钢筋焊点</td><td rowspan="2">凡钢筋级别、直径及尺寸相同的焊接骨架应视为同一类型制品，且每200件为一批，一周内不足200件的亦为一批计算</td><td>抗剪3个</td><td>—</td><td rowspan="2">力学性能试验的试件，应从每批成品中切取
由几种钢筋直径组合的焊接骨架，应对每种组合做力学性能试验，所切试件尺寸要符合规定要求</td></tr>
<tr><td>冷拔低碳钢丝焊点</td><td>抗剪3个</td><td>对较小钢丝做拉伸3个</td></tr>
</table>

续表

序号	材料名称				取样批量	取样数量及方法	
16	钢筋焊接接头	电阻点焊	钢筋焊接网	冷轧带肋钢筋或冷拔低碳钢丝的焊点	凡钢筋级别、直径及尺寸相同的焊接应视为同一类型制品，每批不应大于30 t，或者200件为一批，一周内不足30 t或200件，也应按一批计算	拉伸试验纵向钢筋一个，横向钢筋一个	试件长度：两夹头之间的距离不应小于20倍试件受拉钢筋的直径，且不小于180 mm；对于双根钢筋，非受拉钢筋应在离交叉焊点约20 mm处切断
				冷轧带肋钢筋焊点		弯曲试验纵向钢筋一个，横向钢筋一个	在单根钢筋焊接网中，应取钢筋直径较大的一根；在双根钢筋焊接网中，应取双根钢筋中的一根；试件长度应大于或等于200 mm，弯曲试件的受弯曲部位与交叉点的距离大于或等于25 mm
				热轧钢筋、冷轧带肋钢筋或冷拔低碳钢丝的焊点		抗剪试验三个	应沿同一横向钢筋随机切取，其受拉钢筋为纵向钢筋；对于双根钢筋，非受拉钢筋应在焊点外切断，且不应损伤受拉钢筋焊点
		闪光对焊			在同一台班内，由同一焊工完成的300个同级别、同直径钢筋焊接接头应作为一批。当同一台班内焊接的接头数量较少，可在一周内累积计算；累计仍不足300个接头，应按一批计算	拉伸3个；弯曲3个	力学性能试验的试件，应从每批接头中随机切取；焊接等长的预应力钢筋(包括螺丝端杆与钢筋)时，可按生产时同等条件制作模拟试件；螺丝端杆接头可只做拉伸试验；模拟试件的试验结果不符合要求时，应从成品中再切取试件进行复试，其数量和要求应与初始试验时相同
		电弧焊			在工厂焊接条件下，以300个同接头形式、同钢筋级别的接头作为一批；在现场安装条件下，每一至二楼层中以300个同接头形式、同钢筋级别的接头作为一批，不足300个时，仍作为一批	拉伸3个	在一般构筑物中应从成品中每批随机切取3个接头；在装配式结构中，可按生产条件制作模拟试件
		电渣压力焊			在一般构筑物中，以300个同接头形式、同级别钢筋接头作为一批；在现浇钢筋混凝土多层结构中，应以每一楼层或施工区段中300个同级别钢筋接头作为一批，不足300个接头仍应作为一批	拉伸3个	应从每批接头中随机切取

续表

<table>
<tr><th>序号</th><th colspan="2">材料名称</th><th>取样批量</th><th colspan="3">取样数量及方法</th></tr>
<tr><td rowspan="6">16</td><td rowspan="6">钢筋焊接接头</td><td>预埋件钢筋T形接头埋弧压力焊</td><td>应以300件同类型预埋件作为一批，一周内连续焊接时可累积计算；当不足300件，亦不足300个接头时仍应作为一批</td><td colspan="2">拉伸3个</td><td>试件应从每批预埋件中随机切取；试件的钢筋长度应大于或等于200 mm，钢板的长度和宽度均应大于或等于60 mm</td></tr>
<tr><td>气压焊</td><td>在一般构筑物中，以300个接头作为一批；现浇钢筋混凝土房屋结构中，同一楼层应以300个接头作为一批；不足300个接头仍应作为一批</td><td colspan="2">拉伸3个，在梁板水平钢筋连接中应加做3个弯曲试验</td><td>试件应从每批接头中随机切取</td></tr>
<tr><td rowspan="2">带肋钢筋套筒挤压连接</td><td rowspan="2">挤压接头的现场检验：同一施工条件下采用同一批材料的同等级、同形式、同规格接头每500个为一批，不足500个也作为一批
在现场连续检验10个验收批，全部单向拉伸试验一次抽样均合格时，验收批接头数量可扩大1倍</td><td colspan="3">钢筋连接工程开始前及施工过程中，应对每批进场钢筋进行挤压连接工艺检验，每种规格钢筋的接头试件不应少于3根，接头试件的钢筋母材应进行抗拉强度试验</td></tr>
<tr><td colspan="3">按验收批进行：对每一验收批，均按设计要求的接头性能等级，在工程中随机抽3个试件做单向拉伸试验</td></tr>
<tr><td rowspan="2">钢筋锥螺纹接头</td><td rowspan="2">接头的现场检验：同一施工条件下的同一批材料的同等级、同规格接头以500个为一个验收批进行检验，不足500个也作为一个验收批
在现场连续检验10个验收批，全部单向拉伸试验一次抽样均合格时，验收批接头数量可扩大1倍</td><td colspan="3">钢筋连接工程开始前及施工过程中，应对每批进场钢筋和接头进行工艺检验
每种规格钢筋接头的试件数量不应少于3根，对每种规格钢筋母材应进行抗拉强度试验</td></tr>
<tr><td colspan="3">按验收批进行：应在工程结构中随机切取3个试件做单向拉伸试验。按设计要求的接头性能等级进行检验与评定</td></tr>
<tr><td rowspan="2">17</td><td rowspan="2">建筑钢结构焊接工艺试验的焊接接头</td><td>接伸、面弯、背弯、侧弯</td><td rowspan="2">每一工艺试验</td><td>各2</td><td>—</td><td rowspan="2">焊接接头力学性能试验以拉伸和冷弯（面弯、背弯）为主，冲击试验按设计要求决定，有特殊要求时应做侧弯试验</td></tr>
<tr><td>冲击</td><td>9</td><td>—</td></tr>
<tr><td>18</td><td colspan="2">地面工程</td><td colspan="4">按《建筑地面工程施工质量验收规范》（GB 50209—2010）的规定，水泥混凝土和水泥砂浆试块的组数，每一层建筑地面工程不应少于一组，每层建筑地面工程面积超过1 000 m^2的，每增加1 000 m^2做一组试块，不足1 000 m^2的也按1 000 m^2计算。当改变配合比时，亦应按相应的规定制作试块组数</td></tr>
</table>

续表

序号	材料名称			取样批量	取样数量及方法		
19	饰面砖			按《建筑工程饰面砖黏结强度检验标准》(JGJ 110—2008)的要求，现场镶贴的外墙饰面砖工程每300 m²同类墙体取1组试样，每组3个，每一楼层不得少于1组；不足300 m²同类墙体，每两楼层取1组试样，每组3个。带饰面砖的预制墙板，每生产100块预制墙板取1组试样，每组在3块板中各取1个试样，预制墙板不足100块按100块计。试样应由专业检验人员随机抽取，但取样间距不得小于500 mm。采用水泥砂浆或水泥浆黏结时，应在水泥砂浆或水泥浆龄期达到28 d时进行检验。当在7 d或14 d进行检验时，应通过对比试验确定其黏结强度的修正系数			
20	预制砼构件	同类型产品中荷载最大受力最不利，生产（使用）数量最多		≤1 000件且≤3个月	1	—	按短期静力加荷检验方法检验，当第一个试件不能全部符合要求又符合承载力、抗裂0.95倍、挠度1.10倍时，再抽取两个试件
21	彩色釉面陶瓷墙地砖	按不同级别、尺寸	吸水率	≤500 m²	5	—	组批：每50～500 m²为一检验批，不足50 m²时，按一个检验批算
			抗冻性		5	—	
22	釉面内墙砖	按主要规格	吸水率	≤1 000～2 000 m²	一次二次均5	—	以同品种、同规格、同色号、同等级的1 000～2 000 m²为一批
			抗龟裂性		一次二次均5	—	
23	室内外用给水阀门	按同牌号、同规格、同型号		按实用量	10% 20% （逐个）	—	应以同牌号、同规格、同型号数量中抽查10%，并且不少于1个，如有漏裂再抽查20%，仍有不合格的，则须逐个试验；在主干管上起切断作用的闭路阀门，应逐个试验
24	路基回填土方	压实度必须符合《城镇道路工程施工与质量验收规范》(CJJ 1—2008)要求		1 000 m²/层	1组 （3点）	—	用环刀法的取样数量：每层按1 000 m²取样1组（每组3点）
25	胶粉保温浆料			按同一厂家同一品种的产品，当单位工程建筑面积在20 000 m²以下时各抽查不少于3组，当单位面积在20 000 m²以上时各抽查不少于6次	颗粒3 kg，胶粉10 kg		必须提供配置比例、质保书等
	抗裂砂浆				5 kg		
	面砖黏结砂浆				3 kg		
	面砖勾缝料				3 kg		
	耐碱网格布				去除最外层最少1 m后，取2 m²		
	热镀锌电焊网				5 kg		
	界面砂浆						

续表

<table>
<tr><th>序号</th><th>材料名称</th><th>取样批量</th><th colspan="2">取样数量及方法</th></tr>
<tr><td rowspan="3">25</td><td>硬质泡沫聚氨酯系统</td><td rowspan="2"></td><td colspan="2">工地现场发泡制样，进行导热系数、干密度试验时试件应制成300 mm×300 mm×30 mm一组3个试件
进行强度试验时试件应制成100 mm×100 mm×厚度（可按设计厚度，最好做到50 mm）一组5个试件</td></tr>
<tr><td>保温砂浆同条件试块</td><td>当外墙采用保温浆料做保温层时，应在施工中制作同条件养护试件，检测其导热系数、干密度和压缩强度。每个检验批应抽样制作同条件养护试块不少于3组</td><td>①检测导热系数、干密度时试件可制作成300 mm×300 mm×30 mm一组3个试件
②检测压缩强度时试件可制作成100 mm×100 mm×100 mm一组5个试件</td></tr>
<tr><td>门窗</td><td>建筑外窗进入施工现场，以同一品种、类型和规格的门窗及门窗玻璃每100樘为一批，不足100樘按一批计</td><td colspan="2">每批应至少抽查5%并不得少于3樘；高层建筑的外窗每批应至少抽查10%并不得少于6樘</td></tr>
<tr><td>26</td><td>室内环境监测</td><td>民用建筑工程验收时，应抽检有代表性的房间室内环境污染物浓度，抽检数量不得少于5%，并不得少于3间；房间总数少于3间时，应全数检测
民用建筑工程验收时，凡进行了样板间室内环境污染物浓度检测且检测结果合格的，抽检数量减半，并不得少于3间</td><td colspan="2">检测点应按房间面积设置如下。
①房间使用面积小于50 m²时，设1个检测点
②房间使用面积为50～100 m²时，设2个检测点
③房间使用面积大于100 m²时，设3～5个检测点</td></tr>
<tr><td>27</td><td>冷热水用硬聚氯乙烯（PVC-U）管材、管件</td><td rowspan="3">管材：用相同原料、配方和工艺生产的同一规格的管材作为一批。当管材直径 $d_n \leqslant 63$ mm时，每批数量不超过50 t，当 $d_n > 63$ mm时，每批数量不超过100 t。如果生产7天批量仍不足，以7天产量为一批
管件：用相同原料、配方和工艺生产的同一规格的管件作为一批。当 $d_n \leqslant 32$ mm时，每批数量不超过2万个；当 $d_n > 32$ mm时，每批数量不超过5 000个。如果生产7天批量仍不足，以7天产量为一批</td><td colspan="2" rowspan="3">取样方法如下。
管材：单位工程每种规格随机抽取6根，每根长1 m
管件：单位工程每种规格随机抽取8件</td></tr>
<tr><td>28</td><td>建筑排水用硬聚氯乙烯（PVC-U）管材、管件</td></tr>
<tr><td>29</td><td>给水用硬聚氯乙烯（PVC-U）管材、管件</td></tr>
</table>

续表

序号	材料名称	取样批量	取样数量及方法
30	电工套管	单位工程每种规格为一批	随机取样12根，每根长1 m
31	电线电缆	每个单位工程中所使用的同厂家、同规格型号、同批号的电线电缆为一批	随机抽取包装完好的整卷电线一卷
32	低压配电箱	每个单位工程中所使用的同厂家、同规格型号的低压配电箱为一批	随机抽取组装完好的低压配电箱2个
33	开关、插座	每个单位工程中所使用的同厂家、同规格型号的开关、插座为一批	每个单位工程中所使用的同厂家、同规格型号的开关、插座为一批

二、常用建材试验检查项目

常用建材试验检查项目见表3-2。

表3-2　常用建材试验检查项目

<table>
<tr><th>序号</th><th>名称</th><th>外观</th><th colspan="2">必检项目</th><th>视需检查项目</th><th>判定方法</th></tr>
<tr><td>1</td><td>硅酸盐水泥、普通硅酸盐水泥</td><td>—</td><td colspan="2">不溶物、氧化镁、三氧化硫、烧失量、细度、初凝时间、终凝时间、安定性、抗压强度、抗折强度（GB 175—2007）</td><td>碱含量由供需双方商定</td><td>①废品：凡氧化镁、三氧化硫、初凝时间、安定性中任一项不符合GB 175—2007要求
②不合格品：凡细度、终凝时间、不溶物和烧失量、混合材料掺量过大，强度低于规定指标中任一项或包装上品种、标号、厂名、编号不全</td></tr>
<tr><td>2</td><td>矿渣、火山灰、粉煤灰硅酸盐水泥</td><td>—</td><td colspan="2">不溶物、烧失量；氧化镁、三氧化硫、细度、初凝时间、终凝时间、安定性、抗压强度、抗折强度（GB 175—2007）</td><td>—</td><td>①废品：凡氧化镁、三氧化硫、初凝时间、安定性中任一项不符合GB 175—2007要求
②不合格品：无不溶物、烧失量，余同上</td></tr>
<tr><td rowspan="2">3</td><td rowspan="2">热轧带肋钢筋</td><td>不得有裂纹、结疤、折叠和凸块</td><td>力学工艺性能</td><td>屈服强度、抗拉强度、伸长率、冷弯（GB 1499.2—2007）</td><td>—</td><td>如有某一项不符合标准要求，再双倍取样，仍有一指标不合格，整批不得交货（GB/T 2101—2008）</td></tr>
<tr><td>—</td><td>化学成分</td><td>C、Si、Mn、V、Ti、Nb、P、S（GB/T 222—2006）</td><td>—</td><td>在保证钢筋性能合格的条件下，C、Si、Mn的含量下限可不作交货条件（GB 1499.2—2007）</td></tr>
<tr><td>4</td><td>低碳钢热轧</td><td>不得有分层、夹杂裂纹、结疤、折叠、耳子</td><td colspan="2">力学、工艺性能，除供拉丝用盘条无屈服强度外，为四项，与热轧带肋钢筋相同（GB/T 701—2008）</td><td>—</td><td>化学成分应符合GB/T 222—2006规定</td></tr>
</table>

续表

序号	名称		外观	必检项目	视需检查项目	判定方法
5	进口钢筋		力学、工艺性能、化学成分、焊接试验			符合原国家建委[80]建发施字82号文规定
6	钢筋焊接	钢筋焊接骨架	金属熔化、压深、焊点联结、漏焊无裂纹、多孔、烧伤、尺寸偏差	热轧钢筋：抗剪 冷拔低碳钢丝：抗剪、拉伸 （JGJ 18—2012）	—	当有1个试件不符合JGJ 18—2012中第5.2.4条规定时，双倍复验如仍有1个不符合要求，判为不合格
		钢筋焊接网	网的尺寸、开焊、裂纹、折叠、凹坑、结疤油污等	拉伸、弯曲、抗剪（JGJ 18—2012）	—	拉伸、弯曲不合格应双倍复验，复验合格则合格；抗剪平均值不合格时应在取样的同一横筋上所有交叉点取样检验，如全部平均合格，则合格
		闪光对焊	不得有裂纹、烧伤、弯折角、轴线偏移	拉伸、弯曲（JGJ 18—2012）	螺丝端杆拉头只做拉伸	外观有1个不合格，全检剔出切除重焊。抗拉：有1个抗拉小于规定值或有2个在焊缝或影响区脆断，调做6个抗拉，如仍有1个抗拉小于规定值或有3个断于焊缝或热影响区，该批不合格；弯曲：有2个发生破断，再做6个弯曲，仍有3个破断，则该批不合格
		电弧焊	表面应平整，接头区无裂纹、咬边、气孔、夹渣，符合规定	拉伸（JGJ 18—2012）	—	有1个抗拉小于规定值或有1个位于焊缝或有2个脆断
		电渣压力焊	焊包外观、无烧伤、弯折角	拉伸（JGJ 18—2012）	—	有1个抗拉小于规定值，应再限6个试件复验，如仍有1个抗拉小于规定值，则该批不合格
		气压焊	逐个检查偏心、弯折、镦粗大小、长度，压焊偏移	拉伸（JGJ 18—2012）	如梁、板中用另加弯曲试验	3个抗拉均不得小于规定值，且应断于压焊面之外，如有1个不符，则该批接头不合格
7	钢筋机械连接	带肋钢筋套筒挤压连接	接头丝扣无完整丝扣外露	拉伸（JGJ 107—2016）	—	按《钢筋机械连接通用技术规程》（JGJ 107—2016）表3.0.5要求，符合则合格，如有1个抗拉不符合要求，双倍复验，如仍有1个抗拉不符合要求，则该批不合格
		钢筋锥螺纹接头连接	外形尺寸，压痕道数、弯折，套筒无裂缝			

续表

序号	名称	外观	必检项目	视需检查项目	判定方法
8	建筑钢结构焊接接头	具体要求见规范规定	拉伸、面弯、背弯(GB 50661—2011)	冲击、侧弯(GB 50661—2011)	按《钢结构焊接规范》(GB 50661—2011)第6.2.1～6.2.3和6.3.1～6.3.13做外观和无损检验
9	细骨料		颗粒级配、含泥量、泥块含量、坚固性、有害物	碱活性、氯离子含量	按《建筑用砂》(GB/T 14684—2011)判定
10	粗骨料		最大粒径、颗粒级配,形状、有害物、坚固性	C60及以上应进行强度检验	按《建筑用卵石、碎石》(GB/T 14685—2011)判定
11	混凝土		立方体抗压强度(GB 50204—2015、JGJ/T 301—2013、JGJ 107—2016)	抗折(道路、机场)	按JGJ 107—2016判定
			抗渗JGJ 107—2016	—	按设计要求
12	建筑地面		抗压强度(砼、水泥砂浆)(GB 50209—2010)	—	按设计要求和规范规定
13	路面砖		抗压强度(GB 28635—2012)	—	按《混凝土路面砖》(GB 28635—2012)
14	砌筑砂浆		抗压强度(GB 50203—2011)	—	按GB 50205—2001、GB 50210—2001判定
15	烧结普通砖		尺寸偏差、强度等级、外观质量、抗冻性能(GB 28635—2012)	吸水率、泛霜等7项	全部检验项目合格为合格批(GB 28635—2012和GB 5101—2003)
16	普通砼小型砌块		尺寸偏差、外观质量、强度等级、相对含水率(GB 8239—2014)	用于清水墙应检抗渗性	按GB 8239—2014判定
17	建筑生石灰粉		CaO和MgO含量、CO_2含量、细度(JC/T 479—2013)	—	按JC/T 479—2013判定
18	建筑石油沥青		针入度、延度、软化点	溶解度、蒸发损失、蒸发后针入度比、闪点、脆点	按GB/T 494—2010判定,质量指标分10号、30号两种
19	道路石油沥青		按重、中、轻交通有不同要求	60℃、135℃动力黏度,薄膜加热试验后的15℃黏度	沥青路面施工用沥青质量要求,应符合《沥青路面施工及验收规范》(GB 50092—1996)附录C要求

续表

<table>
<tr><th>序号</th><th>名称</th><th>外观</th><th>必检项目</th><th>视需检查项目</th><th>判定方法</th></tr>
<tr><td rowspan="2">20</td><td rowspan="2">预制砼构件</td><td rowspan="9">具体要求见规范规定</td><td>允许开裂的构件：挠度、裂缝宽度、承载力</td><td rowspan="2">大跨、大型、异型构件数量太少可按规定减免</td><td rowspan="2">全部符合，则应评为合格；第一个不符合，第二次两个都符合二次检验要求，可评为合格；第二次第一个都符合，可评为合格</td></tr>
<tr><td>限制开裂的构件：挠度、抗裂、承载力</td></tr>
<tr><td rowspan="2">21</td><td rowspan="2">彩色釉面陶瓷墙地砖</td><td rowspan="2">GB/T 4100—2015</td><td>吸水率（≤10%）</td><td>吸水率≤10%，吸水率越小，抗冻越好</td></tr>
<tr><td>抗冻性（20次冻融循环）</td><td>不出现破裂、剥落或裂纹</td></tr>
<tr><td rowspan="2">22</td><td rowspan="2">釉面内墙砖</td><td rowspan="2">（GB/T 4100—2015）</td><td>吸水率（21%）</td><td rowspan="2">合格判定数：一次抽样全合格；一次加二次抽样仅一块不符合</td></tr>
<tr><td>抗龟裂性（釉面无裂纹）</td></tr>
<tr><td>23</td><td>室内外用给水阀门</td><td>应用耐压强度试验（GB 50242—2002）</td><td>安在主干管上起切断作用的闭路阀门应逐个做强度和严密性试验</td><td>强度和严密性试验压力应为符合出厂规定的压力</td></tr>
<tr><td>24</td><td>土方填方</td><td>干土质量密度（GB 50205—2001、GB 50210—2001）</td><td>—</td><td>分层夯压密实（保证项目）后取样测定的干土质量密度，其合格率不应小于90%，不合格的干土质量密度的最低值与设计值之差不应大于0.08 g/cm^3，并且不应留中</td></tr>
<tr><td>25</td><td>路基回填土方</td><td>压实度（CJJ 1—2008）</td><td>—</td><td>按不同填方深度、不同路基要求、不同击实（重型、轻型）方法，压实度在87%～98%之间，具体见CJJ 1—2008规定</td></tr>
</table>

项目4 工业与民用建筑工程施工文件的形成

学习目标

知识目标:①根据规范掌握常用表格的填写;②掌握建筑工程资料的档案顺序与收集、整理、归档、验收。

技能目标:①获取信息能力;②自查资料能力;③折叠图纸的能力;④掌握写汇报材料的能力;⑤学习验收规范的能力;⑥会议表达能力;⑦手工填写工业与民用建筑相关的施工技术施工文件的表格。

素质目标:①团队合作能力;②培养认真敬业、诚实守信的职业素养;③培养交际沟通能力。

重点:基础、主体、屋面、装修、给排水、电气、分户验收的各类表格填写分户验收。

难点:建筑工程竣工档案主要内容及排列顺序表。

建设工程文件是反映建设工程质量和工作质量状况的重要依据,是评定工程质量等级的重要依据,也是单位工程在日后维修、扩建、改造、更新的重要档案材料。建设工程文件一般分为四大部分:工程准备阶段文档资料、监理文档资料、施工阶段文档资料和工程竣工文档资料。因此施工文档资料是城建档案的重要组成部分,是建设工程进行竣工验收的必要条件,是全面反映建设工程质量进行竣工验收的必要条件,是全面反映建设工程质量状况的重要文档。

工业与民用建筑工程施工过程形成的技术文件材料是否符合规范、是否准确、是否完整齐全,将会影响到工程竣工文件材料的质量,以及影响到工程的维护管理,甚至影响到工程的竣工验收,因此,施工单位必须根据有关法规要求认真履行职责,从施工一开始就应确定专人负责,选用住建部统一实施的施工技术文件材料和各种表格,对施工过程中形成的各种文件材料进行及时收集和规范化管理,并按规定编制单位工程和总体工程竣工图,将所形成的施工技术文件材料和竣工图整理后向建设单位移交，从而保证工程结束后，文件材料的整理与归档质量过硬。

本项目主要介绍建设工程开工文件与施工组织设计文件，包括图纸会审和技术交底记录、工程测量、原材料出厂质量合格证和检验报告、地基与基础（土建）工程文件、主体结构工程文件（含混凝土工程、砌体工程、钢结构工程、木结构工程等文件）、装饰装修工程文件、屋面工程文件、建筑给水排水与采暖工程文件、建筑电气工程文件、通风与空调工程文件、电梯工程文件、智能建筑工程文件、竣工图等各种工程技术文件材料的形成及其内容。

任务1 图纸会审与技术交底记录

一、图纸会审记录

现在很多施工单位、监理单位、建设单位甚至设计单位，都将设计单位向施工单位、监理单位、建设单位的设计交底称为图纸会审。其实，设计交底和图纸会审是两个不同的而又先后紧密联系的技术措施。

施工单位收到经审查批准的施工图设计文件后，应留一份作为绘制竣工图的依据。其中，项目经理部技术负责人留一份，进行全面、仔细审阅，其余各份交给施工管理人员。施工图设计文件中相关工种的班组长应熟悉各自工种的图纸内容，并对设计文件中达不到国家规定的设计深度及其他问题做好记录。

项目经理部技术负责人在充分熟悉施工图设计文件后，既要准备编制施工组织文件，又要召开项目部中熟悉施工设计文件的相关人员开会，对设计文件共同会审，提出问题和修改意见，做好记录。图纸会审记录是施工单位项目技术负责人参加施工图设计文件交底时，在会上发言的依据。

二、设计交底记录

设计单位应在工程开工前，向施工单位、建设单位、监理单位进行设计交底。设计单位应介绍设计的内容，说明设计意图，解释设计文件。

设计单位可按单位工程进行设计交底，对于关键部位和重要结构，也可进行单独交底。设计交底前，施工单位、监理单位及有关部门，尤其是施工单位应熟悉设计文件，对设计文件中存在的问题和疑问做好记录，在设计交底时向设计单位提出，由设计单位解答。

设计单位说明设计文件、解释设计文件、施工单位及有关单位提出的问题、设计的解答，均应写在设计交底记录内。各单位有关人员在审阅完交底记录，确定其真实、准确后，均应签字手续齐全。

图纸会审记录的格式见表4-1。

表4-1 图纸会审记录

图纸会审记录

湘质监统编
施2015—33

工程名称： 年 月 日 编号：

建设单位			监理单位	
设计单位			专业名称	
地 点			页 数	共 页第 页
序 号	图 号	图纸问题	答复意见	

勘察单位	设计单位	施工单位	建设单位	监理(建设)单位
签名： 年 月 日	签名： 年 月 日	签名： 年 月 日	签名： 年 月 日	签名： 项目部(章) 年 月 日

注：施工单位整理汇总的图纸会审记录应为一式六份，并应由建设单位、勘察单位、设计单位、监理单位、施工单位、城建档案馆各保存一份，表中勘察、设计单位签字栏应为项目专业设计负责人的签字，建设单位、施工单位签字栏应为项目技术负责人或相关专业负责人签字，监理单位应为总监理工程师签字。

三、施工组织设计交底记录

施工组织设计交底，也是技术交底的一项内容。项目经理部技术负责人既要编制单位工程的施工组织设计，又要进行交底。施工组织设计交底的对象是项目经理部各工种班组长、施工员、质检员、材料员和安全员。

施工组织设计交底的内容虽然是施工组织设计，但交底人既要把施工组织设计中涉及各类管理人员和各工种的施工任务、质量、安全、工期要求及责任分解到人，又要规定各类管理人员之间、各工种之间协调配合顺利实施施工组织设计的各项措施，从而共同完成质量、工期、安全、定额等各项指标。

因此，施工组织设计交底可说是施工管理的一项技术措施。施工组织设计交底十分必要，并且应有交底记录，签字手续齐全。

四、施工技术交底记录

施工技术由项目部技术负责人进行交底，交底至各班组长和直接操作人员。施工技术应有交底记录。交底方式有两种：一种是技术负责人口头交底，接受交底人做好记录；另一种是技术负责人将写好（打印）的交底记录交给接受交底人，技术负责人再进行讲解。实际工作中，采取后一种方式比前一种方式效果好。

不论采用何种交底方式，施工技术设计交底的内容均应包括：原材料及其使用质量要求、工艺流程、操作规程、质量检验标准等。施工技术交底是预控和保证工序质量的技术措施，认真实施交底记录的内容，则是这一技术措施的体现。

技术交底记录包括施工组织设计交底、专项施工方案技术交底、分项工程施工技术交底、“四新”（新材料、新产品、新技术、新工艺）技术交底和设计变更交底等。各项交底应有文字记录，交底双方签认应齐全。

重点和大型工程施工组织设计交底应由施工企业的技术负责人把主要设计要求、施工措施，以及重要事项对项目部主要管理人员进行技术交底。其他工程施工组织设计交底应由项目技术负责人进行交底。

专项施工方案技术交底应由项目专业技术负责人负责，根据专项施工方案对专业工长进行交底。

分项工程施工技术交底由专业工长对专业施工班组（或专业分包）进行交底。

“四新”技术交底应由项目技术负责人组织有关人员编制。

设计变更技术交底应由项目技术部门根据变更要求，并结合具体施工步骤、措施及注意事项等对专业工长进行交底。施工技术交底记录格式见表4-2。

表 4-2 施工技术交底记录

施工技术交底记录

湘质监统编
施 2015—32

工程名称： 施工单位： 编号：

项目技术负责人：	项目专业施工员：	项目专业质量检查员：
专业班组长：	交底时间： 年 月 日	交底地址：
交底内容 1. 交底分部(子分部)、分项工程名称： 2. 交底执行标准名称及编号： 3. 交底内容摘要： 施工单位技术交底人签字： 施工班组接受人签字：		

注：① 执行标准名称及编号是指施工单位自行制定的企业标准(如施工操作工艺标准、工法等)的名称、编号；

② 企业标准应有编制人、批准人、批准时间、执行时间、标准名称及编号；

③ 企业标准的质量水平不得低于国家施工质量验收规范的规定要求；

④ 施工单位当前如无企业标准，可暂选用国家有关部委、省市及其他企业公开发布的标准，但选用标准的质量水平不得低于国家现行施工质量验收规范的规定要求；

⑤ 交底内容摘要，只填写已交待执行标准中的章、节标题和补充内容概要。

任务 2 建设工程开工文件和施工组织设计

一、开、复工报告

建立开、复工报告制度是建筑安装企业坚持基本建设程序和施工程序，保证已经开、复工的工程具备开工条件，为单位工程工期的考核提供依据，是施工管理的重要方面。

申请单位工程开工，必须具备下列条件。

(1) 施工图纸经过会审，图纸会审记录已经由有关单位会签、盖章，并发给有关单位。

(2) 合同或协议已经签订。

(3) 施工许可证已经领取。

(4) 三材(钢材、水泥、木材)指标或实物已经落实。

(5) 施工组织设计(或施工方案)已经编制，并经批准。

（6）临时设施、工棚、施工道路、施工用水、施工用电等已经基本完成。

（7）工程定位测量已具备条件。

（8）施工图预算已经编制和审定。

（9）其他：材料、成品、半成品和工艺设备等，能满足连续施工要求；附属加工企业职工的生活福利设施和建设，能满足施工和生活需要；施工机械设备经过检修能保证正常运转；劳动力已经调集，能满足施工需要，并已经过技术安全、防火教育、安全消防设备已经备齐等。

（一）开工报告

开工报告，是单位工程开工后，施工单位向主管部门报告单位工程已正式开工的一份供备案用的报告。在开工报告中，已确定单位工程的实际开工日期。

开工报告一般一式四份，经监理单位、施工单位盖章后，各自留一份，开工后三天内报主管部门和建设单位各一份。单位工程开工报告格式见表4-3。

（二）复工报告

单位工程因故停工期间，应积极创造条件，争取尽早复工。当已具备复工条件后，施工单位应及时填写复工报告。施工单位填写复工报告时，应针对造成工程停工的原因申述复工条件具备情况。开工/复工报审表见表4-4至表4-8。

二、施工组织设计

建设工程必须进行施工组织设计，其具体内容和编制方法概述如下。

（一）工程概况

1. 工程特点

依据设计文件进行叙述。

2. 建设地点特征

建设地点特征包括位置、气温、冬雨季时间、主导风向、风力和地震烈度，并依据勘察资料对地形地貌、工程地质和地下水等进行简述。

3. 施工条件

施工条件包括三通一平情况，材料及预制加工品的供应情况，施工单位的机械、运输、劳动力和项目部的管理情况。

（二）施工方案和施工方法

1. 施工方案的选择

施工方案和施工方法的拟定，应在拟定的几个可行的施工方案中突出主要矛盾进行分析比较，选用最优方案。选用施工方案应着重解决以下两个问题。

（1）确定总的施工程序。按基建程序办事，必须做好施工准备工作才能开工。一般应遵守“先地下，后地上”、“先主体，后围护”、“先结构，后装修”的原则。

（2）确定施工流向。

表4-3 单位工程开工报告

单位工程开工报告

湘质监统编
施 2015—39

<table>
<tr><td colspan="2">工程名称</td><td colspan="2"></td><td>工程地点</td><td colspan="3"></td></tr>
<tr><td colspan="2">建筑面积</td><td colspan="2"></td><td>结构类型</td><td></td><td>层数</td><td></td></tr>
<tr><td colspan="2">建设单位</td><td colspan="2"></td><td>工程造价</td><td></td><td>承包方式</td><td></td></tr>
<tr><td colspan="2">施工单位</td><td colspan="2"></td><td>计划进场人数</td><td></td><td>实际进场人数</td><td></td></tr>
<tr><td colspan="2">预定开工日期</td><td colspan="2">年 月 日</td><td>计划竣工日期</td><td colspan="3">年 月 日</td></tr>
<tr><td colspan="2">国家定额</td><td></td><td>合同协议竣工日期</td><td>年 月 日</td><td colspan="3">检查情况</td></tr>
<tr><td rowspan="11">单位工程开工的基本条件</td><td colspan="4">设计经过审查、图纸已会审。</td><td colspan="3"></td></tr>
<tr><td colspan="4">道路基本畅通。</td><td colspan="3"></td></tr>
<tr><td colspan="4">场地平整基本就绪。</td><td colspan="3"></td></tr>
<tr><td colspan="4">现场供电供水已通。</td><td colspan="3"></td></tr>
<tr><td colspan="4">施工组织设计(施工方案)经过批审。</td><td colspan="3"></td></tr>
<tr><td colspan="4">(1)施工技术措施已确定。</td><td colspan="3"></td></tr>
<tr><td colspan="4">(2)施工图纸预算和施工预算已编制完毕。</td><td colspan="3"></td></tr>
<tr><td colspan="4">(3)主要材料已进场,并能保证供用。</td><td colspan="3"></td></tr>
<tr><td colspan="4">(4)成品、半成品加工构件能保证供应。</td><td colspan="3"></td></tr>
<tr><td colspan="4">(5)主要施工机具设备已进场。</td><td colspan="3"></td></tr>
<tr><td colspan="4">(6)劳动力落实,进度计划已编制。</td><td colspan="3"></td></tr>
<tr><td colspan="3">施工单位意见:

负责人:

(盖行政公章) 年 月 日</td><td colspan="2">施工单位意见:

负责人:

(盖行政公章) 年 月 日</td><td colspan="3">施工单位意见:

负责人:

(盖行政公章) 年 月 日</td></tr>
</table>

表 4-4　工程开工报审表

湘质监统编
施 2015—38

工程开工报审表

工程名称：　　　　　　　　　　　　　　　　　　编号：

<table>
<tr><td>致：________________________________（建设单位）
________________________________（项目监理机构）
我方承担的__________工程，已完成相关准备工作，具备开工条件，申请于____年____月____日开工，请予以审批。

附件：　证明文件资料

施工单位(盖章)
项目经理(签字)
年　月　日</td></tr>
<tr><td>审核意见：

项目监理机构(盖章)
总监理工程师(签字、加盖执业印章)
年　月　日</td></tr>
<tr><td>审批意见：

建设单位(盖章)
建设单位代表(签字)
年　月　日</td></tr>
</table>

表 4-5　工程复工报审表

工程复工报审表

湘质监统编
施 2015—40

工程名称：　　　　　　　　　　　　　　编号：

致：____（项目监理机构） 编号为____________《工程暂停令》所停工的____________部位，现已满足复工条件，我方申请于____年____月____日复工，请予以审批。 附件：　证明文件资料 施工项目经理部（盖章） 项目经理（签字） 年　月　日
审核意见： 项目监理机构（盖章） 总监理工程师（签字、加盖执业印章） 年　月　日
审批意见： 建设单位（盖章） 建设单位代表（签字） 年　月　日

注：本表一式三份，项目监理机构、建设单位、施工单位各一份。

表 4-6　工程开工令

工程开工令

湘质监统编
施 2015—41

工程名称：　　　　　　　　　　　　　　　编号：

<table>
<tr><td>
致：________________________________（施工单位）：
经审查，本工程已具备施工合同约定的开工条件现同意你方开始施工，开工日期为：____年____日。

附件：工程开工报审表

项目监理机构（盖章）
总理项工程师（签字、加盖执业章）
年　月　日
</td></tr>
</table>

表 4-7　工程暂停令

工程暂停令

湘质监统编
施 2015—42

工程名称：　　　　　　　　　　　　　　　编号：

<table>
<tr><td>
致：________________________________（施工项目经理部）
由于________________________________
________________________________原因，现通知你方于____年____月____日____时起，暂停对____________部位（工序）施工，并按下述要求做好后续工作：
要求：

项目监理机构（盖章）
总理项工程师（签字、加盖执业章）
年　月　日
</td></tr>
</table>

表 4-8　工程复工令

工程复工令

湘质监统编
施 2015—43

工程名称：　　　　　　　　　　　　　　　编号：

<table>
<tr><td>
致：________________________________（施工项目经理部）
我方发出的编号为____________《工程暂定令》要求暂停施工的____________部位（工序），经查已具备复工条件，经建设单位同意，现通知你方于____年____月____日____时起恢复施工。

附件：工程复工报审表

项目监理机构（盖章）
总理项工程师（签字、加盖执业章）
年　月　日
</td></tr>
</table>

2. 分项工程施工方法的选择

选择分项工程的施工方法。

（三）施工进度计划

编制施工进度计划表或施工网络计划图。

（四）施工准备工作计划

单位工程开工前，可根据施工具体需要和要求，编制施工准备工作计划。具体项目有如下几点。

1. 技术准备

技术准备包括：①熟悉会审图纸；②编制和审定施工组织设计；③编制施工预算；④各种加工半成品技术的准备和计划；⑤新技术试验项目的试制。

2. 现场准备测量放线

现场准备测量放线包括：①测量放线；②拆除障碍物；③场地平整；④临时道路和临时供水、供电、供热管线的敷设；⑤有关生产、生活临时设施的搭设；⑥水平和垂直运输设备的搭设。

（五）各项资源需要量计划

各项资源需要量计划包括：①材料需要量计划；②劳动力需要量计划；③构件和加工半成品需要量计划；④施工机具需要量计划；⑤运输计划。

（六）施工平面图

施工平面图一般用1：200～1：500的比例绘制，其内容包括：①地上一切建筑物、构筑物及地下管线；②测量放线标桩、地形等高线、土方取弃场地；③起重机轨道和运行路线；④材料、加工半成品、构件和机具堆场；⑤生产、生活用临时设施（包括搅拌站、钢筋棚、仓库、办公室、供水供电线路和道路）；⑥安全、防火设施。

（七）主要技术组织措施

根据单位工程特点和施工条件制定以下具体措施：①保证工程质量措施；②保证施工安全措施；③保证施工进度措施；④冬季及雨期施工措施；⑤降低成本措施；⑥提高劳动生产率措施；⑦节约材料措施（主要是三大材料）；⑧文明施工措施。

（八）技术经济指标

技术经济指标是编制单位工程施工组织设计的最后效果，应在编制相应的技术组织措施计划的基础上进行计算。主要有以下几项指标：①工期指标（与相应工期定额相比）；②劳动生产率指标；③质量安全指标；④降低成本率；⑤主要工种工程机械化程度；⑥三大材料节约指标。

根据不同的设计图纸、施工环境和施工条件等因素，各单位工程施工组织设计的内容尽管千差万别，但其编制内容及方法，其框架应遵循上述八个方面的要求，才能顺利施工，确保工期、安全和质量。

施工组织设计或施工方案应由施工企业技术负责人审核其内容的完整性、合理性及可行性，并在施工组织设计审批表上签署意见。施工组织设计或施工方案涉及工期、质量、材料、设备采购等与业主有直接利害关系的内容，因此，在企业技术负责人审核后，应报业主或监理人员审查，并签署审查意见。

施工组织设计或（专项）施工方案报审表的内容及格式见表4-9。

表4-9 施工组织设计或（专项）施工方案报审表

施工组织设计或（专项）施工方案报审表

湘质监统编
施 2015—31

工程名称： 编号：001

施工组织设计或（专项）施工方案报审表
致：________（项目监理机构） 我方已完成________工程施工组织设计/（专项）施工方案的编制和审批，请予以审查。 附：□ 施工组织设计 □ 专项施工方案 □ 施工方案 □ 单位工程分部分项工程划分方案 □ 工程试验检测方案 施工项目经理部（盖章） 项目经理（签字） 年 月 日
审查意见： 专业监理工程师（签字） 年 月 日
审核意见： 项目监理机构（盖章） 总监理工程师（签字、加盖执业印章） 年 月 日
审批意见（仅对超过一定规模的危险性较大的分部分项工程专项施工方案）： 建设单位（盖章） 建设单位代表（签字） 年 月 日

任务3 工程测量文件

一、工程定位记录

（一）工程定位

工程定位一般包括两方面的内容：一是平面位置定位；二是标高定位。

根据场地上建筑物主轴线控制点或其他控制点，将房屋外墙轴线的交点用经纬仪投测至地面木桩顶面作为标志的小钉上的测量工作，称为工程平面位置定位。

根据施工现场水准点、控制点标高（或从附近引测的大地水准点标高）来推算±0.00标高，或者根据±0.00标高与某建筑物、某处标高的相对关系，用水准仪和水准尺（或刨光的直木杆）在供放线用的龙门桩上标出标高的定位工作，称为工程的标高定位。

（二）工程测量定位放线记录

1. 工程平面位置定位

工程平面位置定位时，一般先用经纬仪进行直线定向，然后用钢尺沿视线方面逐步丈量出两点的距离。

（1）拟建建筑物与原有建筑物的相对定位。

拟建建筑物与原有建筑物或原有地物有相对关系的定位。设计图上给出的设计建（构）筑物与原建（构）筑物或道路中心线的位置关系数据，一般可据以定出建（构）筑物主轴线的位置。

（2）根据“建筑红线”及定位桩点的定位。

所谓“建筑红线”，是指拔地单位在地面上测设的允许用地的边界点的连线。

所谓定位桩点，是指“建筑红线”上标有坐标值或标有与拟建建筑物成某种关系值的桩点。

（3）现场建立控制系统的定位。

所谓控制系统，是指在建筑总平面图上，由不同边长组成的正方形或矩形格网系统。其格网的交点，称为控制点。

2. 建筑测量定位记录平面图

建筑测量定位记录平面图是用于记录建筑测量定位的平面图纸。

（三）建（构）筑物测量的复核单

建筑物、构筑物测量完成以后，应由技术部门专人负责复核。一般工程由建设单位参加复核签证；重大工程由建设单位、设计单位共同参加复核签证，以防止定位错误质量事故的发生。建（构）筑物的定位、测量应从国家标准水准点引出，施工水准点应定期复核、定位复核。平面图上拟建建筑物与原有建筑物相对关系应标志清楚，定位复核单平面图上应有指北针。

二、变形、沉降观测记录

在施工过程中，因建筑地基的工程地质条件、地基处理方法、建（构）筑物上部结构的荷载等多种因素的综合影响将产生不同程度的沉降和变形。这种变形在允许范围内，可认为是正常现象，但如果超过规定限度就会影响建筑物的正常使用，严重的还会危及建筑物的安全。为了保证建筑物在施工、使用和运行中的安全，以及为建筑物的设计、施工、管理和科学研究提供可靠的资料，在建筑物的施工和使用过程中需要进行建筑物的变形观测。

建筑物变形观测是周期性对设置在建筑物上的观测点进行重复观测，求得观测点位置的变化量的工作。变形观测的主要内容包括沉降观测、倾斜观测、位移观测、裂缝观测和挠度观测等。在建筑物的变形观测中，进行最多的是沉降观测。对于高层建筑物、重要厂房的柱基及主要设备基础、连续性生产和受震动较大的设备基础、工业炼钢高炉、高大的电视塔、人工加固的地基、回填土、地下水位较高或大孔土地基的建筑物等应进行系统的沉降观测。对于中小型厂房和建筑物，可采用普通水准测量；对于大型厂房和高层建筑，应采用精密水准仪进行沉降观测。

建筑物沉降观测是根据水准基点，周期性测定建筑物上的沉降观测点的高程来计算沉降量的工作。进行沉降观测的建筑物上应埋设沉降观测点。观测点的数量和位置应能全面反映建筑物的沉降情况，这与建筑物或设备基础的结构、大小、荷载和地质条件有关。沉降观测的时间和次数，应根据工程性质、工程进度、地基土质情况及基础荷重增加情况等决定。每次观测结束后，应检查记录中的数据和计算是否准确，以及精度是否合格。如果误差超限，则应重新观测，然后调整闭合差，推算各观测点的高程，列入成果表中。根据各观测点本次所观测高程与上次所观测高程之差，计算各观测点本次沉降量和累计沉降量，并将观测日期和荷载情况录入观测记录表中。建筑物测量记录表见表 4-10 至表 4-13。

其中，表 4-12 的填写说明与依据如下。

1. 填写要点

(1)“观测部位”栏应按建筑物观测点的位置来确定。

(2)“最大垂直偏差”栏填写具体的方向偏差值。

(3)“观测点平面布置简图及说明”应按实际建筑物轮廓绘制，标注观测点位置。

(4)“施工单位观测结果”和“监理（建设）单位检查结论”栏由施工单位和监理单位根据要求采用计算机打印。

(5) 签字栏“专业技术负责人”为项目总工，“施工单位专职测量员”为测量仪器操作者。

2. 相关要求

(1) 根据《混凝土结构工程施工质量验收规范》(GB 50204—2015)、《砌体结构工程施工质量验收规范》(GB 50203—2011)等要求，施工单位应在结构工程完成和工程竣工时，对建筑物垂直度和标高进行实测，填写该表报监理单位审核。

(2) 超过允许偏差且影响结构性能的部位和结构安全的关键要素，应由施工单位提出技术处理方案，并经建设（监理）单位认可后进行处理。

表4-10 工程定位测量记录

工程定位测量记录

湘质监统编
施 2015—58

工程名称： 编号：

施工单位		图纸编号	
施测日期	年 月 日	复测日期	年 月 日
平面坐标依据		高程依据	
使用测量仪器		测量人员 岗位证书号	
允许误差		仪器校验日期	年 月 日
定位测量平面图：			
复测结果：			

监理（建设）单位	项目技术负责人	质量员	施测人
总监理工程师（建设单位项目负责人）： 年 月 日	签名： 年 月 日	签名： 年 月 日	签名： 年 月 日

注：规模较大的工程项目可另附定位测量平面图。

表 4-11　建筑物沉降、变形观测测量记录

建筑物沉降、变形观测测量记录

湘质监统编
施 2015—62a

共　　页　第　　页

<table>
<tr><td>工程名称</td><td></td><td>观测日期</td><td>自　　年　　月　　日
至　　年　　月　　日</td></tr>
<tr><td colspan="4">观测点平面布置图及说明：</td></tr>
<tr><td colspan="2">施工单位观测结果：

施工单位项目专业技术负责人：

年　　月　　日</td><td colspan="2">监理（建设）单位核查结论：

项目专业监理工程师（建设单位项目技术负责人）：

监理（建设）项目部（章）

年　　月　　日</td></tr>
</table>

注：如果竣工验收时观测点的沉降、变形尚未稳定，应交代清楚有关继续观测直至稳定为止的事项。固定水准点应按规定设置、保护好；建筑物上的观测点应布置合理，水平间距应符合规定要求，并在平面图上标注其尺寸。

表4-12 建筑物垂直度、标高观测测量记录

建筑物垂直度、标高观测测量记录

湘质监统编
施2015—63
共 页 第 页

<table>
<tr><td>工程名称</td><td colspan="4"></td><td colspan="3">观测日期</td><td colspan="4">年 月 日</td></tr>
<tr><td colspan="3">观测时施工形象进度：</td><td colspan="9">施工单位专职测量员、记录员：
监理（建设）单位旁站监督人：</td></tr>
<tr><td rowspan="2">观测点编号</td><td rowspan="2">观测部位（柱、墙轴线等）</td><td colspan="2">结构层或全高顶面标高/m</td><td colspan="2">实测高度/m</td><td colspan="2">最大垂直偏差/mm</td><td colspan="2">最大垂直度/（%）</td><td rowspan="2">偏差</td><td rowspan="2">倾斜方向</td></tr>
<tr><td>设计</td><td>实测</td><td>层高</td><td>总高</td><td>层高</td><td>总高</td><td>层高</td><td>总高</td></tr>
<tr><td>1</td><td></td><td></td><td></td><td></td><td></td><td></td><td></td><td></td><td></td><td></td><td></td></tr>
<tr><td>2</td><td></td><td></td><td></td><td></td><td></td><td></td><td></td><td></td><td></td><td></td><td></td></tr>
<tr><td>3</td><td></td><td></td><td></td><td></td><td></td><td></td><td></td><td></td><td></td><td></td><td></td></tr>
<tr><td>4</td><td></td><td></td><td></td><td></td><td></td><td></td><td></td><td></td><td></td><td></td><td></td></tr>
<tr><td>5</td><td></td><td></td><td></td><td></td><td></td><td></td><td></td><td></td><td></td><td></td><td></td></tr>
<tr><td>6</td><td></td><td></td><td></td><td></td><td></td><td></td><td></td><td></td><td></td><td></td><td></td></tr>
<tr><td>7</td><td></td><td></td><td></td><td></td><td></td><td></td><td></td><td></td><td></td><td></td><td></td></tr>
<tr><td>8</td><td></td><td></td><td></td><td></td><td></td><td></td><td></td><td></td><td></td><td></td><td></td></tr>
<tr><td>9</td><td></td><td></td><td></td><td></td><td></td><td></td><td></td><td></td><td></td><td></td><td></td></tr>
<tr><td>10</td><td></td><td></td><td></td><td></td><td></td><td></td><td></td><td></td><td></td><td></td><td></td></tr>
<tr><td>11</td><td></td><td></td><td></td><td></td><td></td><td></td><td></td><td></td><td></td><td></td><td></td></tr>
<tr><td>12</td><td></td><td></td><td></td><td></td><td></td><td></td><td></td><td></td><td></td><td></td><td></td></tr>
<tr><td>13</td><td></td><td></td><td></td><td></td><td></td><td></td><td></td><td></td><td></td><td></td><td></td></tr>
<tr><td>14</td><td></td><td></td><td></td><td></td><td></td><td></td><td></td><td></td><td></td><td></td><td></td></tr>
<tr><td>15</td><td></td><td></td><td></td><td></td><td></td><td></td><td></td><td></td><td></td><td></td><td></td></tr>
<tr><td colspan="12">观测点平面布置简图及说明：</td></tr>
<tr><td colspan="6">施工单位观测结果：

施工单位项目
专业技术负责人： 年 月 日</td><td colspan="6">监理（建设）单位核查结论：

项目专业监理工程师 监理（建设）项目部（章）
（建设单位项目技术负责人）： 年 月 日</td></tr>
</table>

注：①房屋结构层或全高顶面标高，指室外地坪面到每层结构层的楼板板顶和到主要屋面板板顶的标高（不考虑局部突出屋顶部分）。②层高指结构层上下楼板的板顶至板底的距离，总高指室外地坪面至结构施工层楼板板顶的高度。③层高、总高的高度及最大垂直偏差、垂直度等观测测量，应及时在每层结构层完工时进行；全高顶面标高、垂直度观测测量，应及时在主体完工时进行。④施工单位应根据建筑测量定位放线的规定，另附详细平面布置图及其观测测量手簿。

表 4-13　施工控制测量成果报验表

施工控制测量成果报验表

湘质监统编
施 2015—65

工程名称：　　　　　　　　　　　　　　　　　　编号：

<table>
<tr><td>致：____（项目监理机构）
我方已完成____________________的施工控制测量，经自检合格，请予以查验。
附件：1.施工控制测量依据资料
2.施工控制测量成果表

施工项目经理部（盖章）
项目技术负责人（签字）
年　　月　　日</td></tr>
<tr><td>审查意见：

项目监理（建设）机构（盖章）
专业监理工程师（建设
单位项目技术负责人）（签字）
年　　月　　日</td></tr>
</table>

注：本表一式三份，项目监理机构、建设单位、施工单位各一份。

三、建筑工程设计文件的变更

建筑工程设计文件，是指导建筑工程活动的依据。一般要坚持按图施工，但在施工过程中，也有可能发现设计文件与实际情况不相符合，或者施工条件、材料品种和规格等不完全符合设计要求的情况。这样就会引起设计文件的变更，这种变更必须按照一定的变更程序。

1. 建筑工程设计文件的种类

建筑工程设计文件的变更，按其重要程度划分为甲、乙、丙、丁四类。

(1) 凡变更已批准的重点工程的一般设计原则，或者变更设计后影响施工计划和工程造价较大者，属于甲类。

(2) 凡变更技术比较复杂，一般需要补充勘察设计文件，但不变更已批准的设计原则的，属于乙类。

(3) 凡变更技术比较简单，不影响工程结构或整体布置的，属于丙类。

(4) 凡是局部变更，例如，细部尺寸变更、材料变更的，均属丁类。

2. 建筑工程设计文件的变更程序

以上四类设计文件的变更程序如下。

(1) 甲类:由提议单位提出变更理由,经原设计单位审查同意,并征求建设、监理和施工单位的意见后,由原设计单位负责更改。

(2) 乙类:由提议单位提出变更理由,经原设计单位审查同意,并征求建设、监理和施工单位意见,由原设计单位进行变更。

(3) 丙类:由提议单位提出变更理由,经原设计单位(或其派驻施工现场的设计组)研究同意,并征求现场建设、监理和施工单位意见后,由施工单位负责变更施工图,必要时由设计单位协助。

(4) 丁类:由提议单位提出变更理由,经施工单位的主管技术负责人决定并征得技术监督工程师的同意后,由施工单位负责更改施工图。

建筑工程设计的变更,主要由原设计单位负责。设计单位在施工现场更改设计文件,形成设计变更通知单等文件。

国务院颁布的《建设工程质量管理条例》规定。施工单位必须按照工程设计图纸和施工技术标准施工,不得擅自修改工程设计、不得偷工减料。施工单位在施工过程中发现设计文件和图纸有差错的,应当及时提出意见和建议。就是说建设工程设计文件的更改必须严格履行更改程序,并填写"工程变更单"。工程变更单的格式见表4-14至表4-17。

表4-14 工程洽商记录

工程洽商记录

湘质监统编
施 2015—34

工程名称: 编号:

<table>
<tr><td colspan="2">施工单位</td><td colspan="3"></td><td colspan="2">专业名称</td><td colspan="2"></td></tr>
<tr><td colspan="2">提出单位名称</td><td colspan="3"></td><td colspan="2">日期</td><td colspan="2">年 月 日</td></tr>
<tr><td>序号</td><td colspan="2">图号</td><td colspan="6">洽商内容</td></tr>
<tr><td></td><td colspan="2"></td><td colspan="6"></td></tr>
<tr><td colspan="2">建设单位(项目负责人):

年 月 日</td><td colspan="3">专业监理工程师:

年 月 日</td><td colspan="2">设计负责人:

年 月 日</td><td colspan="2">项目技术负责人:

年 月 日</td></tr>
</table>

注:本表由提出洽商单位填写,建设单位、监理单位、设计单位、施工单位、城建档案馆各保存一份。涉及工程变更的洽商记录,必须拍摄反映工程变更前后对比情况的照片并将其作为附件一并上报。

表 4-15　工程变更单

工程变更单

湘质监统编
施 2015—35

工程名称：　　　　　　　　　　　　　　　　编号：

<table>
<tr><td colspan="2">致：______________________
　　由于______________________原因，兹提出
______________________工程变更，请予以审批。
　　附件：□　变更内容
　　　　　□　变更设计图
　　　　　□　相关会议纪要
　　　　　□　其他

变更提出单位：
负责人：
年　月　日</td></tr>
<tr><td>工程量增/减</td><td></td></tr>
<tr><td>费用增/减</td><td></td></tr>
<tr><td>工期变化</td><td></td></tr>
<tr><td>施工项目经理部(盖章)
设计单位(盖章)

年　月　日</td><td>设计单位(盖章)
设计负责人(签字)

年　月　日</td></tr>
<tr><td>项目监理机构(盖章)
总监理工程师(签字)

年　月　日</td><td>建设单位(盖章)
负责人(签字)

年　月　日</td></tr>
</table>

注：涉及工程变更的工程变更单，必须拍摄反映工程变更前后对比情况的照片并将其作为附件一并上报。

表4-16 设计变更通知单上竣工图责任登记表

设计变更通知单上竣工图责任登记表

（本表适用设计单位下发的设计变更通知单）

湘质监统编
施2015—36a

工程名称： 共＿＿页 第＿＿页

序号	日期	编号	页数	修改主要内容	变更涉及的竣工图图号	变更上图责任人签名	备注
	年 月 日						
	年 月 日						
	年 月 日						
	年 月 日						
	年 月 日						
	年 月 日						
	年 月 日						
	年 月 日						
	年 月 日						
	年 月 日						
	年 月 日						
	年 月 日						
	年 月 日						
	年 月 日						

施工单位核查意见：	监理（建设）单位核查意见：
记录人： 项目技术负责人： （项目部章） 年 月 日	总监理工程师（建设单位项目技术负责人）： （项目部章） 年 月 日

注：本表填写时必须确保设计单位下发至本工程设计变更通知单资料的完整性，变更内容上竣工图的责任人必须逐项签字。施工单位项目技术负责人要确保竣工图中变更上图的真实性和准确性。

表 4-17　工程变更及洽商记录上竣工图责任登记表

工程变更及洽商记录上竣工图责任登记表

（本表适用建设单位与施工单位产生的变更及洽商记录）　　湘质监统编
施 2015—36b

工程名称：　　　　　　　　　　　　　　　　　　　　　　　　共____页　第____页

序号	变更洽商记录单号	页数	主要变更洽商内容	变更涉及的竣工图号	变更上图责任人签名	备注

施工单位核查意见：	监理（建设）单位核查意见：
记录人： 项目技术负责人： （项目部章） 年　月　日	总监理工程师（建设单位项目技术负责人）： （项目部章） 年　月　日

注：本表填写时必须确保建设单位、施工单位产生的本项目工程变更通知单或洽商记录（含图纸会审）资料的完整性，变更内容上竣工图的责任人必须逐项签字；施工单位项目技术负责人要确保竣工图中变更上图的真实性和准确性；与工程变更无关的变更不在本表的记录范围。

任务4 原材料出厂质量合格证和试验报告

一、钢材合格证、试验报告

（一）钢筋合格证、试验报告

钢筋品种一般按以下三种方式分类。

(1) 按化学成分，分为碳素钢钢筋和普通低合金钢钢筋等。

(2) 按外形，分为光圆钢筋、变形钢、钢丝、钢绞线等。

(3) 按强度，热轧钢筋强度等级分为Ⅰ级、Ⅱ级、Ⅲ级、Ⅳ级。

（二）钢筋合格证、试验报告基本要求

(1) 钢筋应有出厂质量证明书和试验报告单，并按有关标准的规定抽取试样作力学性能试验。

(2) 进口钢筋应有力学性能试验、化学成分分析报告和可焊性试验报告。

(3) 集中加工的钢筋，应有由加工单位出具的出厂证明及钢筋出厂合格证明和钢筋试验单的抄件或复印件。抄件应有抄件人签字及材料供应部门盖章，注明原件编号、存放处。

(4) 预应力混凝土所用高强钢丝、钢绞线应逐批作好检查外观记录，并按有关规定抽样做力学性能试验。

(5) 钢筋第一次试验达不到标准要求的，应加倍取样试验，合格时两次试验报告单要同时保留。

（三）钢筋出厂合格证的内容要求

钢厂质检部门应提供钢材出厂合格证，如在供销单位购买钢材，供销单位应提供复印件或转抄件。合格证内容包括：钢厂名称、炉罐号、钢种、级别、规格、重量及件数、生产日期、出厂批号、力学性能和化学成分检验数据及结论，并有钢厂质检部门的印章及标准编号。钢筋出厂合格证各项内容应填写齐全，作为技术鉴定钢筋质量合格原件的依据。合格证应注明批量，如批量较大，提供出厂证少，则由供销单位提供复印件或抄件，并加盖公章，补充注明批量。施工单位应在合格证、复印件或抄件上注明该批钢筋的进场批量、批号和使用部位。

（四）钢筋试验报告单内容及钢筋力学性能试验报告单的核查内容

1. 钢筋试验报告单的内容

法定检测单位接受施工单位钢筋试验委托后，应出具钢筋试验报告单，报告单应包括以下内容。

(1) 表头：委托单位、工程名称、使用部位、钢筋产地、钢筋种类、出厂合格证编号、形状、送样

日期、报告日期、试验编号等各项目，均应填写清楚，不可缺项或错填。

(2) 表腹：试件编号、直径、长度、拉力试验项目、冷弯试验、化学成分、结论。

(3) 表下：试验单位、审核、计算、试验等。

2. 钢筋力学性能试验报告单的核查内容

钢筋力学性能试验报告单的核查包括如下内容。

(1) 核查该单位工程所有的钢筋力学性能试验报告单的钢筋品种、规格与钢筋出厂合格证的钢筋品种、规格是否一致，与设计图纸要求的钢筋品种、规格是否一致。

(2) 试验报告单各项目是否填写齐全，尤其是试验报告编号的填写是否准确，这是备查试验室台账核实试验报告单试验数据及试验报告单是否归档的重要依据。

(3) 核查试验报告单上屈服点、抗拉强度、伸长率及弯曲试验的检测数据是否填写齐全，是否符合现行国家标准的数值，结论是否正确。结论评定不合格的是否取双倍试件重做试验。

(4) 核查法定检测单位是否加盖公章，有关人员签字或盖章手续是否齐全。

钢筋合格证和试验报告单均应按其编号先后顺序填入汇总表。钢筋合格证、试验报告单应同时整理归档。

（五）钢筋原材料文件材料排列要求

(1) 钢筋材质试验报告汇总表，见表 4-18。

(2) 钢筋出厂试验报告，每批次一份，见表 4-19。

(3) 见证取样送检委托书，见表 4-20。

(4) 钢材现场抽检试验报告，见表 4-21。

二、焊接试验报告及焊条(剂)质量证明书

(1) 焊接骨架、焊接网片、闪光对焊、电弧焊、电渣压力焊、重要的预埋件钢筋 T 形接头焊等均应在外观检查合格后的成品中取样试验。现场焊接时其报告应经建设或监理单位签证证明在成品中取样。

(2) 装配式结构节点钢筋焊接接头，按生产条件(施工焊接条件)做模拟试验的报告，应经建设或监理单位签证，其施焊条件与结构节点相同的。

(3) 电弧焊、预埋件 T 型接头焊的焊条(剂)应有出厂质量证明书，凡无合格证或对其有怀疑时，应按批抽样试验，合格后方可使用。存放多年的焊条应进行工艺性能试验后才能使用。如果发现焊条内部有锈迹，须经验收合格后方可使用。受潮严重，已发生药皮脱落的焊条，一概报废。

(4) 电渣压力焊和气压焊接头应有全部外观检查记录和按规定取成品样的力学性能试验报告。

(5) 钢结构的Ⅰ、Ⅱ级焊缝应有超声波、X 射线探伤报告和外观检查记录；Ⅲ级焊缝应有会同建设或监理单位共同签证的外观检查记录。

(6) 焊缝外观检查记录、焊接试验报告均应注明焊接部位、接头批量、焊工姓名和合格证编号。

表 4-18　冷轧带肋钢筋试验报告

××建筑工程质量检测有限公司

冷轧带肋钢筋试验报告

(2000)量认(湘长)字(复 RO103)号

试验编号：0504　建设单位：　工程名称：　报告编号：2016-368

委托单位：××建筑公司预制场　委托单号：0015964　报告日期：2016 年 11 月 08 日

主管负责：　技术复核：　报告编号：　实验操作：

材料名称	试样编号	使用部位	时间原尺寸			极限荷载/kN	极限强度/MPa	延伸量/mm/	延伸率/(%)	冷弯实验			批量/t	结论
			直径截面尺寸/mm	横截面积/mm^2	标距/mm					弯心直径	角度	结果		
冷轧带肋钢筋 $\phi 5$			5.0	19.6	100	13.0	660	105.0	5.0	4d	180	合格		达 CRB650 级
			5.0	19.6	100	13.0	660	105.0	5.0	4d	180	合格		
			5.0	19.6	100	13.0	660	105.0	5.0	4d	180	合格		
冷轧带肋钢筋 $\phi 5$			5.0	19.6	100	14.0	715	104.0	4.0	4d	180	合格		达 CRB650 级
			5.0	19.6	100	13.0	660	105.0	5.0	4d	180	合格		
			5.0	19.6	100	14.0	715	104.0	4.0	4d	180	合格		
冷轧带肋钢筋 $\phi 5$			5.0	19.6	100	13.0	660	105.0	5.0	4d	180	合格		达 CRB650 级
			5.0	19.6	100	13.0	660	105.0	5.0	4d	180	合格		
			5.0	19.6	100	14.0	715	104.0	4.0	4d	180	合格		
送样日期	2016 年 11 月 08 日		备注	1. 报告检测数据手工填写无效。 2. 试验执行规范：《冷轧带肋钢筋》(GB 13788—2008)，《冷轧扭钢筋》(JG 190—2006)。										
送样人														
取样见证人														

表 4-19　钢筋出厂试验报告

主管负责：　　　　技术复核：　　　　报告编写：　　　　实验操作：

萍乡钢铁有限责任公司

PINGXIANG IRON & STEEL CO. ,LTD

产　品　质　量　证　明　书

PRODUCT QUALITY CERTIFICATE

QR/PG8. 25

地址：江西萍乡峡山口

邮编：337019

销售热线：0799-3496443

服务热线：0799-3497579

企业获 GB/T 19001-ISO 9001:2000 认证

产品名称 PRODUCT	热轧盘卷光圆钢筋	标准号 STANDARD	GB/T 701—2007 GB 700—88	交货日期 DELIVERY DATE	2009 年 06 月 29 日
需方 CUSTOMER		生产许可证号 LICENSE NO		车站 DESTINATION	长沙东
合同号 CONTRACT NO		产品质量证明书号 CERTIFICATE NO	8120	车号 TRAIN NO	42010
重量/t TOTAL QUANTITY		交货状态 COMMODITY	热思盘条		

批号 HEAT NO	规格 Size ϕ/mm	牌号 STEEL GRADE	用途 USE	件数 PIECE	化学成分/(%) CHEMICAL COMPOSITION/(%)								力学性能 MECHANICAL PERFOMANCE				物理性能 PHYSICAL PERFORMANCE					
					C × 10^2	Mn × 10^2	Si × 10^2	P × 10^2	S × 10^3	Cu × 10^3	Ni × 10^3	Cr × 10^3	下屈服点 Rel/MPa	抗拉强度 Rm/MPa	伸长率 A11.3 /(%)	断面收缩率 /(%)	冷弯 COLD BEND	冷镦 COLD TOP	脱碳 DEC /mm	低倍 L. M	晶粒度 G. S	硬度 HB
40885169	10.0	Q235	J	30	21	29	10	40	38				305	420	27.0		合格					
备注	此产品质量证明书无专用章无效，涂改无效，经萍钢公司授权的一级经销商具备复印产品质量证明书权，复印件加盖经销商公章且在本经销范围内有效。																		填发人： 审核人： 印　章：			

表4-20　见证取样送检委托书

见证取样送检委托书

湘质监统编
施2002—31

工程名称：　　　　　　　　　　　　　　　　　　　　　年　　月　　日

产品（含砼、砂浆试块及焊接件等）名称：				试验项目：	
规格型号					
出厂批（炉、编）号					
进场批量（吨、个、件）					
有无出厂合格证明书					
出厂质量等级					
出厂日期					
生产厂名					
供应商名					
样品编号					
代表部位（层次、轴线）					
样品重量					
样品单件数					
取样人签名					
见证人签名					
收样人签名					
施工单位：		电话：		检测单位：　电话：	
取样说明： 监理（建设）项目部（章） 年　月　日					

注：①本委托书一式三份，监理（建设）、施工、检测各一份；②施工单位应将本委托书及其检测试验报告一并归档；③见证人签名处应加盖见证人单位章；④《见证取样、封样、送检方法要求》见反面附录一。

表 4-21　钢筋检验报告

××建设工程质量检测有限责任公司

钢筋检验报告

<table>
<tr><td>工程编号</td><td colspan="2">G2010-0272</td><td colspan="2">委托单位</td><td colspan="2">00014230</td><td colspan="2">报告编号</td><td colspan="4">GYC20101768</td></tr>
<tr><td>建设单位</td><td colspan="8">××城市建设开发公司</td><td>检验类别</td><td colspan="3">有见证取样</td></tr>
<tr><td>工程名称</td><td colspan="8">1 号住宅楼</td><td>检验依据</td><td colspan="3">GB 1499.2—2007</td></tr>
<tr><td>委托单位</td><td colspan="8">××省建筑工程有限公司</td><td>收样日期</td><td colspan="3">2010-11-8</td></tr>
<tr><td>工程部位</td><td colspan="8">主体</td><td>试验日期</td><td colspan="3">2010-11-9</td></tr>
<tr><td colspan="14">试验结果</td></tr>
<tr><td colspan="5">样品</td><td colspan="5">力学性能</td><td colspan="3">弯曲性能</td><td rowspan="2">结论</td></tr>
<tr><td>样品编号</td><td>钢筋种类
及牌号</td><td>生产厂家
及炉号</td><td>代表
数量</td><td>公称直径
/mm</td><td>屈服强度
/MPa</td><td>抗拉强度
/MPa</td><td>伸长率
/MPa</td><td>总伸长率
/(%)</td><td>强区比</td><td>弯曲直径
/mm</td><td>弯曲角度
/°</td><td>结果</td></tr>
<tr><td rowspan="2">201004523</td><td rowspan="2">热轧带肋钢筋
HRB400</td><td rowspan="2">萍钢
71015736</td><td rowspan="2">5</td><td rowspan="2">18</td><td>505</td><td>655</td><td>28</td><td>—</td><td>1.3</td><td>72</td><td>180</td><td>完好</td><td rowspan="2">合格</td></tr>
<tr><td>510</td><td>660</td><td>26.5</td><td>—</td><td>1.29</td><td>72</td><td>180</td><td>完好</td></tr>
<tr><td rowspan="2">201004524</td><td rowspan="2">热轧带肋钢筋
HRB401</td><td rowspan="2">萍钢
31025261</td><td rowspan="2">5</td><td rowspan="2">22</td><td>510</td><td>665</td><td>27.5</td><td>—</td><td>1.3</td><td>88</td><td>180</td><td>完好</td><td rowspan="2">合格</td></tr>
<tr><td>500</td><td>660</td><td>28</td><td>—</td><td>1.32</td><td>88</td><td>180</td><td>完好</td></tr>
<tr><td rowspan="2">201004525</td><td rowspan="2">热轧带肋钢筋
HRB402</td><td rowspan="2">萍钢
51016466</td><td rowspan="2">5</td><td rowspan="2">25</td><td>515</td><td>650</td><td>25</td><td>—</td><td>1.26</td><td>100</td><td>180</td><td>完好</td><td rowspan="2">合格</td></tr>
<tr><td>520</td><td>645</td><td>25</td><td>—</td><td>1.26</td><td>100</td><td>180</td><td>完好</td></tr>
<tr><td colspan="14">以下空白</td></tr>
<tr><td colspan="14">说明：</td></tr>
<tr><td>批准</td><td colspan="2">张三</td><td>审核</td><td colspan="2">李四</td><td colspan="3">检验</td><td colspan="5">王五</td></tr>
<tr><td>报告日期</td><td colspan="2">2010-11-9</td><td>送样人</td><td colspan="2">万平</td><td colspan="3">见证单位及姓名</td><td colspan="5"></td></tr>
</table>

共 1 页第 1 页

注：① 部分复制检验报告需经本公司书面批准（完整复制除外）；

② 地址：长沙市雨花区香樟路×××号（湖南省××××研究院旁），电话：0731—88925×××。

(7) 在电焊压力焊和埋弧焊压力焊中所用的焊剂,可采用 HJ431 焊剂。焊剂应存放仓库内,当受潮时,在使用前应经过 250～300℃烘焙,应有烘焙记录。

焊条(剂)质量合格证和烘焙记录应一并归档。

(8) 钢材焊接试验报告。

① 按照《钢筋焊接及验收规程》(JGJ 18—2012)的要求进行取样,300 个接头是指同一规格的钢筋,不能采取累计的形式。直螺纹钢筋应按同一施工条件下,采用同一检验批材料的同等级、同条件、同一规格的接头的钢筋每 500 个接头为一验收批,不足 500 个接头的按一验收批来计算。

② 在试验报告中要注明接头数量,以及焊工证号。

③ 要及时检查试验数据是否达到规范规定的标准值。若发现问题应及时取双倍样做复试,并将复试合格单或处理结论存档。

(9) 焊条、焊剂出厂合格证、焊工证。

焊条、焊剂合格证内容包括力学性能、化学成分及抗裂性。焊接母材的钢号与使用焊条的钢号必须一致,否则影响焊接质量,并注明使用部位。

在收集焊工证时要有竖焊及水平焊接钢筋的合格证。

(10) 焊接试验报告及焊条(剂)质量证明书等文件的排列要求如下。

① 钢筋焊接试验报告汇总表,见表 4-22。

② 钢筋机械连接试验报告汇总表,见表 4-23。

③ 原材料、试块、试件见证取样送检委托书,见表 4-24。

④ 焊接接头施工质量检查验收记录,见表 4-25 至表 4-29。

⑤ 焊条、焊剂合格证。

⑥ 焊接材料烘焙记录,见表 4-30。

⑦ 焊工上岗证。

三、水泥合格证、试验报告

(一) 水泥出厂合格证

建设工程用的水泥,如果是由生产厂家供应的,应有生产厂家出具的合格证。水泥出厂时,生产厂家应在水泥发出日 7 d 内出具 3 d 强度值检验合格证,28 d 强度值合格证应在水泥发出日起 32 d 内补发。水泥出厂合格证必须由水泥厂质检部门提供。如果是从物资部门购买的水泥,则应由物资部门提供水泥出厂合格证转抄、复印件。

水泥出厂合格证的内容包括:水泥牌号、厂标、水泥品种、强度等级、出厂日期、批号、合格证编号、技术要求,以及不溶物、氧化镁、三氧化硫、烧失量、细度凝结时间、安定性、强度、不溶物含量、碱含量的试验结果。同时还应包括混合材料名称和参加量、属于旋窑或立窑生产等。

(二) 水泥出厂合格证的核查

项目经理部的材料员或质检员应对水泥出厂合格证或抄件进行核查,符合要求后,交给资料员整理。核查内容应包括以下几项。

表 4-22　钢筋焊接试验报告汇总表

钢筋焊接试验报告汇总表

湘质监统编
施 2015—21

工程名称：　　　　　　　　年　月　日　　　　　　　　共　页第　页

批次	连接种类	钢筋直径/mm	每组试件根数	抽样部位	送样日期	试验报告编号	试验结果					结论	接头批量/个	备注
							极限荷重/kN	极限强度/MPa	断口距焊缝端尺寸/mm	焊缝破坏（脆、塑）情况	冷弯试验/D			
1					年　月　日									
2					年　月　日									
3					年　月　日									
4					年　月　日									
5					年　月　日									
6					年　月　日									
7					年　月　日									
8					年　月　日									
9					年　月　日									
10					年　月　日									
11					年　月　日									
12					年　月　日									

施工单位项目技术负责人：　　（项目部章）　　总监理工程师（建设单位项目技术负责人）：　　（项目部章）　　填表人：

表 4-23　钢筋机械连接试验报告汇总表

钢筋机械连接试验报告汇总表

湘质监统编
施 2015—22

工程名称：　　　　　　　　年　月　日　　　　　　　　共　页第　页

批次	等级及接头类型	钢筋直径/mm	每组试件根数	抽样部位	送检日期	试验日期	试验结果					结论	接头批量/个	备注
							母材试件			接头试件				
							屈服强度标准值/MPa	残余变形标准值/mm	残余变形平均值/mm	抗拉强度/MPa	抗拉强度/MPa			
					年　月　日	年　月　日								
					年　月　日	年　月　日								
					年　月　日	年　月　日								
					年　月　日	年　月　日								
					年　月　日	年　月　日								

施工单位项目技术负责人：　　（项目部章）　　总监理工程师（建设单位项目技术负责人）：　　（项目部章）　　填表人：

表 4-24　原材料、试块、试件见证取样送检委托书

原材料、试块、试件见证取样送检委托书

湘质监统编

施 2015—20

工程名称：　　　　　　　　　　　　抗震等级：　　　　　　年　　月　　日　　编号：

产品（含砼、砂浆试块及焊接件等）名称：					试验项目：		
规格型号							
出厂批（炉、编）号							
进场批量（吨、个、件）							
有无出厂质量证明书							
出厂质量等级							
出厂日期	年　月　日	年　月　日	年　月　日	年　月　日	年　月　日	年　月　日	年　月　日
生产厂名							
供应商名							
样品编号							
砼试样芯片编码							
代表部位（层次、轴线）							
样品重量							
样品单件数							
取样人签名							
见证人签名							
收样人签名							
施工单位：	电话：			检测单位：		电话：	
取样说明： 监理（建设）项目部（章） 年　月　日							

注：①施工单位应将本委托书及其检测试验报告一并归档；②见证人签名处应加盖见证人单位公章；③《见证取样、封样、送检方法要求》见反面附录一。

表4-25　钢筋闪光对焊接头施工质量检查验收记录

钢筋闪光对焊接头施工质量检查验收记录

湘质监统编
施 2015—84

工程名称：　　　　　　　　施工单位：　　　　　　焊机容量：　　kVA　编号：

钢筋牌号及直径：	焊接接头数量：　　个	焊工姓名及考试合格证号：
随机切取试件数：　　根	力学性能试验结果：	施焊时间：自　年　月　日　时至　日　时
第______批外观质量检查情况(检验批构件部位及名称)：		
《钢筋焊接及验收规程》(JGJ 18—2012)中的规定	施工单位检查评定记录	监理(建设)单位验收记录
(1)接头表面应呈圆滑、带毛刺状，不得有肉眼可见的裂纹		
(2)与电极接触处的钢筋表面不得有明显的烧伤		
(3)接头处的弯折角不得大于2		
(4)接头处的轴线偏移，不得大于钢筋直径的1/10，且不得大于1 mm		

工程名称：××省职业病防治院实验大楼　　施工单位：　　　　　焊机容量：　　kVA　　编号：001

钢筋牌号及直径：	焊接接头数量：　　个	焊工姓名及考试合格证号：
随机切取试件数：　　根	力学性能试验结果：	施焊时间：自　年　月　日　时至　日　时
第______批外观质量检查情况(检验批构件部位及名称)：		
《钢筋焊接及验收规程》(JGJ 18—2012)中的规定	施工单位检查评定记录	监理(建设)单位验收记录
(1)接头表面应呈圆滑、带毛刺状，不得有肉眼可见的裂纹		
(2)与电极接触处的钢筋表面不得有明显的烧伤		
(3)接头处的弯折角不得大于2		
(4)接头处的轴线偏移，不得大于钢筋直径的1/10，且不得大于1mm		
施工单位检查评定结果： 项目专业技术负责人： 年　月　日	监理(建设)单位验收结论： 项目专业监理工程师(建设单位项目技术负责人)：　　监理(建设)项目部(章) 年　月　日	

注：①该记录一页可检查验收两个检验批；②外观检查结果，当有一个接头不符合要求时，应对全部接头进行检查，剔除不合格的接头，切除热影响区后重新焊接。

施工单位检查记录人：

监理(建设)单位旁站监督人：

表 4-26 钢筋电弧焊接头施工质量检查验收记录

钢筋电弧焊接头施工质量检查验收记录

湘质监统编
施 2015—85

工程名称： 施工单位： 焊条牌号及直径：

<table>
<tr><td>钢筋牌号及直径：</td><td>焊接接头数量： 个</td><td colspan="2">焊工姓名及考试合格证号：</td></tr>
<tr><td>随机切取试件数： 根</td><td>力学性能试验结果：</td><td colspan="2">施焊时间：自 年 月 日 时至 日 时</td></tr>
<tr><td colspan="4">第________批外观质量检查情况(检验批构件部位及名称)：</td></tr>
<tr><td colspan="2">《钢筋焊接及验收规程》(JGJ 18—2012)中的规定</td><td>施工单位检查评定记录</td><td>监理(建设)单位验收记录</td></tr>
<tr><td colspan="2">(1)焊缝表面应平整，不得有凹陷或焊瘤</td><td></td><td rowspan="4"></td></tr>
<tr><td colspan="2">(2)焊接接头区域不得有肉眼可见的裂纹</td><td></td></tr>
<tr><td colspan="2">(3)焊缝余高应为 2～4 mm</td><td></td></tr>
<tr><td colspan="2">(4)咬边深度、气孔、夹渣等缺陷允许值及接头尺寸的允许偏差，应符合表 5.5.2 的规定</td><td></td></tr>
</table>

<table>
<tr><td colspan="6">表 5.5.2 钢筋电弧焊接头尺寸偏差及缺陷允许值</td></tr>
<tr><td colspan="2" rowspan="2">名称</td><td rowspan="2">单位</td><td colspan="3">接头型式</td></tr>
<tr><td>帮条焊</td><td>搭接焊</td><td>坡口焊、窄间隙焊、熔槽帮条焊</td></tr>
<tr><td colspan="2">帮条沿接头中心线的纵向偏移</td><td>mm</td><td>0.3d</td><td>—</td><td>—</td></tr>
<tr><td colspan="2">接头处弯折角</td><td></td><td>2</td><td>2</td><td>2</td></tr>
<tr><td colspan="2">接头处钢筋轴线的偏移</td><td>mm</td><td>0.1d</td><td>0.1d</td><td>0.1d</td></tr>
<tr><td colspan="2">焊缝厚度</td><td>mm</td><td>1</td><td>1</td><td>1</td></tr>
<tr><td colspan="2">焊缝宽度</td><td>mm</td><td>+0.1d</td><td>+0.1d</td><td>—</td></tr>
<tr><td colspan="2">焊缝长度</td><td>mm</td><td>−0.3d</td><td>−0.3d</td><td>—</td></tr>
<tr><td colspan="2">咬边深度</td><td>mm</td><td>0.5</td><td>0.5</td><td>0.5</td></tr>
<tr><td rowspan="2">在长为 2d 的焊缝表面上的气孔及夹渣</td><td>数量</td><td>个</td><td>2</td><td>2</td><td>—</td></tr>
<tr><td>面积</td><td>mm²</td><td>6</td><td>6</td><td>—</td></tr>
<tr><td rowspan="2">在全部焊缝表面上的气孔及夹渣</td><td>数量</td><td>个</td><td>—</td><td>—</td><td>2</td></tr>
<tr><td>面积</td><td>mm²</td><td>—</td><td>—</td><td>6</td></tr>
</table>

<table>
<tr><td>施工单位检查评定结果：

项目专业技术负责人：
年 月 日</td><td>监理(建设)单位验收结论：

项目专业监理工程师(建设单位项目技术负责人)： 监理(建设)项目部(章)
年 月 日</td></tr>
</table>

注：①d 为钢筋直径，单位为 mm；②负温电弧焊接头咬边深度不得大于0.2 mm；③外观检查不合格的接头，经修整或补强后可提交二次验收。

施工单位检查记录人：

监理(建设)单位旁站监督人：

表4-27 钢筋电渣压力焊接头施工质量检查验收记录

钢筋电渣压力焊接头施工质量检查验收记录

湘质监统编
施 2015—86

工程名称：　　　　施工单位：　　　　焊剂牌号：

钢筋牌号及直径：	焊接接头数量：　个	焊工姓名及考试合格证号：
随机切取试件数：　根	力学性能试验结果：	施焊时间：自　年　月　日　时至　日　时
第＿＿＿＿批外观质量检查情况(检验批构件部位及名称)：		

《钢筋焊接及验收规程》(JGJ 18—2012)中的规定	施工单位检查评定记录	监理(建设)单位验收记录
(1)四周焊包凸出钢筋表面的高度：当钢筋直径为25 mm及以下时，不得小于4 mm；当钢筋直径为28 mm及以上时，不得小于6 mm		
(2)钢筋与电极接触处，应无烧伤缺陷		
(3)接头处的弯折角不得大于2°		
(4)接头处的轴线偏移不得大于1mm		

工程名称：××省职业病防治院实验大楼　　施工单位：　　　　焊剂牌号：

钢筋牌号及直径：	焊接接头数量：　个	焊工姓名及考试合格证号：
随机切取试件数：　根	力学性能试验结果：	施焊时间：自　年　月　日　时至　日　时
第＿＿＿＿批外观质量检查情况(检验批构件部位及名称)：		

《钢筋焊接及验收规程》(JGJ 18—2012)中的规定	施工单位检查评定记录	监理(建设)单位验收记录
(1)四周焊包凸出钢筋表面的高度：当钢筋直径为25 mm及以下时，不得小于4 mm；当钢筋直径为28 mm及以上时，不得小于6 mm		
(2)钢筋与电极接触处，应无烧伤缺陷		
(3)接头处的弯折角不得大于2°		
(4)接头处的轴线偏移不得大于1mm		

施工单位检查评定结果：	监理(建设)单位验收结论：
项目专业技术负责人： 年　月　日	项目专业监理工程师(建设单位项目技术负责人)：　监理(建设)项目部(章) 年　月　日

注：该记录一页可检查验收两个检验批；外观检查不合格的接头应切除重焊，或采取补强焊接措施。

施工单位检查记录人：
监理(建设)单位旁站监督人：

表 4-28　钢筋直螺纹连接接头施工质量检查验收记录

钢筋直螺纹连接接头施工质量检查验收记录

湘质监统编
施 2015—87

工程名称：　　　　　施工单位：　　　　　焊剂牌号：

钢筋直径：	接头数量：　　个	操作工姓名：
随机切取试件数：　　根	力学性能试验结果：	安装时间：
外观质量检查情况（检验批构件部位及名称）：		
《钢筋机械连接技术规程》（JGJ 107—2016）中的规定	施工单位检查评定记录	监理（建设）单位验收记录
（1）丝头牙形饱满，无断牙、秃牙缺陷，且与牙形规的牙形吻合，牙形表面光洁		
（2）套筒丝头与墩头吻合，墩头钢筋端部应切平或墩平后加工螺纹，墩粗头不得有与钢筋轴线相垂直的横向裂纹		
（3）安装接头时可用管钳扳手拧紧，应使钢筋头在套筒中央位置相互顶紧		
（4）钢筋与连接套的规格应一致，外露有效丝扣牙数在 3 牙之内		

工程名称：××省职业病防治院实验大楼　　　施工单位：

钢筋直径：	接头数量：　　个	操作工姓名：
随机切取试件数：　　根	力学性能试验结果：	安装时间：
外观质量检查情况（检验批构件部位及名称）：		
《钢筋机械连接技术规程》（JGJ 107—2016）中的规定	施工单位检查评定记录	监理（建设）单位验收记录
（1）丝头牙形饱满，无断牙、秃牙缺陷，且与牙形规的牙形吻合，牙形表面光洁		
（2）套筒丝头与墩头吻合，墩头钢筋端部应切平或墩平后加工螺纹，墩粗头不得有与钢筋轴线相垂直的横向裂纹		
（3）安装接头时可用管钳扳手拧紧，应使钢筋头在套筒中央位置相互顶紧		
（4）钢筋与连接套的规格应一致，外露有效丝扣牙数在 3 牙之内		
施工单位检查评定结果： 项目专业技术负责人： 年　月　日	监理（建设）单位验收结论： 项目专业监理工程师（建设单位项目技术负责人）：　　监理（建设）项目部（章） 年　月　日	

注：该记录一页可检查验收两个检验批；②外观检查结果，当有一个接头不符合要求时，应对全部接头进行检查，剔除不合格接头。

施工单位检查记录人：

监理（建设）单位旁站监督人：

表 4-29　焊接施工外观检查记录

焊接施工外观检查记录

湘质监统编
施 2015—88

工程名称：　　　　　　　　　　　　　　　　　　　　　　　　　　编号：

施工单位					编号						
检查部位					检查日期		年　月　日				
检查项目	允许偏差	实测偏差									
满焊要求	$\leq 0.2+0.02t$ 且 ≤ 1.0										
根部收缩	$\leq 0.2+0.02t$ 且 ≤ 1.0										
咬边	$\leq 0.05t$ 且 $\leq 0.5t$ 且焊缝两侧咬边总长≤10%焊缝全长										
弧坑裂纹	不允许										
电弧擦伤	不允许										
接头不良	缺口深度 $0.05t$ 且 ≤ 0.5										
表面夹渣	不允许										
表面气孔	不允许										
对接焊缝余高	$B<20$ 0～3.0 $B\geq 20$ 0～4.0										
对接焊缝错边	$d<0.15t$ 且 ≤ 2.0										
焊脚尺寸	$h_f\leq 6$；0～1.5 $h_f>6$；0～3.0										
角焊缝余高	$h_f\leq 6$；0～1.5 $h_f>6$；0～3.0										
检查说明： 表中 t 表示连接处较薄的板厚，d 表示接口错边，B 表示焊缝宽度，h_f 表示焊脚高度。											
焊接工艺员			质量检查员				记录员				

表 4-30 焊接材料烘焙记录

焊接材料烘焙记录

湘质监统编
施 2015—83

工程名称：　　　　　　　　　　　　　　　　　　　　　　　　　　编号：

焊材牌号		规格/mm		焊材厂家	
钢材材质		烘焙方法		烘焙日期	年　月　日

序号	施焊部位	烘焙数量/kg	烘焙要求					保温要求		备注
			烘干温度/℃	烘干时间/h	实际烘焙			降至恒温/℃	保温时间/h	
					烘焙日期	从时分	至时分			

说明：

（1）焊条、焊剂等在使用前，应按产品说明书及有关工艺文件规定的技术要求进行烘干。

（2）焊接材料烘干后应存放在保温箱内，随用随取，焊条由保温箱（筒）取出到施焊的时间不得超过 2 h，酸性焊条不宜超过 4 h。烘干温度为 250～300 ℃。

专业技术负责人	质量员	记录人

(1) 水泥出厂合格证上的出厂日期、批号、合格证编号等非技术要求的栏目应填写齐全。

(2) 水泥出厂合格证应有水泥厂质检部门和技术负责人加盖的印章,抄件上除注明合格证上品质指标外,尚应注明原件编号及存放处,加盖抄件人及抄件单位印章。

(3) 项目经理部材料员应在合格证或抄件上注明水泥吨数,施工员注明水泥作用部位。

(4) 技术要求必须符合国家标准《通用硅酸盐水泥》(GB 175—2007)的规定。

(三) 现场抽样检验

在一般情况下,水泥运进施工现场时,凡有下列情况之一,应按批随机抽样检验。

(1) 无水泥出厂合格证。

(2) 进口水泥。

(3) 有受潮、结块等异常现象的水泥。

(4) 水泥出厂日期超过三个月。

(5) 水泥厂合格证内容不完备。

(6) 设计中有特殊要求的水泥。

各地区对水泥现场抽样检验有不同的规定。例如,湖南省建设厅曾行文规定,除本省新化水泥厂和湘乡水泥厂生产的水泥可免检外,其他水泥厂生产的水泥,均应按进场的批量随机抽样检验。对送检的水泥,法定检测单位必须出具检验报告。

(四) 检验报告单的核查内容

(1) 检验项目细度、凝结时间、安定性、抗压强度、抗折强度是否齐全。

(2) 检验报告项目数据是否达到标准要求。

(3) 检验报告是否填写检验编号,检验报告与进场水泥批量是否吻合。

(4) 检验报告的签证手续是否齐全。

水泥出厂合格证和检验报告均应汇总,填写水泥出厂合格证汇总表和水泥检验报告汇总表。水泥出厂合格证及其汇总表、水泥检验报告及其汇总表均应归档。

(五) 水泥原材料文件材料排列要求

(1) 水泥材质试验报告汇总表,见表 4-31。

(2) 水泥生产合格证、3 d 出厂试验报告(见表 4-32)、28d 出厂试验报告(见表 4-33),每批次一份。

(3) 原材料、试块、试件见证取样送检委托书,见表 4-24。

(4) 3 d 现场抽检试验报告(见表 4-34),28 d 现场抽检试验报告(见表 4-35)。

四、砖出厂质量证明或试验报告

(1) 砖应按同一厂、同一品种、同一标号、同一出厂批量(编号)为取样单位,进行现场抽样试验,经地区及其以上有关部门认定的街道的蒸养灰砂砖、炉碴砖应有出厂质量证明书,并须进行现场取样试验。

表 4-31　水泥材质试验报告汇总表

水泥材质试验报告汇总表

湘质监统编
施 2002—38

工程名称：　　　　　　　　　　年　　月　　日　　　　　　　　　　共　　页第　　页

批　次	品　种	出厂批（编）号	进场批量/t	使用部位	送检日期	试验日期	化学分析情况	物理力学性能试验结果				生产厂家	出厂材质证明	备　注
								强度/MPa		安定性	认定强度等级			
								抗压	抗折					
合　计														

施工单位填报人（签字）：　　　　　　　　　　监理（建设）单位检查人（签字）：

表 4-32　3 d 出厂试验报告

湖南××水泥有限公司
出厂水泥检验报告

填报单位：(盖章)　　　　窑型：旋窑　　　　填报日期：2016 年 11 月 7 日

<table>
<tr><td colspan="4">水泥名称</td><td colspan="3">普通水泥</td><td colspan="2">出场编号</td><td colspan="2">2016-2C-688</td><td>编号数量</td><td></td></tr>
<tr><td colspan="4">出厂日期</td><td colspan="3">2016.11.7</td><td colspan="2">发出数量</td><td colspan="2"></td><td>出场等级</td><td>32.5</td></tr>
<tr><td colspan="13">检验结果：32.5 水泥生产许可证编号：XK23-201-02942</td></tr>
<tr><td rowspan="3">SO_3 /(%)</td><td rowspan="3">MgO /(%)</td><td rowspan="3">烧失量</td><td rowspan="3">不溶物 /(%)</td><td colspan="3">混合材料掺重</td><td colspan="2">石膏掺量/(%)</td><td colspan="4">物理性能</td></tr>
<tr><td rowspan="2">矿渣</td><td rowspan="2">煤渣</td><td rowspan="2"></td><td rowspan="2">品种</td><td rowspan="2">掺量</td><td rowspan="2">安定性</td><td rowspan="2">细度 0.08 mm 筛余/(%)</td><td colspan="2">凝结时间 (h∶min)</td></tr>
<tr><td>初凝</td><td>终凝</td></tr>
<tr><td>2.74</td><td>3.76</td><td>2.27</td><td></td><td>12</td><td></td><td></td><td></td><td>6</td><td>合格</td><td>2.0</td><td>2∶43</td><td>3∶29</td></tr>
<tr><td rowspan="5">破坏荷重</td><td>类别</td><td colspan="2">指标值 /MPa</td><td colspan="9">实测值/MPa</td></tr>
<tr><td rowspan="4">抗折强度</td><td rowspan="2">3 d</td><td rowspan="2"></td><td colspan="9">$X=3.5$</td></tr>
<tr><td colspan="4">3.5</td><td colspan="3">3.6</td><td colspan="2">3.4</td></tr>
<tr><td rowspan="2">28 d</td><td rowspan="2"></td><td colspan="9"></td></tr>
<tr><td colspan="2"></td><td colspan="2"></td><td colspan="2"></td><td></td><td colspan="2"></td></tr>
<tr><td rowspan="4">破坏荷重</td><td rowspan="4">抗压强度</td><td rowspan="2">3 d</td><td rowspan="2"></td><td colspan="9">$X=14.6$</td></tr>
<tr><td colspan="2">14.8</td><td colspan="2">14.1</td><td colspan="2">14.2</td><td>15.0</td><td>15.3</td><td>14.4</td></tr>
<tr><td rowspan="2">28 d</td><td rowspan="2"></td><td colspan="9"></td></tr>
<tr><td colspan="2"></td><td colspan="2"></td><td colspan="2"></td><td></td><td colspan="2"></td></tr>
<tr><td>备注</td><td colspan="12">① 按 ISO 国家标准水泥检测方法进行的
② 本报告对试验结果负责
③ 本表为湖南省水泥质量统一表达方式</td></tr>
</table>

化验室主任：　　　　填报人：　　　　检验人：

表 4-33　28 d 出厂试验报告

湖南××水泥有限公司
出厂水泥检验报告

填报单位:(盖章)　　　　窑型:旋窑　　　　填报日期:2016 年 11 月 7 日

<table>
<tr><td colspan="4">水泥名称</td><td colspan="3">普通水泥</td><td colspan="2">出场编号</td><td colspan="2">2016-2C-688</td><td>编号数量</td><td></td></tr>
<tr><td colspan="4">出厂日期</td><td colspan="3">2016.12.5</td><td colspan="2">发出数量</td><td colspan="2">100 t</td><td>出场等级</td><td>32.5</td></tr>
<tr><td colspan="13">检验结果:32.5 水泥生产许可证编号:XK23-201-02942</td></tr>
<tr><td rowspan="3">SO_3 /(%)</td><td rowspan="3">MgO /(%)</td><td rowspan="3">烧失量</td><td rowspan="3">不溶物 /(%)</td><td colspan="3">混合材料掺重</td><td colspan="2">石膏掺量/(%)</td><td colspan="4">物理性能</td></tr>
<tr><td rowspan="2">矿渣</td><td rowspan="2">煤渣</td><td rowspan="2"></td><td rowspan="2">品种</td><td rowspan="2">掺量</td><td rowspan="2">安定性</td><td rowspan="2">细度 0.08 mm 筛余/(%)</td><td colspan="2">凝结时间 (h : min)</td></tr>
<tr><td>初凝</td><td>终凝</td></tr>
<tr><td>2.74</td><td>3.76</td><td>2.27</td><td></td><td>12</td><td></td><td></td><td></td><td>6</td><td>合格</td><td>2.0</td><td>2 : 43</td><td>3 : 29</td></tr>
<tr><td rowspan="5">破坏荷重</td><td>类别</td><td colspan="2">指标值 /MPa</td><td colspan="9">实测值/MPa</td></tr>
<tr><td rowspan="4">抗折强度</td><td rowspan="2">3 d</td><td rowspan="2"></td><td colspan="9">X=3.5</td></tr>
<tr><td colspan="4">3.5</td><td colspan="3">3.6</td><td colspan="2">3.4</td></tr>
<tr><td rowspan="2">28 d</td><td rowspan="2"></td><td colspan="9"></td></tr>
<tr><td colspan="4">7.8</td><td colspan="3">7.7</td><td colspan="2">7.7</td></tr>
<tr><td rowspan="4">破坏荷重</td><td rowspan="4">抗压强度</td><td rowspan="2">3 d</td><td rowspan="2"></td><td colspan="9">X=14.6</td></tr>
<tr><td colspan="2">14.8</td><td colspan="2">14.1</td><td colspan="2">14.2</td><td>15.0</td><td>15.3</td><td>14.4</td></tr>
<tr><td rowspan="2">28 d</td><td rowspan="2"></td><td colspan="9"></td></tr>
<tr><td colspan="2">39.5</td><td colspan="2">39.8</td><td colspan="2">38.5</td><td>38.6</td><td>38.7</td><td>39.4</td></tr>
<tr><td>备注</td><td colspan="12">① 按 ISO 国家标准水泥检测方法进行的
② 本报告对试验结果负责
③ 本表为湖南省水泥质量统一表达方式</td></tr>
</table>

化验室主任:　　　　填报人:　　　　检验人:

表 4-34　3 d现场抽检试验报告

××工程检测有限公司
水泥检验报告

工程编号	791	委托单号	0007473	报告编号	20100458
建设单位	××投资开发有限公司			检验类别	有见证取样
工程名称及部位	××住宅装饰工程			样品编号	20100458
委托单位	××建筑股份有限公司			检验依据	GB 175—2007
水泥品种	P.C	强度等级	32.5	出厂编号	C-184
生产厂家	××南方水泥有限公司			出厂日期	
代表数量/t	100 t	收样日期	2010-07-05	试验日期	2010-07-06

试验结果	一、细度	80μm方孔筛余/(%)	%	比表面积	m^2/kg
	二、标准稠度用水量	27.0%			
	三、凝结时间	初凝	136 min	终凝	213 min
	四、安定性	雷氏法		饼法	合格
	五、其他				
	六、强度/MPa				

抗折强度				抗压强度			
3 d		28 d		3 d		28 d	
单块值	平均值	单块值	平均值	单块值	平均值	单块值	平均值
3.7	3.7			14.6	11.8		
				15.1			
3.6				14.9			
				14.5			
3.8				15.3			
				14.3			

结论：上述结果符合国家标准，可供参考。

批准		审核		检验	
报告日期	2010.07.01	送样人		见证人单位及姓名	

注：部分复制检验报告需经本公司书面批准(完整复制除外)。　　共1页 第1页

表 4-35　28 d 现场抽检试验报告

××工程检测有限公司
水泥检验报告

工程编号	791	委托单号	0007473	报告编号	20100458
建设单位	××投资开发有限公司			检验类别	有见证取样
工程名称及部位	××住宅楼装饰工程			样品编号	20100458
委托单位	××建筑股份有限公司			检验依据	GB 175—2007
水泥品种	P. C	强度等级	32.5	出厂编号	C-184
生产厂家	××南方水泥有限公司			出厂日期	
代表数量/t	100 t	收样日期	2010-07-05	试验日期	2010-07-06
试验结果	一、细度	80μm 方孔筛余/(%)	%	比表面积	m²/kg
	二、标准稠度用水量	27.0%			
	三、凝结时间	初凝	136 min	终凝	213 min
	四、安定性	雷氏法		饼法	合格
	五、其他				
	六、强度/MPa				

抗折强度				抗压强度			
3 d		28 d		3 d		28 d	
单块值	平均值	单块值	平均值	单块值	平均值	单块值	平均值
3.7	3.7	7.6	7.6	14.6	14.8	34.9	34.7
				15.1		34.4	
3.6		7.5		14.9		34.6	
				14.5		34.8	
3.8		7.6		15.3		34.3	
				14.3		35.0	

结论：合格

批准		审核		检验	
报告日期	2010.08.03	送样人		见证人单位及姓名	

注：部分复制检验报告需经本公司书面批准（完整复制除外）。　　共 1 页 第 1 页

(2) 用于承重的空心小型砌块应按同一厂家生产的不大于200 m^3 为一批现场取样试验，用于框架填充墙的空心小型砌块应有出厂质量证明书(用于外墙的应符合抗渗要求)。

(3) 红砖出厂合格证。

每一生产厂家的砖到现场后，按烧结砖15万块、多孔砖5万块、灰砂砖及粉煤砖10万块各为一验收批。并在试验报告中注明代表数量，检查各试验单代表数量总和与总需求量相符。

出厂合格证与检验报告的厂家要匹配，每进一批砖要有一份检验报告。砖的质量证明书内容包括：生产厂、种类、强度等级、批量及抗压强度平均值、抗压强度标准值、试验日期，并有厂家检验部门印章。证明书中的项目应齐全，不得漏填或错填，保证数据真实，结论正确，符合标准要求。

(4) 汇总表中使用部位一栏必须填写清楚，备注栏内注明质量证明书或试验报告编号。

(5) 砖原材料文件材料排列要求。

① 砖(砌块)材质试验报告汇总表，见表4-36。

② 出厂材质证明。

③ 原材料、试块、试件见证取样送检委托书，见表4-24。

④ 现场抽样试验报告，见表4-37和表4-38。

五、防水材料质量证明书、试验报告

(1) 防水卷材及其黏结接缝密封材料应有出厂质量证明书，其内容应包括生产厂家、出厂编号和出厂检验报告(含不透水性、吸水性耐热度、拉力、柔度等)，并且有现场抽样试验报告。

(2) 沥青应有出厂质量证明书和现场取样试验报告，其内容应包括针入度、软化点、延度等。用沥青熬制的玛蹄脂应有现场取样试验报告，其主要内容应包括耐热度、柔韧性、黏结力等。

(3) 细石砼刚性防水层应有砼试块报告，防水砼应有抗渗试验报告、水泥砂浆防水层及防水砼的外掺剂(防水剂、膨胀剂、减水剂等)出厂质量证明书。

(4) 防水油膏、防水涂料、新型防水材料等均应有出厂质量证明书和现场取样试验报告，现场配制的上述成品、半成品应有现场取样试验的试验报告。

(5) 防水材料应有出厂合格证及试验报告。防水材料主要包括防水涂料、防水卷材、黏结剂、止水带、膨胀胶条、密封膏、密封胶、水泥基渗透结晶型防水材料等。

① 防水材料必须有出厂质量合格证、有相应资质等级检测部门出具的检测报告、产品性能和使用说明书及防伪认证标志。检查其内容是否齐全，包括：生产厂、种类、等级、型号、各项试验指标、编号、出厂日期、厂检验部门印章等，以证明其质量是否符合标准。

② 新型及出口防水材料须有相关部门、单位的鉴定文件，并报市建委科技处办理审批手续，有专门的施工工艺操作规程和有代表性的抽样试验记录。

③ 防水材料应按规范的要求进行送检，并在合格证及试验报告中注明使用部位，检查各试验单代表数量总和是否与总需求量相符。

④ 防水材料的型号、规格、检验时间，应与隐检记录、防水工程试水检查记录、检验批质量验收记录、施工日志、施工组织设计、技术交底、洽商等一致。

(6) 隔热保温材料合格证，应按所使用的材料收集齐全。

表 4-36　砖（砌块）材质试验报告汇总表

砖（砌块）材质试验报告汇总表

湘质监统编
施 2002—39

工程名称：　　　　　　　　　　年　　月　　日　　　　　　　　　　共　　页第　　页

批次	品种	出厂批（编）号	进场数量/万块	使用部位	进场日期	试验日期	设计强度等级	试验结果				外观质量	生产厂家	出厂材质证明	备注
								强度平均值/MPa	强度标准值（δ>0.21）	单块强度最小值（δ>0.21）	认定强度等级				
合计															

施工单位填报人（签字）：　　　　　　　　　　监理（建设）单位检查人（签字）：

表 4-37 蒸压加气混凝土砌块抽检报告

××工程检测有限公司
砖(砌块)检验报告

<table>
<tr><td>工程编号</td><td>791</td><td>委托单号</td><td>0031591</td><td>报告编号</td><td>20100088</td></tr>
<tr><td>建设单位</td><td colspan="3">××投资开发有限公司</td><td>检验类别</td><td>有见证取样</td></tr>
<tr><td>工程名称及部位</td><td colspan="3">××1 栋砌体</td><td>样品编号</td><td>20100088</td></tr>
<tr><td>委托单位</td><td colspan="3">××建筑股份有限公司</td><td>检验依据</td><td>GB 11968—2006</td></tr>
<tr><td>生产厂家</td><td colspan="3">××建材有限公司</td><td>样品种类</td><td>蒸压加气混凝土砌块</td></tr>
<tr><td>设计强度等级</td><td>A3.5</td><td>密度等级</td><td>B06</td><td>产品规格</td><td>600×200×120</td></tr>
<tr><td>代表数量</td><td>8000 块</td><td>收样日期</td><td>2010-03-02</td><td>试验日期</td><td>2010-03-02</td></tr>
<tr><td colspan="6">试验结果</td></tr>
<tr><td rowspan="3">抗压
强度</td><td colspan="3">单组强度平均值/MPa</td><td rowspan="2">三组强度平均值
/MPa</td><td rowspan="2">三组最小强度值
/MPa</td></tr>
<tr><td>第一组</td><td>第二组</td><td>第三组</td></tr>
<tr><td>4.0</td><td>3.6</td><td>3.8</td><td>3.8</td><td>3.6</td></tr>
<tr><td rowspan="3">干体积
密度</td><td colspan="3">每组干体积密度/(kg/m³)</td><td colspan="2" rowspan="2">三组干体积密度平均值/(kg/m³)</td></tr>
<tr><td>第一组</td><td>第二组</td><td>第三组</td></tr>
<tr><td>609</td><td>614</td><td>609</td><td colspan="2">611</td></tr>
<tr><td colspan="6">结论:
依据 GB 11968—2006 标准规程,来样强度符合 A3.5 级,体积密度符合 B06 级</td></tr>
<tr><td>批准</td><td></td><td>审核</td><td></td><td>检验</td><td></td></tr>
<tr><td>报告日期</td><td>2010.08.03</td><td>送样人</td><td></td><td>见证人单位及姓名</td><td></td></tr>
</table>

注:部分复制检验报告需经本公司书面批准(完整复制除外)。　　共 1 页 第 1 页

表 4-38　烧结多孔砖抽检报告

××工程检测有限公司

砖（砌块）检验报告

<table>
<tr><td>工程编号</td><td>791</td><td>委托单号</td><td>0034247</td><td>报告编号</td><td>20100228</td></tr>
<tr><td>建设单位</td><td colspan="3">××投资开发有限公司</td><td>检验类别</td><td>有见证取样</td></tr>
<tr><td>工程名称</td><td colspan="3">××住宅楼</td><td>工程部位</td><td>真充墙砌体</td></tr>
<tr><td>委托单位</td><td colspan="3">××建筑股份有限公司</td><td>检验依据</td><td>GB 13544—2011</td></tr>
<tr><td>生产厂家</td><td colspan="3">××二机砖厂</td><td>样品编号</td><td>20100228</td></tr>
<tr><td>样品名称</td><td colspan="3">烧结多孔砖</td><td>样品种类</td><td></td></tr>
<tr><td>规格尺寸</td><td colspan="3">240×190×90</td><td>设计强度等级</td><td>MU10</td></tr>
<tr><td>代表数量</td><td>5 万块</td><td>收样日期</td><td>2010-05-04</td><td>试验日期</td><td>2010-05-04</td></tr>
<tr><td rowspan="3">试验结果</td><td rowspan="2" colspan="2">抗压强度平均值/MPa</td><td colspan="2">变异系数 $\delta \leqslant 0.21$</td><td>变异系数 $\delta \leqslant 0.21$</td></tr>
<tr><td colspan="2">强度标准值/MPa</td><td>单块最小强度值/MPa</td></tr>
<tr><td colspan="2">10.27</td><td colspan="2">9.8</td><td></td></tr>
<tr><td colspan="6">结论：
强度合格</td></tr>
<tr><td>批准</td><td></td><td>审核</td><td></td><td>检验</td><td></td></tr>
<tr><td>报告日期</td><td>2010.08.03</td><td>送样人</td><td></td><td>见证人单位及姓名</td><td></td></tr>
</table>

注：部分复制检验报告需经本公司书面批准（完整复制除外）。　　共 1 页 第 1 页

(7) 防水工程试水(蓄水)试验报告。

① 凡有防水要求的房间应有防水层及装修后的蓄水检查记录。卫生洁具安装完后做100%的二次蓄水试验,质检员检查合格签字记录。检查内容包括蓄水方式、蓄水时间(不得少于24 h)、蓄水深度(最浅处不应小于20 mm)、水落口及边缘的封堵情况和有无渗漏现象等。

② 屋面工程完工后,应对细部构造(屋面天沟、檐沟、檐口、泛水、水落口、变形缝、伸出屋面管道等)、屋面高低跨、女儿墙根部、出屋面烟(风)道、接缝处和保护层进行雨期观察或淋水、蓄水检查。按规范规定检查屋面有无渗漏和积水,排水系统是否通畅,可在雨后或持续淋水2 h以后进行。有可能做蓄水检验的屋面,其蓄水时间不少于24 h,蓄水深度为淹过屋面最高处,一般不小于20 mm。

(8) 防水工程资料整理顺序如下。

① 出厂证明。

② 出厂许可证、试验报告。

③ 原材料、试块、试件见证取样送检委托书,见表4-24。

④ 现场抽样试验报告,以及现场防水砼、砂浆抽样试验报告,见表4-39至表4-43。

⑤ 防水隐蔽验收记录,见表4-44和表4-45。

六、构件质量证明书

(1) 预制构件厂(场)供应的钢筋砼构件应提交生产许可证和构件质量证明书,构件上应标明生产日期、构件代号、生产厂家名称并与质量证明书相吻合,进场时应会同建设或监理单位验收并在质量证明书签证和抽样进行静载试验等。

(2) 一级、二级企业预制厂(场)出厂的构件应有质量证明书,其质量证明书的内容应包括:构件名称、代号、采用图集、数量、生产日期、砼设计标号、试块28 d试压标号、配筋情况及所用钢材、水泥的材质情况、结构性能试验结果。

(3) 三级、四级企业预制厂(场)出厂的构件除质量证明书内容要求与上条相同外,还应附钢筋、水泥材质证明及相应的砼试块试压报告,其空心板或用于楼盖的槽形板到工程施工现场后,还应由具备检测的单位按数量(小于1000块)及荷载、跨度等情况抽样作静载试验。每个单位工程不应少于两块空心板试验。

(4) 空心板的试块试压报告必须标注构件代号,其静载试验报告必须标注生产日期。

(5) 一、二级企业的分公司(处)下属预制厂(场)出厂的构件应按有关要求执行。

(6) 施工现场预制的一般构件(包括过梁、顶棚用槽形板等),如果每台班留置了砼试块,材料材质证明、试验报告齐全、钢筋隐蔽记录和砼分项工程质量评定均经建设(监理)单位验收签证,可免作静载试验,并且砼试块的最少组数不应少于主体工程按楼层(段)划分分项工程的每层(段)一组。

(7) 施工现场预制的钢筋砼屋架、屋面梁、托梁、天窗架、吊车梁、大型屋面板、折板、装配式多层框架的梁、柱等,吊装前应会同监理或建设单位进行构件验收。验收的内容应包括检查钢筋、水泥材质证明,钢筋焊接试验报告,隐蔽记录签证手续、砼试块强度,砼分项工程验收记录等。各项均合格后由施工单位填写构件合格证,经建设(监理)与施工方签章后才可吊装。

(8) 对设计成熟、施工质量好、生产数量少的预制构件(例如,跨度等于24m及其以下的桁

表 4-39　屋面蓄水（淋水）试验及地下室防水效果检查记录

屋面蓄水（淋水）试验及地下室防水效果检查记录

湘质监统编
施 2015—89

工程名称：　　　　　　　　　　　　　　　　　　　　　　　　共____页　第____页

<table>
<tr><td colspan="2">层面防水工程施工单位：
地下室防水工程施工单位：</td></tr>
<tr><td>试验内容</td><td>屋面蓄水最大深度____mm，最小深度____mm，蓄水时间自____月____日____时至____月____日____时。
屋面雨水或淋水时间自____月____日____时至____月____日____时。
室外地下水位最高时间自____月____日____时至____月____日____时。</td></tr>
<tr><td>检查情况</td><td>第一次观察检查屋面时间自____月____日____时至____月____日____时，检查结果（有无渗漏、积水等情况）：

第二次观察检查屋面时间自____月____日____时至____月____日____时，检查结果（有无渗漏、积水等情况）：

观察检查地下室防水效果时间自____月____日____时至____月____日____时，检查结果（有无渗漏、积水等情况）：

施工单位　　　　　　　　监理（建设）单位
检查人：　　　　　　　　旁站监督人：

年　　月　　日</td></tr>
<tr><td>施工单位复查结果：

施工单位项目
专业技术负责人：

项目部（章）
年　　月　　日</td><td>监理（建设）单位核查意见：

项目专业监理工程师（建
设单位项目技术负责人）：

监理（建设）项目部（章）：　　年　　月　　日</td></tr>
</table>

注：该记录系根据《屋面工程质量验收规范》（GB 50207—2012）及《地下防水工程质量验收规范》（GB 50208—2011）的有关规定制订。屋面工程验收应有雨后或持续淋水或蓄水检验记录，屋面蓄水时间不应小于 24 h，雨水或持续淋水时间不应小于 2 h，然后每隔 3 h 检查一次是否有渗漏和积水等情况。地下室的变形缝、施工缝、后浇带、穿墙管道、埋设件等设置构造严禁渗漏。

表 4-40　地漏安装、卫生间、阳台、厨房地面泼水检查记录

地漏安装、卫生间、阳台、厨房地面泼水检查记录

湘质监统编
施 2015—90

工程名称：　　　　　　层数：　　　　　户数：　　　　　共　　页第　　页

单元层次		检(复)查数量	质量情况/间		检查日期		检(复)查数量	质量情况/间		检查日期		检(复)查数量	质量情况/间		检查日期
			合格	不合格				合格	不合格				合格	不合格	
	地漏芯安装检查					浴间、厨房、卫生间坡向检查					敞开阳台地面坡向检查				
					年　月　日					年　月　日					年　月　日

检查存在主要问题：	返修情况：	施工单位检查人： 监理(建设)单位旁站监督人：

施工单位复查意见： 施工单位项目专业技术负责人：　　　年　月　日	监理(建设)单位核查意见： 项目专业监理工程师(建设单位项目技术负责人)：　　　监理(建设)项目部(章)： 年　月　日

注：按单元、层逐户检查填写。

表 4-41　浴间、卫生间、厨房等有防水要求的地面蓄水试验记录

浴间、卫生间、厨房等有防水要求的地面蓄水试验记录

湘质监统编
施 2015—91

工程名称：　　　　　　层数：　　　　户数：　　　　共　　页第　　页

单元 层次	蓄水时间 （>24 h）	最小蓄水高度 /mm	蓄水最大高度 /mm	检（复）查数量/间	渗漏情况/间		施工单位 检查人	旁站监督人	检查日期
					无渗漏	有渗漏			
									年　月　日

检查存在的主要问题：	返修情况：
施工单位复查意见： 施工单位项目专业技术负责人：　　年　　月　　日	监理（建设）单位核查意见： 监理（建设）项目部（章）： 项目专业监理工程师（建设单位项目技术负责人）：　　年　　月　　日

注：应在防水层完成后至交工前，按单元、层逐户检查填写。

表 4-42　防水工程试水检查记录

防水工程试水检查记录

湘质监统编
施 2015—93

工程名称：　　　　　　　　　　　　　　　　　　　　　　　　编号：

<table>
<tr><td>施工单位</td><td colspan="4"></td></tr>
<tr><td>检查部位</td><td colspan="2"></td><td>检查日期</td><td>年　月　日</td></tr>
<tr><td rowspan="2">检查方式</td><td colspan="2">□第一次蓄水
□第二次蓄水</td><td>蓄水时间</td><td>从　月　日　时
至　月　日　时</td></tr>
<tr><td colspan="4">□淋水　□蓄水　□雨期观察</td></tr>
<tr><td colspan="5">检验方法及内容：</td></tr>
<tr><td colspan="5">检验结果：</td></tr>
<tr><td rowspan="2">专业监理工程师(建设单位项目专业技术负责人)：

年　月　日</td><td colspan="4">施工单位</td></tr>
<tr><td colspan="2">质量员：

年　月　日</td><td colspan="2">施工员：

年　月　日</td></tr>
</table>

表 4-43　外墙外窗淋水检查记录

外墙外窗淋水检查记录

湘质监统编
施 2015—94

工程名称：　　　　　　　　　　　　　　　　　　　　　　　　　编号：

<table>
<tr><td colspan="2">检查部位</td><td colspan="3"></td></tr>
<tr><td colspan="2">检查日期</td><td>年　月　日</td><td>淋水时间</td><td></td></tr>
<tr><td>检查方法及内容</td><td colspan="4"></td></tr>
<tr><td>检查结果</td><td colspan="4"></td></tr>
<tr><td>施工单位</td><td colspan="2">专业质量检查员：
专业技术负责人：
年　月　日</td><td>监理（建设）单位</td><td>专业监理工程师(建设单位项目技术负责人)：
年　月　日</td></tr>
</table>

表4-44 建筑结构隐蔽工程验收记录

建筑结构隐蔽工程验收记录

湘质监统编
施2015—51

工程名称：　　　　　　　　　　　验收日期：　年　月　日　　　　编号：

<table>
<tr><td colspan="2">分项工程名称：</td><td>子分部工程名称：</td><td>隐蔽部位：</td></tr>
<tr><td colspan="2">项目经理：</td><td>施工技术负责人：</td><td>施工图号：</td></tr>
<tr><td colspan="4">施工执行标准名称及编号：</td></tr>
<tr><td>隐蔽工程部位(轴线、标高)</td><td>数量</td><td>施工单位全数检查情况及说明</td><td>监理(建设)单位验收记录</td></tr>
<tr><td></td><td></td><td></td><td></td></tr>
<tr><td colspan="4">施工单位全数检查评定结果：

项目专业质量检查员：　　　　项目专业技术负责人：　　　　年　月　日</td></tr>
<tr><td colspan="4">监理(建设)单位验收结论：

监理(建设)项目部(章)
专业监理工程师(建设单位项目技术负责人)：　　　　年　月　日</td></tr>
<tr><td colspan="4">勘察设计技术交底会议等列人须经设计人员参与隐蔽验收的部位签证</td></tr>
<tr><td colspan="4">勘察设计单位参加验收人意见：

验收人签名：　　　　年　月　日</td></tr>
</table>

注：①该记录由施工项目专业质量检查员填写，监理工程师(建设单位项目技术负责人)组织项目专业技术负责人等进行验收。②记录时应首先说明是否按设计图号施工，如有设计变更应立即在备用竣工图纸上用红色文字注明变更情况或绘制变更补充图；凡有、无设计变更，监理(建设)单位的旁站监督人均应在备用竣工图号上签字认可后，才能办理该部位隐蔽验收手续。③隐蔽验收时，必须严格按国家施工质量验收规范的主控项目来进行验收，一般项目的内容要求全数检查，凡有不合格处必须当即整改达到合格后才能办理隐蔽验收手续。④检查评定结论必须语言规范，并针对主控项目、一般项目，特别是结构构造措施的内容要求，填写真实可靠的结果或结论。隐蔽部位要拍摄现场照片作为该记录附件。

表 4-45　隐蔽工程验收记录

隐蔽工程验收记录

湘质监统编

（通用）

施 2015—52

工程名称：　　　　　　　　　　验收日期：　年　月　日　　　　编号：

<table>
<tr><td>隐蔽项目</td><td></td><td>隐蔽日期</td><td>年　月　日</td></tr>
<tr><td>隐蔽部位</td><td colspan="3"></td></tr>
<tr><td colspan="4">隐蔽依据：根据图号________，设计变更/洽商/技术核定单（编号________）及有关国家现行标准等。
主要材料名称及规格/型号：</td></tr>
<tr><td colspan="4">隐检内容：</td></tr>
<tr><td colspan="4">检查意见及结论：

□同意隐蔽　　　□不同意隐蔽，修改后复查</td></tr>
<tr><td colspan="4">复查结论：

复查人：　　　　　　　　　　　　　　　复查日期：　年　月　日</td></tr>
<tr><td colspan="4">施工单位全数检查评定结果：

项目专业质量检查员：　　　　　　项目专业技术负责人：　　　　年　月　日</td></tr>
<tr><td colspan="4">监理（建设）单位验收结论：

监理（建设）项目部（章）
专业监理工程师（建设单位项目技术负责人）：　　　　年　月　日</td></tr>
</table>

注：①该记录由施工项目专业质量检查员填写，监理工程师（建设单位项目技术负责人）组织项目专业技术负责人等进行验收。②记录时应首先说明是否按设计图号施工，如有设计变更应立即在备用竣工图纸上用红色文字注明变更情况或绘制变更补充图；凡有、无设计变更，监理（建设）单位的旁站监督人均应在备用竣工图号上签字认可后，才能办理该部位隐蔽验收手续。③隐蔽验收时，必须严格按国家施工质量验收规范的主控项目来进行验收，一般项目的内容要求全数检查，凡有不合格处必须整改达到合格后才能办理隐蔽验收手续。④检查评定结论必须语言规范，并针对主控项目、一般项目，特别是结构构造措施的内容要求，填写真实可靠的结果或结论。隐蔽部位要拍摄现场照片作为该记录附件。

架等),如满足下列条件可不作结构性能检验。

① 钢筋,进厂(场)时按施工规范的规定进行检验合格后,在使用前再对用作构件受力主筋的同批钢筋且不大于 5 t 抽取一组试件,并经检验合格(对逐盘检验的预应力钢丝及经冷拉而不利用强度的非预应力钢筋,可不再次抽样检查)。

② 受力主筋焊接接头的力学性能,应按施工规范的规定检验合格后,再抽取一组试件,并经检验合格。

③ 对于混凝土,应按每 5 m^3 不超过半个工作班生产的相同配合比的砼,留置一组试块,并按规范规定评定合格。

④ 受力主筋焊接接头的外观质量、入模后的钢筋隐蔽验收,主筋保护层、张拉预应力值、构件的横截面尺寸、砼分项验收记录等,应逐件会同建设或监理单位检验合格。

(9) 钢结构构件应有构件质量证明书,其内容包括构件名称、型号、采用图集、数量、钢材材质、焊条型号、焊工姓名及质量证明书号、焊缝检验探伤报告编号等。由生产厂家供货的构件,进场时应验收并在质量证明书上签章,现场生产的构件应经建设或监理单位验收并在合格证上签章。

(10) 网架结构应有下列资料。

① 网架除应有钢材出厂质量证明书外,网架结构的焊接钢板节点、焊接球节点、螺栓球节点及其相应的杆件均应有出厂质量证明书、试验报告,进场时应进行抽检验收并在质量证明书上签字。

② 焊接节点的网架必须有全部焊缝的外观检查记录。

③ 大、中跨度的钢管网架的拉杆与球的对接焊缝必须有探伤报告。

④ 网架结构的拼装、安装均应有检查验收记录,并应有安装后的挠度测量记录和挠度曲线,其所测挠度的平均值不应大于设计值的 15%。

(11) 构件资料整理顺序如下。

① 生产合格证。

② 生产工艺试验资料。

③ 现场预制构件验收记录,见表 4-46 和表 4-47。

④ 现场静载检测报告。

⑤ 预制构件吊装记录,见表 4-48。

七、砂检测报告

砂有天然砂、机砂(石屑)等品种。天然砂由自然条件作用而成,粒径在 5 mm 以下。天然砂按其产源不同,可分为河砂、山砂、海砂等。机砂是用石块为原料,经机械碾磨分筛而成。砂的粗细程度按细度模数(uf)分为粗砂(3.7～3.1 mm)、中砂(3.0～2.3 mm)和细砂(2.2～1.6 mm)等三种。

采用海砂配制混凝土时,对素混凝土,海砂中氯离子含量不予限制;对钢筋混凝土,以干砂重的百分率计,海砂中氯离子含量不应大于 0.06 %。

使用机砂时,对于市政桥梁工程混凝土,机砂中的石粉必须全部筛除。

表 4-46　预应力空心板预制构件验收记录

预应力空心板预制构件验收记录

湘质监统编
施 2015—97

验收日期：　　年　　月　　日　　　　　　　　　　　　　　　　共　　页第　　页

监理(建设)单位		工程名称	
施工单位		构件名称	
构件生产单位		构件标准图号	
构件规格型号		构件安装部位	
构件生产日期	年　　月　　日	出厂合格证编号	
构件进场日期	年　　月　　日	构件砼试块试验报告	
构件静载试验报告		构件钢筋试验报告	
构件钢筋规格		应力测定记录编号	
构件钢筋根数		构件放张记录编号	
构件外观质量		构件进场数量	
施工单位检查人		监理(建设)单位旁站监督人	
施工单位复查结果： 施工单位项目 专业技术负责人：　　年　　月　　日		监理(建设)单位核查结论： 项目专业监理工程师(建设单位项目技术负责人)：　　监理(建设)项目部(章) 年　　月　　日	

注：①外观质量检查包括：预应力空心板是否标注构件生产单位、生产日期、构件代号及砼外观几何尺寸、裂缝、板端堵头等。②每进场一批空心板必须有一份记录，每层不少于一次记录。进场预应力空心板应全数检查。③施工单位应认真填写本记录，向监理(建设)单位申报验收，如果检查结果不符合标准要求，应注明处理情况。

表4-47　施工现场预制构件验收记录

施工现场预制构件验收记录

湘质监统编
施 2015—98

工程名称：　　　　　　　　　　　　　　　　　　　　　　　　　共　　页第　　页

<table>
<tr><td colspan="2">监理(建设)单位</td><td></td><td>验收日期</td><td>年　月　日</td></tr>
<tr><td colspan="2">施工单位</td><td></td><td>构件名称</td><td></td></tr>
<tr><td colspan="2">构件生产单位</td><td></td><td>构件进场数量</td><td></td></tr>
<tr><td colspan="2">构件规格型号</td><td></td><td>构件标准图号</td><td></td></tr>
<tr><td colspan="2">构件生产日期</td><td>年　月　日</td><td>构件安装部位</td><td></td></tr>
<tr><td>质量证明文件</td><td colspan="2">构件厂家应提供证明文件和表面标识，混凝土强度检验报告，需要进行结构性能检验的预制构件，还应提供有效的结构性能检验报告</td><td colspan="2">产品合格证编号：
混凝土强度检验报告份数：
结构性能检验报告编号：</td></tr>
<tr><td rowspan="4">构件外观质量</td><td colspan="2">是否有裂缝、蜂窝、夹渣、疏松、孔洞、露筋情况</td><td></td><td></td></tr>
<tr><td colspan="2">外形缺陷情况：是否有缺棱掉角、棱角不直、翘曲不平、飞边凸肋等</td><td></td><td></td></tr>
<tr><td colspan="2">连接部位缺陷：是否有构件连接处混凝土有缺陷及连接钢筋、连接件松动</td><td></td><td></td></tr>
<tr><td colspan="2">外表：是否有构件表面麻面、掉皮、起砂</td><td></td><td></td></tr>
<tr><td rowspan="3">构件尺寸位置</td><td colspan="2">检查构件长度、宽度、高(厚)度、表面平整度、侧向弯曲、翘曲、对角线差</td><td></td><td></td></tr>
<tr><td colspan="2">检查构件、预留洞、预留孔：中心线位置、孔尺寸</td><td></td><td></td></tr>
<tr><td colspan="2">预埋件：预埋板中心线位置、平面高差、预埋螺栓、预埋套筒中心位置预埋螺栓外露长度</td><td></td><td></td></tr>
<tr><td colspan="2">施工单位检查人</td><td></td><td>监理(建设)单位旁站监督人</td><td></td></tr>
<tr><td colspan="3">施工单位验收结果：

施工单位项目
专业技术负责人：　　　　　年　　月　　日</td><td colspan="2">监理(建设)单位核查结论：

项目专业监理工程师(建设单位项目技术负责人)：　　监理(建设)项目部(章)
年　　月　　日</td></tr>
</table>

注：根据《混凝土结构工程施工质量验收规范》(GB 50204—2015)的要求，外观应全数检查，进行尺寸检查时，同一生产企业、同一品种的构件，不超过100个为一批，每批抽查构件数量的5%，且不少于3件。

表 4-48　预制构件吊装记录

预制构件吊装记录

湘质监统编
施 2015—82

工程名称：　　　　　　　　　　　　　　　　　　　　　　　　编号：

<table>
<tr><td colspan="2">使用部位</td><td colspan="3"></td><td colspan="2">吊装日期</td><td>年　月　日</td></tr>
<tr><td rowspan="2">序号</td><td rowspan="2">构件名称及编号</td><td rowspan="2">安装位置</td><td colspan="4">安装检查</td><td rowspan="2">备注</td></tr>
<tr><td>搁置与搭接尺寸</td><td>接头(点)处理</td><td>固定方法</td><td>标高检查</td></tr>
<tr><td></td><td></td><td></td><td></td><td></td><td></td><td></td><td></td></tr>
<tr><td></td><td></td><td></td><td></td><td></td><td></td><td></td><td></td></tr>
<tr><td></td><td></td><td></td><td></td><td></td><td></td><td></td><td></td></tr>
<tr><td></td><td></td><td></td><td></td><td></td><td></td><td></td><td></td></tr>
<tr><td></td><td></td><td></td><td></td><td></td><td></td><td></td><td></td></tr>
<tr><td></td><td></td><td></td><td></td><td></td><td></td><td></td><td></td></tr>
<tr><td></td><td></td><td></td><td></td><td></td><td></td><td></td><td></td></tr>
<tr><td></td><td></td><td></td><td></td><td></td><td></td><td></td><td></td></tr>
<tr><td></td><td></td><td></td><td></td><td></td><td></td><td></td><td></td></tr>
<tr><td></td><td></td><td></td><td></td><td></td><td></td><td></td><td></td></tr>
<tr><td></td><td></td><td></td><td></td><td></td><td></td><td></td><td></td></tr>
<tr><td></td><td></td><td></td><td></td><td></td><td></td><td></td><td></td></tr>
<tr><td></td><td></td><td></td><td></td><td></td><td></td><td></td><td></td></tr>
<tr><td colspan="8">结论：</td></tr>
<tr><td colspan="2">监理(建设)单位</td><td colspan="6">施工单位</td></tr>
<tr><td colspan="2">专业监理工程师
(建设单位项目
技术负责人)：</td><td colspan="2">专业技术负责人：</td><td colspan="2">质量员：</td><td colspan="2">记录人：</td></tr>
</table>

（一）产品质量合格（质量检验报告）证

供货单位应向用户提供产品质量合格证。提供产品质量合格证之前，供货单位应对砂的质量指标进行检验，由法定检测单位出具检验报告（见表4-49）。产品合格证的内容应包括检验报告的质量指标的检验项目数据、结论、供货单位名称、产品名称、产源、数量、合格证编号、有关人员签章及公章等。质量检验报告单应附在产品合格证后，以便核查。

（二）复检的质量检测报告

使用单位应对同产地同规格的砂分批验收。用火车、轮船或汽车运输的，以400 m^3或600 t为一验收批；用农用车、手扶拖拉机等小型运输工具运输的，以200 m^3 或 300 t 为一些验收批，不足以上数量的以一验收批验收。当砂的质量比较稳定，使用量较大时，可定期检验。每一验收批至少应进行颗粒级配、含泥量和泥块含量的检验。如果为海砂，还应检验其氯离子含量。重要工程或特殊工程应按工程的使用要求，增加检测项目。当对其他质量指标合格性有怀疑时，应进行检验。

法定检测单位应对使用单位每一验收批随机抽取的样品进行复检，并出具质量检测报告。检测报告内容应包括：委托单位、样品编号、工程名称、样品名称、产地、检测条件、检测依据、检测项目、检测结果、结论等。若检验不合格，则应重新取样，对不合格项应加倍复检，若仍有一个试样不能满足标准要求，则应定为不合格品。

供货单位提供的产品合格证及检验报告，法定检测单位出具的复检报告和汇总表等，均应归档。

砂的供货单位未向使用单位提供产品合格证和检验报告，以及使用单位也未抽样复检等这些忽视产品质量的违规倾向应予纠正，在核查单位工程质保资料时应酌情扣分。

八、卵（碎）石检测报告

碎石是指由天然岩石或卵石经破碎、筛分而得的粒径大于5 mm的颗粒，是卵石、岩石由自然条件作用而形成的粒径大于5 mm的颗粒。

如果发现颗粒状硫酸盐或硫化杂质的碎石或卵石，则要求进行专门检验，确认能满足混凝土耐久性要求时方可采用。

其产品合格证、复检质量检测报告的形成情况及基本内容与砂检测报告基本相同，此处不详述。

卵石或碎石的供货单位未向使用单位提供产品合格证及检验报告，以及使用单位也未抽样复检等这些忽视产品质量的违规倾向应予以纠正，在核查单位工程质保资料时应酌情扣分。卵（碎）石试验报告见表4-50。

九、砼试块试验报告和砼外加剂

（1）砼试块的取样、制作、养护和试验应符合《混凝土强度检验评定标准》（GB/T 50107—2010）规定。

表 4-49　砂的检验报告

××建筑工程质量检测有限公司
砂 试 验 报 告

(2000)1 量认(湘长)字(复 R0103)号

试验编号：0504　　建设单位：　　报告编号：2016-087
委托单位：××建筑公司预制场　　委托单号：0015963
工程名称：×× 安置小区　　报告日期：2016 年 11 月 09 日
产地：　　批量：

检测项目	标准要求	实测值	检测项目	标准要求	实测值
松散体积密度/(kg/m^3)		1 470	紧密体积密度/(kg/m^3)		2 470
含泥量/(%)	<1.0～5.0	1.47	泥块含量/(%)	<0～2.0	
含水率/(%)		2.1	吸水率/(%)		
氧化物含量/(%)			云母含量/(%)		0.59
坚固性/(%)			碱活性		

颗　粒　级　配									
筛孔尺寸/mm		9.5	4.75	2.36	1.18	0.6	0.3	0.15	检测结果
砂颗粒级配区	一区	0	10～0	35～5	65～35	85～71	95～80	100～90	细度模数
	二区	0	10～0	25～5	50～10	70～41	92～70	100～90	2.60
	三区	0	10～0	15～5	25～0	40～16	85～55	100～90	级配区域
实际累计筛余/(%)			6.2	14.4	27.2	54.8	81.3	97.5	二
结论		评定为中砂							

送样日期	2016 年 11 月 18 日	备注	① 本报告监测数据手工填写无效 ② 本试验执行规范：《建设用卵石、碎石》(GB/T 14685—2011)
送样人			

主管负责人：　　技术复核：　　报告编写：　　试验操作：

表 4-50 卵(碎)石试验报告

××建筑工程质量检测有限公司
卵(碎)石试验报告

(2000)量认(湘长)字(复 RO103)号

试验编号:　　建设单位:　　　　　　　　　　报告编号:2016-087
0504　　　　委托单位:××建筑公司预制场　　委托单号:0015963
　　　　　　工程名称:×× 安置小区　　　　　报告日期:2016 年 11 月 09 日
产地:　　　　　　　　　　　　　　　　　　　批量:

检测项目	标准要求	实测值	检测项目	标准要求	实测值
松散体积密度/(kg/m³)		1 465	紧密体积密度/(kg/m³)		
含泥量/(%)	<0.5~1.5	0.55	泥块含量/(%)	<0~0.7	
吸水率/(%)			含水率/(%)		0.92
针片状含量/(%)	<5~25	5.2	SO_3 含量/(%)	<1	
压碎指标/(%)			有机物含量	浅于标准色	
坚固性			碱活性		

颗　粒　级　配

筛孔尺寸/mm	90	75.0	63.0	53.0	37.5	31.5	26.5	19.0	16.0	9.50	4.75	2.36
标准颗粒级配范围累计筛余/(%)	0									0~15	80~100	95~100
实际累计筛余/(%)										7.6	90.4	97.5

结论	来样为 5~10 mm 河卵石		
送样日期	2016 年 11 月 18 日	备注	① 本报告监测数据手工填写无效 ② 本试验执行规范:《建设用卵石、碎石》(GB/T 14685—2011)
送样人			

主管负责人:　　　　技术复核:　　　　报告编写:　　　　试验操作:

（2）抗渗砼每次连续浇筑量在 500 m^3 以下的应留置试块两组，每增加 250～500 m^3 应增加留置试块两组。

（3）预拌砼厂和集中搅拌的砼应有浇筑地点取样的试块报告。

（4）砼试块强度评定的龄期为 28 d，滞后 28 d 龄期的试块强度应换算为 28 d 强度，并且滞后不应超过 7 d。

（5）砼试块的 28 d 强度不应超过设计砼立方体抗压强度标准值的 1.5 倍，超过时应对该组试块所代表的部位或构件作非破损检测或结构性能试验。

（6）砼施工应有记录，砼试块强度应按单位工程的验收项目划分检验批，并按单位工程的验收项目，根据设计标准或强度等级分别汇总和进行强度评定，汇总表中应注明试块试验报告编号。

（7）每个验收项目应按验评标准确定，其砼试块强度按下列方法进行评定。

① 预制构件厂、预拌砼厂和采用现场集中搅拌砼的施工单位其砼试块强度按《混凝土强度检验评定标准》(GB/T 50107—2010)进行评定。

② 排架结构、多层框架结构、高层等建筑以及桩基础中一个验收批内的砼试块组在 10 组以上时，按评定标准中数理统计的方法进行评定；少于 10 组时，则按非统计方法评定。

③ 混合结构和砼量较少的其他结构，砼试块组数小于 10 组的可按标准中非统计方法评定，当一个验收项目仅有一组试块时，其强度值必须大于标准值的 1.15 倍。

（8）当一组试件中强度的最大值和最小值之差均超过中间值的 15%，并且该组试件强度不作评定的依据时，应有对该组试件所代表的构件或部位进行非破损检测的报告。

（9）砼外加剂是为了改进水泥浆、砂浆和混凝土的某些性能而掺入其中的物质，又称附加剂、添加剂。外加剂依靠物理、化学作用，如吸附、絮凝、分散、催化或与水泥中某些成分发生反应而生效。

混凝土中掺入适量的外加剂，能改善混凝土的工艺性能，加快工程进度和节约水泥。常用的外加剂有减水剂、早强剂、引气剂、膨胀剂、速凝剂、缓凝剂、消泡剂、防锈剂、抗冰剂等数十种。使用的外加剂应根据混凝土的性能要求、施工工艺要求和施工环境条件和气温等，适当选择使用。

混凝土外加剂必须有生产厂家的质量证明书，其内容包括厂名、品种、包装、质量、出厂日期、性能和使用说明。外加剂必须经过试验，符合要求后方可使用。

（10）混凝土、砂浆配合比通知单。各种标号的砼、砂浆配合比通知单应齐全。

（11）商品砼合格证。

商品砼的供应商应提供商品砼的合格证，商品砼合格证中应含有水泥、外加剂、砂、石子、外加剂、掺和料的合格证及检验报告，以及相应的配合比。

（12）预应力工程。

预应力工程应有主要物资的出厂合格证、检测报告等。预应力筋、锚(夹)具和连接器等应有进场复试报告。涂包层和套管、孔道灌浆用水泥及外加剂应按照规定取样复试，并有复试报告。预应力混凝土结构所使用的外加剂的检测报告应有氯化物含量检测内容，严禁使用含氯化物的外加剂。

（13）混凝土标养试块。

① 砼的取样要求。a. 每拌制 100 盘且不超过 100 m^3 的同配合比的混凝土，取样不得少于一次。b. 每工作班拌制的同一配合比的混凝土不足 100 盘时，取样不得少于一次。c. 当一次连续

浇筑超过1 000 m^3时，同一配合比的混凝土每200 m^3取样不得少于一次。d.每楼层、同一配合比的混凝土，取样不得少于一次。e.每次取样应至少留置一组标准养护试件，同条件养护试件的留置组数应根据实际需要确定。

② 灌注桩单桩每浇筑50 m^3 必须有1组试件，小于50 m^3的桩，每根桩必须有1组试件。

③ 防渗混凝土中同一标号混凝土每连续浇筑500 m^3应留置一组抗渗试件(一组为6个抗渗试件)，并且每项工程不得少于两组。采用预拌混凝土的抗渗试件，留置组数应视结构的规模和要求而定。

④ 建筑地面水泥混凝土和水泥砂浆强度试件的组数，按每一层(或检验批)建筑地面工程不应小于1组。当每一层(或检验批)建筑地面工程面积大于1 000 m^2时，每增加1 000 m^2就应增做1组试块；面积小于1 000 m^2时按1 000 m^2计算。当改变配合比时，亦应相应地制作试块组数。

⑤ 检查时应注意的问题。a.检查报告单上各项目是否齐全，所有子项必须填写清楚、具体，确保不空项。b.应按照施工图纸的要求，检查混凝土配合比及混凝土强度报告中强度等级与使用的原材料品种、试验编号对应其原材试验报告、混凝土配合比通知单、混凝土强度报告中的相应项目是否吻合，试件成型日期、实际龄期、养护方法、组数、试验结果及结论是否符合设计要求，以及施工规范规定所报内容是否准确、真实、无未了项，试验室签字盖章是否齐全。检查试验编号、委托编号是否填写。c.试验数据是否达到规范规定标准值。若发现问题应及时取双倍样做复试或报有关部门处理，并将复试合格单或处理结论附于此单后一并存档。

(14) 混凝土标准试块的统计评定记录。

应按《混凝土强度检验评定标准》(GB/T 50107—2010)进行评定，单位工程试块抗压强度数理统计应按混凝土验收批进行(按工程施工进度分为地基基础或主体结构完成后；如为预拌混凝土应按不同供应单位分类、分别进行统计评定)。混凝土统计评定验收批的划分：同一验收项目、同强度等级、同龄期(28 d标养)、配合比基本相同(是指施工配制强度相同，并能在原材料有变化时，及时调整配合比使其施工配制强度目标值不变)、生产工艺条件基本相同的混凝土为一验收批。

① 当同一标号的砼组数小于10组时，应采用非统计方法进行评定，即

$$f_{cu,min} \geqslant 0.95 f_{cu,k};\quad m_{f_{cu}} \geqslant 1.15 f_{cu,k}$$

② 砼组数大于等于10组时采用统计方法进行评定，即

$$m_{f_{cu}} - \lambda_1 s_{f_{cu}} \geqslant 0.9 f_{cu,k};\quad f_{cu,min} \geqslant \lambda_2 f_{cu,k}$$

当$s_{f_{cu}}$的计算值小于$0.06 f_{cu}$时，取$s_{f_{cu}} = 0.06 f_{cu,k}$。

混凝土强度的合格判定系数如表4-51所示。

表4-51　混凝土强度的合格判定系数

试件组数	10～14	15～24	≥25
λ_1	1.7	1.65	1.6
λ_2	0.9	0.85	

(15) 结构实体检验用同条件养护试件强度检验。

① 同条件养护试件的留置方式和取样数量应符合下列要求。

• 同条件养护试件所对应的结构构件或结构部位，应由监理（建设）、施工等各方共同选定。

• 对混凝土结构工程中的各混凝土强度等级，均应留置同条件养护试件。

• 同一强度等级的同条件养护试件，其留置的数量应根据混凝土工程量和重要性来确定，不宜少于 10 组，并且不应少于 3 组。

• 同条件养护试件拆模后，应放置在靠近相应结构构件或结构部位的适当位置，并应采取相同的养护方法。

② 同条件养护试件应在达到等效养护龄期时进行强度试验。

③ 同条件自然养护试件的等效养护龄期及相应的试件强度代表值，宜根据当地的气温和养护条件，按下列规定确定。

• 等效养护龄期可取按日平均温度逐日累计达到 600 ℃ • d 时所对应的龄期，0 ℃及以下的龄期不计入；等效养护龄期不应小于 14 d，也不宜大于 60 d。

• 同条件养护试件的强度代表值应根据强度试验结果按现行国家标准《混凝土强度检验评定标准》（GB/T 50107—2010）的规定确定后，乘以折算系数（宜取为 1.10），也可根据当地的试验统计结果作适当调整。

④ 冬期施工及人工加热养护的结构构件，其同条件养护试件的等效养护龄期可按结构构件的实际养护条件，由监理（建设）、施工等各方根据第②条的规定共同确定。

（16）结构实体钢筋保护层厚度检验。

① 钢筋保护层厚度检验的结构部位和构件数量，应符合下列要求。

• 钢筋保护层厚度检验的结构部位，应由监理（建设）、施工等各方根据结构构件的重要性共同选定。

• 对梁类、板类构件，应各抽取构件数量的 2％且不少于 5 个构件进行检验；当有悬挑构件时，抽取的构件中悬挑梁类、板类构件所占比例均不宜小于 50％。

② 对于选定的梁类构件，应对全部纵向受力钢筋的保护层厚度进检验；对于选定的板类构件，应抽取不少于 6 根纵向受力钢筋的保护层厚度进行检验。对于每根钢筋，应在有代表性的部位测量 1 点。

③ 钢筋保护层厚度的检验，可采用非破损或局部破损的方法，也可采用非破损方法并用局部破损方法进行校准。当采用非破损方法检验时，所使用的检测仪器应经过计量检验，检测操作应符合相应规程的规定。钢筋保护层厚度检验的检测误差不应大于 1 mm。

④ 在进行钢筋保护层厚度检验时，纵向受力钢筋保护层厚度的允许偏差，对于梁类构件，为（＋10 mm，－7 mm）；对于板类构件，为（＋8 mm，－5 mm）。

⑤ 梁类、板类构件纵向受力钢筋的保护层厚度应分别进行验收。结构实体钢筋保护层厚度验收合格应符合下列规定。

• 当全部钢筋保护层厚度检验的合格点率为 90％及以上时，钢筋保护层厚度的检验结果应判为合格。

• 当全部钢筋保护层厚度检验的合格点率小于 90％但不小于 80％时，可再抽取相同数量的构件进行检验。

• 当按两次抽样总和计算的合格点率为 90％及以上时，钢筋保护层厚度的检验结果仍应判为合格。

• 每次抽样检验结果中不合格点的最大偏差均不应大于第④条规定允许偏差的 1.5 倍。

(17) 混凝土试块相关文件排列要求。

① 配合比试验报告、预拌混凝土站原材料出厂证明及试验报告、混凝土站抽样试验报告。

② 汇总表、见证取样送检书(见表 4-24)、结构用混凝土试块强度评定验收记录、现场抽样试验报告、结构混凝土施工记录、浇灌令、隐蔽验收记录、粗细骨料及混凝土外加剂出厂材质证明。相关表格见表 4-52 至表 4-68。

十、砂浆试块试验报告

(1) 砂浆应有砌块砌筑砂浆、楼地面水泥砂浆试块试验报告,报告必须注明工程名称、部位、砂浆种类、设计标号。

(2) 分段施工的单位工程应按每层各段分别留置试块。

(3) 多层房屋及单层第 4 m 高或每两道圈梁间墙高为一楼层时,按《混凝土强度检验评定标准》(GB/T 50107—2010)规定留置 2 组。

(4) M2.5 砂浆试块的 28 d 强度超过其标准的 2 倍及 M5 以上砂浆强度超过标准值 1.5 倍应视为无效,并对该组试块所代表的砌体作强度评定。

(5) 砂浆试块强度应按质量检验评定标准进行评定。

(6) 汇总表按层次顺序汇总,并注明报告编号。

(7) 砂浆试验报告。

① 砌筑砂浆每一检验批且不超过 250 m^3 砌体的各类型及强度等级的砌筑砂浆,每台搅拌机应至少抽检 1 次。

② 抹灰砂浆按每一检验批按不同标号取样一组,即:相同材料、工艺和施工条件的室外抹灰工程每 500～1 000 m^2 应划分为一个检验批,不足 500 m^2 也应划分为一个检验批;相同材料、工艺和施工条件的室内抹灰工程每 50 个自然间(大面积房间和走廊按抹灰面积 30 m^2 为一间)应划分为一个检验批,不足 50 间的也应划分为一个检验批。

③ 建筑地面用水泥砂浆,以每一层或 1 000 m^2 为一检验批,不足 1 000 m^2 也按一批计。每批砂浆至少取样一组。当改变配合比时也应相应地留量试块。

(8) 砂浆试验结果汇总及统计评定。

① 单位工程试块抗压强度数理统计应按砌筑砂浆的验收批进行(分为地基基础或主体结构完成后,工程中所用各品种、各强度等级的砂浆强度都应分别进行统计评定)。

② 砌筑砂浆的验收批,同一类型、强度等级的砂浆试块应不小于 3 组。当同一验收批只有一组试块时,该组试块抗压强度的平均值必须大于或等于设计强度等级所对应的立方体抗压强度。砂浆强度应以标准养护龄期为 28 d 的试块抗压试验结果为准。

• 当同一标号的砂浆组数小于 3 组时,$m_{f_m} \geqslant 0.75 f_{c,k}$。

• 砼组数大于或等于 3 组时行评定。

$$m_{f_m} \geqslant f_{c,k}; \quad f_{c,\min} \geqslant 0.75 f_{c,k}$$

表 4-52 预拌混凝土进场情况汇总表

预拌混凝土进场情况汇总表

湘质监统编

施 2015—25

工程名称：　　　　年　　月　　日　　　　共　　页第　　页

序号	进场时间	生产厂家	砼设计强度等级	本批次砼车数	本批数量（≢）	出厂合格证编号	浇筑部位	监理浇筑令编号	施工现场试块留置组数					备注
									标准养护试块		同条件强度试块	同条件拆模试块	抗渗试块	
									组数	试验报告编号				

施工单位项目技术负责人：　　　　（项目部章）　　　　总监理工程师（建设单位项目技术负责人）：　　　　（项目部章）　　　　填表人：

注：登记时按照施工中每一批次浇筑来逐批次进行登记，如果在一批次浇筑中使用了两家以上生产厂家的砼，登记时应按照不同厂家分开进行登记。登记按日期顺序进行。标准养护试块的试验报告编号应在试验室试验报告出来后，再填写到“试验报告编号”栏。

表 4-53　混凝土、砂浆试块(同养、标养)试验报告汇总表

混凝土、砂浆试块(同养、标养)试验报告汇总表

湘质监统编
施 2015—28

工程名称：　　　　　　　　　　年　　月　　日　　　　　　　　　　共　　页第　　页

批次	试块部位及构件名称	设计强度/MPa	成型日期	试验日期	龄期/d	每组试件块数	试压评定强度/MPa	折算为 28 d 强度	达到设计强度/(%)	报告编号	备注
1			年　月　日	年　月　日							
2			年　月　日	年　月　日							
3			年　月　日	年　月　日							
4			年　月　日	年　月　日							
5			年　月　日	年　月　日							
6			年　月　日	年　月　日							
7			年　月　日	年　月　日							
8			年　月　日	年　月　日							
9			年　月　日	年　月　日							
10			年　月　日	年　月　日							
合计			年　月　日	年　月　日							

施工单位项目技术负责人：　　　（项目部章）　　　总监理工程师(建设单位项目技术负责人)：　　　（项目部章）　　　填表人：

表 4-54　施工检查记录

施工检查记录

湘质监统编
施 2015—55
编号：

<table>
<tr><td>工程名称</td><td></td><td>检查项目</td><td></td></tr>
<tr><td>检查部位</td><td></td><td>检查日期</td><td>年　月　日</td></tr>
<tr><td colspan="4">检查依据：</td></tr>
<tr><td colspan="4">检查内容：</td></tr>
<tr><td colspan="4">检查结论：</td></tr>
<tr><td colspan="4">复查意见：

复查人：　　　　复查日期：　年　月　日</td></tr>
</table>

专业技术负责人	质量员	专业工/班长
签名： 年　月　日	签名： 年　月　日	签名： 年　月　日

注：本表由施工单位自控使用。

表 4-55　建筑结构隐蔽工程验收记录

建筑结构隐蔽工程验收记录

湘质监统编
施 2015—51

工程名称：　　　　　　　　　　　验收日期：　年　月　日　　　　编号：

<table>
<tr><td colspan="2">分项工程名称：</td><td>子分部工程名称：</td><td>隐蔽部位：</td></tr>
<tr><td colspan="2">项目经理：</td><td>施工技术负责人：</td><td>施工图号：</td></tr>
<tr><td colspan="4">施工执行标准名称及编号：</td></tr>
<tr><td>隐蔽工程部位(轴线、标高)</td><td>数量</td><td>施工单位全数检查情况及说明</td><td>监理(建设)单位验收记录</td></tr>
<tr><td></td><td></td><td></td><td></td></tr>
<tr><td colspan="4">施工单位全数检查评定结果：

项目专业质量检查员：　　　　项目专业技术负责人：　　　　年　月　日</td></tr>
<tr><td colspan="4">监理(建设)单位验收结论：

监理(建设)项目部(章)
专业监理工程师(建设单位项目技术负责人)：　　　　年　月　日</td></tr>
<tr><td colspan="4">勘察设计技术交底会议等列入须经设计人员参与隐蔽验收的部位签证</td></tr>
<tr><td colspan="4">勘察设计单位参加验收人意见：

验收人签名：　　　　年　月　日</td></tr>
</table>

注：①该记录由施工项目专业质量检查员填写，监理工程师(建设单位项目技术负责人)组织项目专业技术负责人等进行验收。②记录时应首先说明是否按设计图号施工，如有设计变更应立即在备用竣工图纸上用红色文字注明变更情况或绘制变更补充图；凡有、无设计变更，监理(建设)单位的旁站监督人均应在备用竣工图号上签字认可后，才能办理该部位隐蔽验收手续。③隐蔽验收时，必须严格按国家施工质量验收规范的主控项目进行，一般项目的内容要求全数检查，凡有不合格处必须当即整改达到合格后才能办理隐蔽验收手续。④检查评定结论必须语言规范，并针对主控项目、一般项目，特别是结构构造措施的内容要求，填写真实可靠的结果或结论。隐蔽部位要拍摄现场照片作为该记录附件。

表 4-56　隐蔽工程验收记录

隐蔽工程验收记录

（通用）

湘质监统编
施 2015—52

工程名称：　　　　　　　　　　　　验收日期：　　年　　月　　日　　　　　　编号：

隐蔽项目		隐蔽日期	年　　月　　日
隐蔽部位			

隐蔽依据：根据图号＿＿＿＿＿＿＿＿＿＿，设计变更/洽商/技术核定单（编号＿＿＿＿＿＿＿＿＿＿）及有关国家现行标准等。

主要材料名称及规格/型号：

隐检内容：

检查意见及结论：

□同意隐蔽　　　　□不同意隐蔽，修改后复查

复查结论：

复查人：　　　　　　　　　　　　　　　　复查日期：　　年　　月　　日

施工单位全数检查评定结果：

项目专业质量检查员：　　　　　　　　　　项目专业技术负责人：

年　　月　　日

监理（建设）单位验收结论：

监理（建设）项目部（章）

专业监理工程师（建设单位项目技术负责人）：　　　　　　年　　月　　日

注：①该记录由施工项目专业质量检查员填写，监理工程师（建设单位项目技术负责人）组织项目专业技术负责人等进行验收。②记录时应首先说明是否按设计图号施工，如有设计变更应立即在备用竣工图纸上用红色文字注明变更情况或绘制变更补充图；凡有、无设计变更，监理（建设）单位的旁站监督人均应在备用竣工图号上签字认可后，才能办理该部位隐蔽验收手续。③隐蔽验收时，必须严格按国家施工质量验收规范的主控项目进行，一般项目的内容要求全数检查，凡有不合格处必须整改达到合格后才能办理隐蔽验收手续。④检查评定结论必须语言规范，并针对主控项目、一般项目，特别是结构构造措施的内容要求，填写真实可靠的结果或结论。隐蔽部位要拍摄现场照片作为该记录附件。

表4-57 预拌混凝土施工记录

预拌混凝土施工记录

湘质监统编
施2015—72

工程名称： 天气： 温度： 共 页第 页

<table>
<tr><td colspan="3">砼浇捣部位(轴线、标高及构件名称)：</td><td colspan="2"></td><td>砼设计强度：</td><td>MPa</td></tr>
<tr><td colspan="2">预拌砼生产单位名称</td><td colspan="3"></td><td>联系电话</td><td></td></tr>
<tr><td colspan="7">浇捣时间：自 年 月 日 时 分开始，至 月 日 时 分终止，连续浇捣砼量：</td></tr>
<tr><td colspan="3">初凝时间：</td><td colspan="2">配合比试块推算强度</td><td colspan="2">MPa</td></tr>
<tr><td colspan="2">预拌混凝土出料单(由计算机自动生成)</td><td colspan="5"></td></tr>
<tr><td colspan="7">施工事项检查落实情况</td></tr>
<tr><td>1</td><td colspan="6">预拌混凝土厂家提供的质量证明资料是否齐全：</td></tr>
<tr><td>2</td><td colspan="6">钢筋绑扎及支模体系是否符合要求：</td></tr>
<tr><td>3</td><td colspan="6">管线的预留、预埋、预设是否符合设计要求：</td></tr>
<tr><td>4</td><td colspan="6">浇水养护时间、覆盖方式等情况交底检查：</td></tr>
<tr><td>5</td><td colspan="6">坍落度共检查： 次，其检查值(cm)分别为：</td></tr>
<tr><td>6</td><td colspan="6">留置砼试块共： 组。其中标准强度试验： 组，抗渗试验： 组，
同条件养护试验： 组，拆模同条件养护试验： 组。</td></tr>
<tr><td colspan="4">检查落实情况说明：

施工单位项目
专业技术负责人：
年 月 日</td><td colspan="3">记录是否真实可靠：

监理(建设)
单位旁站监督人： 监理(建设)项目部(章)
年 月 日</td></tr>
</table>

注：①该记录由施工单位填写；对现浇钢筋砼构件应有专人跟踪调整钢筋偏位。管线安装专业在浇筑砼施工同时应派专人进行施工。

②同条件养护试块分为用于砼强度评定的同条件养护试块和用于拆模的同条件养护试块。

表 4-58 现拌混凝土施工记录

现拌混凝土施工记录

湘质监统编
施 2015—73

工程名称： 天气： 温度： 共 页第 页

砼浇捣部位(轴线、标高及构件名称)：		砼设计强度：	MPa
同时启用搅拌机台数： 台	搅拌机规格型号：	每台班砼生产量：	
浇捣时间：自 年 月 日 时 分开始，至 月 日 时 分终止，连续浇捣砼量：			
试验室设计配合比：水泥：水：砂：石＝ 配合比试块推算强度： MPa			
材料名称	品种规格	按每包水泥质量换算施工用料质量/kg	按每盘砼质量换算施工用料质量/kg
水泥			
水			
细骨料			
粗骨料			
外加料			
外加剂			
掺和料			
施工事项检查落实情况			
1	搅拌机机手姓名：		
2	粗、细骨料等材料堆放是否符合规定的要求：		
3	计量工具、计量手段、监控措施是否符合规定要求： 每盘砼是否按质量比做到盘盘称量：		
4	浇水养护时间、复盖方式等情况交待检查：		
5	坍落度共检查： 次，其检查值(cm)分别为： ；砂、石含水率分别为 %、 %		
6	留置砼试块共： 组。其中标准强度试验： 组，抗渗试验： 组，同条件养护试验： 组。		
检查落实情况说明： 施工单位项目 专业技术负责人： 年 月 日		记录是否真实可靠： 监理(建设) 单位旁站监督人： 监理(建设)项目部(章) 年 月 日	

注：① 该记录由施工单位填写；对现浇钢筋砼构件应有专人跟踪调整钢筋偏位。管线安装专业在浇筑砼施工同时应派专人进行施工。

② 同条件养护试块分为用于砼强度评定的同条件养护试块和用于拆模的同条件养护试块。

表4-59 混凝土浇灌令

混凝土浇灌令

湘质监统编
施2015—74

工程名称： 编号：

<table>
<tr><td>施工单位</td><td></td><td>分部工程名称</td><td colspan="2"></td></tr>
<tr><td>浇灌部位</td><td colspan="4"></td></tr>
<tr><td>浇灌日期</td><td colspan="2">计划 年 月 日 时</td><td colspan="2">核定 年 月 日 时</td></tr>
<tr><td colspan="2">浇灌条件检查核实内容</td><td colspan="2">施工自检意见</td><td>监理核实意见</td></tr>
<tr><td colspan="2">隐蔽工程记录签证情况</td><td colspan="2"></td><td></td></tr>
<tr><td colspan="2">预留、预埋件情况</td><td colspan="2"></td><td></td></tr>
<tr><td colspan="2">模板稳固性及湿润情况</td><td colspan="2"></td><td></td></tr>
<tr><td colspan="2">混凝土配合比</td><td colspan="2"></td><td></td></tr>
<tr><td colspan="2">混凝土施工机械及
运输机械情况完好</td><td colspan="2"></td><td></td></tr>
<tr><td colspan="2">水源、电源、保障情况</td><td colspan="2"></td><td></td></tr>
<tr><td colspan="2">附注</td><td colspan="3"></td></tr>
<tr><td>栋号长(项目经理)</td><td></td><td>专业监理工程师
(建设单位项目
专业负责人)</td><td colspan="2"></td></tr>
</table>

注：混凝土配合比中有掺和料时,须由试验确定。

表 4-60　混凝土开盘鉴定

混凝土开盘鉴定

湘质监统编
施 2015—75

工程名称：　　　　　　　　　　　　　　　　　　　　　　　　　　编号：

<table>
<tr><td colspan="2">浇筑部位</td><td colspan="3"></td><td colspan="2">浇筑方式</td><td colspan="3"></td></tr>
<tr><td colspan="2">施工单位</td><td colspan="3"></td><td colspan="2">搅拌方式</td><td colspan="3"></td></tr>
<tr><td colspan="2">强度等级</td><td colspan="3"></td><td colspan="2">要求坍落度/mm</td><td colspan="3"></td></tr>
<tr><td colspan="2">配合比编号</td><td colspan="3"></td><td colspan="2">试配单位</td><td colspan="3"></td></tr>
<tr><td colspan="2">水灰比</td><td colspan="3"></td><td colspan="2">砂率/(%)</td><td colspan="3"></td></tr>
<tr><td colspan="2">材料名称</td><td>水泥</td><td>砂</td><td>石</td><td>水</td><td colspan="2">外加剂</td><td colspan="2">掺和料</td></tr>
<tr><td colspan="2">每盘用料/kg</td><td></td><td></td><td></td><td></td><td></td><td></td><td></td><td></td></tr>
<tr><td colspan="2" rowspan="2">调整后每盘用料/kg</td><td colspan="8">砂含水率：　　　%　　石含水率　　　%</td></tr>
<tr><td></td><td></td><td></td><td></td><td></td><td></td><td></td><td></td></tr>
<tr><td rowspan="4">鉴定结果</td><td rowspan="2">鉴定项目</td><td colspan="4">混凝土拌和物性能</td><td colspan="2" rowspan="2">混凝土试块抗压强度/MPa</td><td colspan="2" rowspan="2">原材料与申请单是否相符</td></tr>
<tr><td colspan="2">坍落度</td><td>保水性</td><td>黏聚性</td></tr>
<tr><td>设计</td><td colspan="2"></td><td></td><td></td><td colspan="2" rowspan="2"></td><td colspan="2" rowspan="2"></td></tr>
<tr><td>实测</td><td colspan="2"></td><td></td><td></td></tr>
<tr><td colspan="10">鉴定结论：</td></tr>
</table>

<table>
<tr><td>监理工程师(建设单位项目专业负责人)</td><td>混凝土试配单位负责人</td><td>施工项目技术负责人</td><td>搅拌机组负责人</td></tr>
<tr><td></td><td></td><td></td><td></td></tr>
<tr><td>开盘日期</td><td colspan="3">年　　月　　日</td></tr>
</table>

表 4-61 混凝土拆模申请表

混凝土拆模申请表

湘质监统编
施 2015—76

工程名称：　　　　　　　　　　　　　　　　　　　　　　　　　　编号：

<table>
<tr><td>申请
拆模部位</td><td colspan="5"></td></tr>
<tr><td>混凝土
强度等级</td><td></td><td>混凝土浇筑
完成时间</td><td></td><td>申请
拆模日期</td><td>年　月　日</td></tr>
<tr><td colspan="6">构件类型
（在选择构件类型处划“√”）</td></tr>
<tr><td>墙</td><td>柱</td><td>板：
□ 跨度≤2 m
□ 2 m＜跨度≤8 m
□ 跨度＞8 m</td><td>梁：
□ 跨度≤8 m
□ 跨度＞8 m</td><td colspan="2">□悬臂构件</td></tr>
<tr><td colspan="2">拆模时混凝土强度要求</td><td>龄期
/d</td><td>同条件混凝
土抗压强度/MPa</td><td>达到设计
强度等级/(%)</td><td>强度报告
编号</td></tr>
<tr><td colspan="2">应达到设计强度的______%
（或______MPa）</td><td></td><td></td><td></td><td></td></tr>
<tr><td colspan="6">施工项目部意见：

项目技术负责人：　　　　　　年　月　日</td></tr>
<tr><td colspan="6">项目监理机构审查意见：

项目专业监理工程师
（建设单位项目技术负责人）：　　　　　　年　月　日</td></tr>
</table>

表 4-62　混凝土养护测温记录

混凝土养护测温记录

湘质监统编
施 2015—77

工程名称：　　　　　　　　　　　　　　　　　　　　　　编号：

部位				养护方法					测温方式						
测温时间			大气温度/℃	各测孔温度/℃									平均温度/℃	间隔时间h	备注
月	日	时		1 上	2 中	3 下	4 上	5 中	6 下	7 上	8 中	9 下			
项目技术负责人： 年　月　日					质量员： 年　月　日					测温： 年　月　日					

注：应附测温点分布图。

表 4-63　大体积混凝土测温记录

大体积混凝土测温记录

湘质监统编
施 2015—78

工程名称：　　　　　　　　　　　　　　　　　　　　　　编号：

部位						养护方法							测温方式			备注
测温时间			大气温度/℃	各测孔温度/℃										平均温度/℃	间隔时间/h	
月	日	时		1	2	3	4	5	6	7	8	9	10			
项目技术负责人： 年　月　日						质量员： 年　月　日							测温： 年　月　日			

注：应附测温点分布图。

表 4-64　结构实体强度用同条件养护试件测温记录

结构实体强度用同条件养护试件测温记录

湘质监统编
施 2015—79

工程名称：　　　　　　　　　　　　　　　　　　　　　　编号：

试件部位							
第一次温度	第二次温度	第三次温度	第四次温度	平均温度	天数	累计温度	日期
							年　月　日
							年　月　日

测温人：　　　　　　　　　　　　　　　　技术负责人：

注：①大气测温取1天内2时、8时、14时、20时等4次室外气温实测结果的平均值；②气温在地面以上1.5 m，并远离热源的地方测得；③测温最长时间不超过60天，最短不少于14天，0 ℃以下不计入，测温结束以累计达600 ℃时完成，送检与试验时间在测温结束后的次日进行。

表 4-65 结构用砼试块强度评定验收记录

结构用砼试块强度评定验收记录

湘质监统编
施 2015—80

工程名称：　　　　结构部位：　　　　砼强度标准值 $f_{cu,k}=$　　　MPa　　　编号：

同一验收批砼试块的抗压强度值/MPa														

合计以上试块组数 $n=$　　　，其中最小值 $f_{cu,min}=$　　　MPa，平均值 $Mf_{cu}=$　　　MPa

一、采用统计法(二)评定砼强度必须符合下列两式规定：

$m_{f_{cu}} \geqslant f_{cu,k}+\lambda_1 \cdot s_{f_{cu}}$ ①　　　$f_{cu,min} \geqslant \lambda_2 \cdot f_{cu,k}$ ②

其中：$\lambda_1=$　　　，$\lambda_2=$　　　，$s_{f_{cu}}=[(\sum f_{cu,i}^2-n \cdot m_{f_{cu}}^2)/(n-1)]^{\frac{1}{2}}$

Sf_{cu} 的计算值小于 2.5 N/m 时，取 $Sf_{cu}=2.5$N/m

代入①、②式计算：

代入①式：$m_{f_{cu}}=$

$f_{cu,k}+\lambda_1 \cdot s_{f_{cu}}=$

符合①式：$m_{f_{cu}} \geqslant f_{cu,k}+\lambda_1 \cdot s_{f_{cu}}$

代入②式：$f_{cu,min}=$

$\lambda_2 \cdot f_{cu,k}=$

符合②式：$f_{cu,min} \geqslant \lambda_2 \cdot f_{cu,k}$

二、采用非统计法评定砼强度必须符合下列两式规定：

$m_{f_{cu}} \geqslant \lambda_3 \cdot f_{cu,k}$ ①　　　$f_{cu,min} \geqslant \lambda_4 \cdot f_{cu,k}$ ②

验收评定结论：

依据《混凝土强度检验评定标准》(GB/T 50107—2010)的要求，该批混凝土试块强度评定为：

施工单位计算人： 施工单位复核人： （项目部章） 年　月　日	项目总监理工程师(建设 单位项目专业技术负责人)：监理(建设)项目部(章) 年　月　日

注：①标准差 s_{fcu} 的计算值小于 2.5 N/mm² 时，取 $s_{fcu}=2.5$ N/mm²，Sf_{cu} 精确到 0.01 N/mm²；

②有可靠标准差参数且连续生产的砼可采用统计方法(二)评定；

③合格评定系数 λ_1、λ_2、λ_3、λ_4 的取值参考下表。

N(组数)	10～14	15～19	≥20
λ_1	1.15	1.05	0.95
λ_2	0.9	0.85	0.85

砼强度等级	＜C60	≥C60
λ_3	1.15	1.1
λ_4	0.95	0.95

表 4-66　28 d 混凝土抗压强度检验报告

湖南××建设工程质量检测有限责任公司
混凝土抗压强度检验报告

工程编号	722	委托单号	0025278	报告编号	2007-HB5704
建设单位	××中学			检验类别	有见证取样
工程名称	××中学新校区高中部教学楼			养护条件	标准养护
委托单位	××建筑集团有限公司			检验依据	GB/T 50081—2002
代表数量				收样日期	2007-11-26

试　验　结　果

样品编号	结构部位及构件名称	强度等级	日期		龄期/d	试件尺寸/mm			单块抗压强度/MPa	强度代表值/MPa	达到设计强度等级/(%)
			成型	试压		长	宽	高			
200714040	基础梁 1～10 轴 /A～F 轴	C25	2007-10-29	2007-11-26	28	150	150	150	29.9	29.9	119.6
						150	150	150	28.0		
						150	150	150	31.9		

说明：					
批准		审核		检验	
报告日期	2010.08.03	送样人		见证人单位及姓名	

注：部分复制检验报告需经本公司书面批准（完整复制除外）。

表4-67　46 d混凝土抗压强度检验报告

湖南××建设工程质量检测有限责任公司
混凝土抗压强度检验报告

工程编号	722	委托单号	0025278	报告编号	2007—HB5704
建设单位	××中学			检验类别	有见证取样
工程名称	××中学新校区高中部教学楼			养护条件	同条件养护
委托单位	××建筑集团有限公司			检验依据	GB/T 50081—2002
代表数量				收样日期	2007-11-26

试验结果

样品编号	结构部位及构件名称	强度等级	日期		龄期/d	试件尺寸/mm			单块抗压强度/MPa	强度代表值/MPa	达到设计强度等级/(%)
			成型	试压		长	宽	高			
200715325	基础梁 1～10轴 /A～F轴	C25	2007-10-29	2007-12-14	46	150	150	150	29.9	29.9	119.6
						150	150	150	28.0		
						150	150	150	31.9		

说明：					
批准		审核		检验	
报告日期	2010.08.03	送样人		见证人单位及姓名	

注：部分复制检验报告需经本公司书面批准(完整复制除外)。

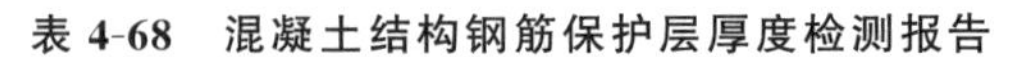
表 4-68　混凝土结构钢筋保护层厚度检测报告

××建设工程质量检测有限责任公司
混凝土结构钢筋保护层厚度检测报告

工程编号	395	委托单号	0049	报告编号	2016-1237
建设单位	××村村民委员会			检验类别	随机监督抽检
工程名称	××村民安置房C26栋			工程部位	
委托单位	××建筑公司			检验依据	GB 50204—2015
施工日期				检验日期	2016-08-30

检验结果								
结构编号	结构名称及部位	主筋规格及数量	设计保护层厚度/mm	实测厚度/mm	允许偏差/mm	实测偏差/mm	结果	结论
	梁	3Φ16	25	23	+10 −7	−2	合格	合格
				27		2	合格	
				24		−1	合格	
				—		—	—	
				—		—	—	
				—		—	—	
	二层5～6轴之间/D～E轴板	Φ8@200	15	20	+8 −5	5	合格	合格
				17		2	合格	
				19		4	合格	
				16		1	合格	
				21		6	合格	
				15		0	合格	
				14		−1	合格	
				18		3	合格	
				19		4	合格	
				22		7	合格	
说明：								

批准		审核		检验	
报告日期	2016-09-03			委托人	

注：部分复制检验报告须经本公司书面标准（完整复制除外）。

(9) 砂浆资料整理顺序如下。

① 配合比试验报告。

② 汇总表(见表4-69)。

③ 原材料、试块、试件见证取样送检委托书(见表4-24)。

④ 砌体砂浆试块强度评定验收记录(见表4-70)。

⑤ 现场抽样试验报告(见表4-71)。

十一、建筑工程质量验收的划分及验收程序

单位、子单位工程、分部、子分部的划分分别介绍如下。

(一) 单位工程的划分

单位工程可划分为房屋建筑(构筑)物单位工程和室外单位工程。

房屋建筑(构筑)物的单位工程是由建筑与结构及建筑设备安装工程共同组成一个独立的、单一的建筑物(构筑)物均为一个单位工程。

室外单位工程根据专业类别和工程规模划分为室外建筑环境和室外安装等工程,并又分成附属建筑、室外环境、给排水与采暖和电气子单位工程(为保证分项、分部、单位工程的划分检查评定和验收,应将其作为施工组织设计的一部分),其事前应给予明确规定。

(二) 分部工程的划分

建筑与结构按主要部位划分为地基与基础、主体结构、装饰装修及屋面等4个分部;建筑设备安装工程按专业划分为建筑给水排水及采暖工程、建筑电气安装工程 、通风与空调工程、电梯安装工程和智能建筑等5个工程。并可按材料种类、施工特点、施工程序、专业系统及类别等划分若干个子分部工程。

(1) 地基与基础分部工程包括±0.00以下的结构及防水分项工程,凡有地下室的工程其首层地面下的结构(现浇混凝土楼板或预制楼板)以下的项目,均纳入"地基与基础"分部工程,没有地下室的工程,墙体以防潮层分界,室内以地面垫层以下分界,灰土、混凝土等垫层应纳入装饰工程的建筑地面子分部工程。桩基础以承台上皮分界,分为无支护土方、有支护土方、地基处理、桩基、地下防水、混凝土基础、砌体基础、劲钢(管)混凝土、钢结构子工程等分部工程。

(2) 主体分部工程与原标准没有大的变化,凡±0.00以上承重构件都为主体分部工程等。而非承重墙的部分按照规定:凡使用板块材料,经砌筑、焊接的隔墙均纳入主体分部工程等;凡采用轻钢、木材等用铁钉、螺丝或胶黏结的均纳入装饰装修分部工程。主体分部工程分为混凝土结构、劲钢(管)混凝土结构、砌体结构、钢结构、木结构、网架和索膜结构等子分部工程。

(3) 建筑装饰装修分部工程包括地面与楼面工程(包括基层及面层)、门窗工程、幕墙工程及室内外的装修、装饰项目等。另外,对于有地下室的工程,除±0.00及其以下结构及防水部分的分项工程列入"地基与基础"分部工程外,其他如地面、装饰、门窗等分项工程仍纳入建筑装饰装修分部工程内。建筑装饰装修分部工程可分为地面、抹灰、门窗、吊顶、轻质隔墙、饰面板(砖)、幕墙、涂饰、裱糊与软包、细部等子分部工程。

表 4-69　混凝土、砂浆试块(同养、标养)试验报告汇总表

混凝土、砂浆试块(同养、标养)试验报告汇总表

湘质监统编
施 2015—28

工程名称：　　　　　　　　年　　月　　日　　　　　　　　共　　页第　　页

批次	试块部位及构件名称	设计强度/MPa	成型日期	试验日期	龄期/d	每组试件块数	试压评定强度/MPa	折算为 28 d 强度	达到设计强度/(%)	报告编号	备注
1			年　月　日	年　月　日							
2			年　月　日	年　月　日							
3			年　月　日	年　月　日							
4			年　月　日	年　月　日							
5			年　月　日	年　月　日							
6			年　月　日	年　月　日							
7			年　月　日	年　月　日							
8			年　月　日	年　月　日							
9			年　月　日	年　月　日							
10			年　月　日	年　月　日							
合计			年　月　日	年　月　日							

施工单位项目技术负责人：　　　　(项目部章)　　　　总监理工程师(建设单位项目技术负责人)：　　　　(项目部章)　　　　填表人：

表 4-70　砌体砂浆试块强度评定验收记录

砌体砂浆试块强度评定验收记录

湘质监统编
施 2015—81

工程名称：　　　　　　　　　　　　　　　　结构部位：

<table>
<tr><td colspan="8">砂浆品种：</td><td colspan="4">砂浆设计强度 $f_{m,k}$ =</td><td colspan="3"></td></tr>
<tr><td colspan="15">同一验收批砂浆试块的抗压强度值(MPa)</td></tr>
<tr><td></td><td></td><td></td><td></td><td></td><td></td><td></td><td></td><td></td><td></td><td></td><td></td><td></td><td></td><td></td></tr>
<tr><td></td><td></td><td></td><td></td><td></td><td></td><td></td><td></td><td></td><td></td><td></td><td></td><td></td><td></td><td></td></tr>
<tr><td></td><td></td><td></td><td></td><td></td><td></td><td></td><td></td><td></td><td></td><td></td><td></td><td></td><td></td><td></td></tr>
<tr><td></td><td></td><td></td><td></td><td></td><td></td><td></td><td></td><td></td><td></td><td></td><td></td><td></td><td></td><td></td></tr>
<tr><td></td><td></td><td></td><td></td><td></td><td></td><td></td><td></td><td></td><td></td><td></td><td></td><td></td><td></td><td></td></tr>
<tr><td></td><td></td><td></td><td></td><td></td><td></td><td></td><td></td><td></td><td></td><td></td><td></td><td></td><td></td><td></td></tr>
<tr><td colspan="15">合计以上试块组数 n=　　　　　　，其中最小值 $f_{cu,min}$ =　　　　　　，平均值 $m_{f\,cu}$ =</td></tr>
<tr><td colspan="15">同批砂浆强度评定：
一、同一类型、同强度等级砂浆各组试块的平均强度 $m_{f_{cu}} \geqslant 1.10 f_{m,k}$
$m_{f_{cu}}$ =　　　　MPa　　　　　　$1.10 f_{m,k}$ =　　　　MPa
符合 $Mf_{cu} \geqslant 1.10 f_{m,k}$
二、同一验收批试块的最小值 $f_{m,min} \geqslant 0.85 f_{m,k}$
$f_{m,min}$ =　　　　　　　　　　　$0.85 f_{m,k}$ =
符合 $f_{m,min} \geqslant 0.85 f_{m,k}$</td></tr>
<tr><td colspan="15">验收评定结论：
依据《砌体结构工程施工质量验收规范》(GB 50203—2011)的要求，该批砌体砂浆试块强度评定为：</td></tr>
<tr><td colspan="8">施工单位计算人：

施工单位复核人：
(项目部章)
年　　月　　日</td><td colspan="7">项目总监理工程师(建设
单位项目专业技术负责人)：

监理(建设)项目部(章)
年　　月　　日</td></tr>
</table>

注：①砂浆强度按单位工程内同一类型、同强度等级的砂浆为一验收批；②同一验收批砂浆试块强度平均值应大于或等于设计强度等级值的 1.10 倍；③同一验收批砂浆试块抗压强度的最小一组平均值应大于或等于设计强度等级值的 85%；④验收批中同一类型、同强度等级的砂浆试块不应少于 3 组，同一验收批只有 1 组或 2 组试块时，每组试块抗压强度平均值应大于或等于设计强度等级值的 1.10 倍；对于建筑结构安全等级为一级或设计使用年限为 50 年及以上的房屋，同一验收批砂浆试块的数量不得少于 3 组。

表 4-71　砂浆抗压强度检验报告

湖南××建设工程质量监测有限公司

砂浆抗压强度检验报告

<table>
<tr><td>工程编号</td><td>1099</td><td>委托单号</td><td>21722</td><td>报告编号</td><td>2011-0125</td></tr>
<tr><td>建设单位</td><td colspan="3">湖南建设工程有限公司</td><td>检验类别</td><td>有见证取样</td></tr>
<tr><td>工程名称</td><td colspan="3">综合楼</td><td>检验依据</td><td>JGJ/T 70—2009</td></tr>
<tr><td>委托单位</td><td colspan="3">××建筑高级技工学校</td><td>稠度</td><td></td></tr>
<tr><td>代表数量</td><td>—</td><td>收样日期</td><td>2011-1-15</td><td>养护条件</td><td>标准养护</td></tr>
</table>

<table>
<tr><td colspan="13">试验结果</td></tr>
<tr><td rowspan="2">样品编号</td><td rowspan="2">砂浆种类</td><td rowspan="2">工程部位</td><td rowspan="2">强度等级</td><td colspan="2">日期</td><td rowspan="2">龄期</td><td colspan="3">试件尺寸/mm</td><td rowspan="2">单块抗压强度/MPa</td><td rowspan="2">强度代表值/MPa</td><td rowspan="2">达到设计强度等级/(%)</td></tr>
<tr><td>成型</td><td>试压</td><td>长</td><td>宽</td><td>高</td></tr>
<tr><td rowspan="3">201100133</td><td rowspan="3">混合砂浆</td><td rowspan="3">五层砖砌体</td><td rowspan="3">M5</td><td rowspan="3">2010-12-18</td><td rowspan="3">2011-1-15</td><td rowspan="3">28</td><td>70.7</td><td>70.7</td><td>70.7</td><td>6.5</td><td rowspan="3">6.5</td><td rowspan="3">130</td></tr>
<tr><td>70.7</td><td>70.7</td><td>70.7</td><td>6</td></tr>
<tr><td>70.7</td><td>70.7</td><td>70.7</td><td>7</td></tr>
<tr><td>批准</td><td colspan="3">××</td><td colspan="3">审核　××</td><td colspan="3"></td><td>检验　××</td><td colspan="2"></td></tr>
<tr><td>报告日期</td><td colspan="3">2011-01-15</td><td colspan="3">送样人</td><td colspan="3">××</td><td>见证人单位及姓名</td><td colspan="2">××</td></tr>
</table>

（4）建筑屋面分部工程包括屋顶的找平层、保温（隔热）层及各种防水层、保护层等。对地下防水、地面防水、墙面防水应分别列入所在部位的“地基与基础”、“装饰装修”、“主体”分部工程。建筑屋面分部工程可分为卷材防水屋面、涂膜防水屋面、刚性防水屋面、瓦屋面、隔热屋面等子分部工程。

（5）建筑给水排水及采暖分部工程，包括给水排水管道、采暖、卫生设施等，而煤气工程不包括在本分部工程内。建筑给水排水及采暖分部工程可分为室内给水系统、室内排水系统、室内热水供应系统、卫生器具安装、室内采暖系统、室外给水管网、室外排水管网、室外供热管网、建筑中水系统及游泳池系统、供热锅炉及辅助设备安装等子分部工程。

（6）建筑电气安装分部工程，为了适应应用范围的变化，主要指强电部分，将弱电部分分离出来。其可分为室外电气、变配电室 、供电干线、电气动力、电气照明安装、备用和不间断电源安装、防雷及接地安装子分部工程等。

（7）智能建筑分部工程是新增加的子分部工程即常称为弱电部分，可划分为通信网络系统、办公自动化系统、建筑设备监控系统、火灾报警及消防联动系统、安全防范系统、综合布线系统、智能化集成系统、电源与接地、环境、住宅（小区）智能化系统等。

（8）通风与空调分部工程按系统又划分为送排风系统、防排烟系统、除尘系统、空调风系统、净化空调系统、制冷系统、空调水系统等。

（9）电梯安装分部工程按其种类又划分为电力驱动的引式或强制式电梯安装、液压电梯安装、自动扶梯、自动人行道安装等子分部工程。

（三）工种工程的划分

（1）建筑与结构工程分项按主要工种工程划分，但也可按施工程序的先后和使用材料的不同划分，也有一些分项工程并不限于一个工种，由几个工种配合施工，如装饰工程的护栏和扶手制作与安装，由于其材料可以是金属的，也可以是木质的，不一定由一个工种来完成。主体分部工程对楼房还必须按楼层（段）划分分项工程，单层建筑应按变形缝划分分项工程。对于其他分部工程的分项工程没有强行统一，一般情况下按楼层（段）划分，以便质量的控制和验收，完成一层即验收一层，所以在能按楼层划分时，应尽可能按楼层划分。对于一些小的项目或按楼层划分有困难的项目，也可不按楼层划分。对于一个钢筋混凝土框架结构，每一楼层的模板、钢筋、混凝土一般按施工先后顺序，把竖向构件和水平构件的同工种工程各分为一个分项工程。

（2）建筑设备安装工程的分项工程一般应按工种种类及设备组别等划分，同时也可按系统、区段来划分，如碳素钢管给水管道、排水管道。另外对于管道的工作压力不同，质量要求也不同，也应分别划分为不同的分项工程。同时，还应根据工程的特点，按系统或区段来划分各自的分项工程 ，如住宅楼的下水管道，可把每个单元排水系统划分为一个分项工程。

检验批指按同一生产条件或按规定的方式汇总起来供检验用的，由一定数量样本组成的检验体。检验批的划分与分项工程的划分方法基本一致。

（四）单位、子单位、分部、子分部工程的验收程序

单位、子单位、分部、子分部工程的验收程序如图4-1所示。

（1）检验批：由项目专职质量检查员检查评定，由监理工程师（建设单位项目技术负责人）组织项目专业技术负责人等进行验收。

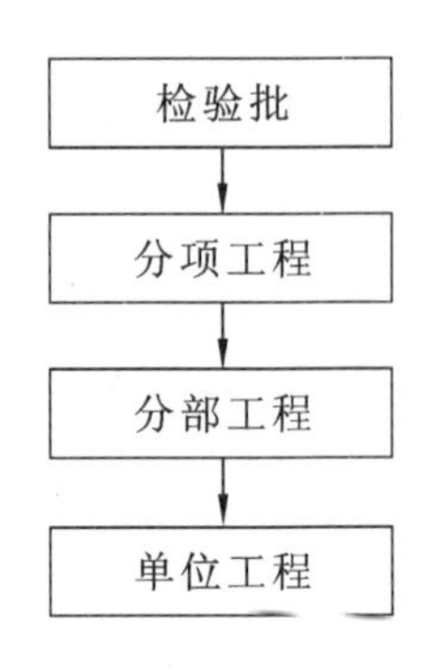

图 4-1 单位、子单位、分部、子分部工程的验收程序

（2）分项工程：由项目技术负责人组织检查评定，由监理工程师（建设单位项目技术负责人）组织项目专业技术负责人等进行验收。

（3）分部工程：由施工单位自检合格后，总监理工程师（建设单位项目技术负责人）组织施工单位项目负责人（项目经理）和技术、质量部门负责人及勘察、设计单位工程项目负责人参加验收。勘察单位只参加地基与基础分部（子分部）工程验收，设计单位只参加地基与基础、主体结构及重要安装分部（子分部）工程验收。当一个分部工程中有几个子分部工程时，可以一个子分部、一个子分部地进行质量验收，然后将各子分部的质量控制资料进行核查；对地基与基础、主体结构和设备安装工程等分部工程中的子分部工程有关安全及功能的检验和抽样检测结果的资料进行核查；对观感质量进行评价等。

（4）单位工程：单位工程完工后，施工单位自行组织有关人员进行检查评定，并向建设单位提交工程验收报告。建设单位收到工程验收报告后，应由建设单位（项目）负责人组织施工（含分包单位）、设计、监理等单位（项目负责人）进行单位（子单位）工程验收。

检验批、分项、子分部、分部、子单位、单位工程的验收评定程序见图 4-1，基本都归结到检验批的合格判定。检验批合格应符合下列规定：主控项目和一般项目经抽样合格，具有完整的施工操作依据、质量检查记录。

（1）主控项目的条文是必须达到的要求，是保证工程安全和使用功能的重要检验项目，是对安全、卫生、环境保护和公众利益起决定性作用的检验性项目，是确定该检验批主要性能的。如混凝土、砂浆的强度等级是保证混凝土结构、砌体工程强度的重要性能，所以必须全部达到要求。主控项目包括的主要内容有：①重要材料、构件及配件、成品及半成品、设备性能及附件的材质、技术性能等，检查出厂证明及试验数据符合有关技术标准规定；②结构的强度、刚度和稳定性等检验数据、工程性能的检测，检查测试记录，其数据及项目要符合设计和本验收规范要求规定；③一些重要的允许偏差项目，必须控制在允许偏差限值之内，对一些有龄期的检测项目，在其龄期未到而不能提供数据时，可先将其他评价项目先评价，并根据施工现场的质量保证和控制情况，暂时验收该项目，待检测数据出来后，再填入数据。

（2）一般项目是指除主控项目以外的检验项目，其条文也是应该达到的，只不过对不影响工程安全和使用功能的条文可适当放宽一些。这些项目在验收时，绝大多数抽查处（件），其质量指标必须达到要求。一般项目包括的主要内容有以下几种。①允许有一定偏差的项目，而放在一般项目中，用数据规定的标准，可以有个别偏差范围，最多不超过 20%的检查点可以超过允许偏差值，但也不能超过允许值的 150%。②对不能确定偏差值而又允许出现一定缺陷的项目，则以缺陷的数量区分。例如：砖砌体、预埋拉接筋，其留置间距偏差；混凝土钢筋露筋，露出一定长度等。③一些无法定量的而采用定性的项目，如碎拼大理石地面颜色协调，无明显裂缝和坑洼；油漆工程中中级油漆的光亮和光滑项目，卫生器具给水配件安装项目，接口严密，启闭部分灵活；管道接口项目，无外露油麻等这些就要靠监理工程师来掌握。

十二、2015版表格编制的依据及基本原则

（一）2015版表格编制的依据

（1）《建筑工程施工质量验收统一标准》（GB 50300—2013）。

（2）《建设工程监理规范》（GB/T 50319—2013）。

（3）《建设工程文件归档规范》（GB/T 50328—2014）。

（4）《城建档案业务管理规范》（GB/T 158—2011）。

（5）住房和城乡建设部2009年2号令《房屋建筑工程和市政基础设施工程竣工验收备案管理暂行办法》。

（6）住房和城乡建设部2013年171号文件《房屋建筑和市政基础设施工程竣工验收规定》。

（7）湖南省住房和城乡建设厅湘建建函〔2014〕73号文件《湖南省住宅工程质量常见问题专项治理工作方案》的通知。

（8）湖南省住房和城乡建设厅湘建建〔2014〕172号文件《建筑工程五方责任主体项目负责人质量终身追究暂行办法》。

（9）检验批编制的依据为表格中所列的现行的施工及验收规范，大部分在资料软件的电子文档中。例如：

- 《建筑工程施工质量验收统一标准》（GB 50300—2013）；
- 《建筑地基基础工程施工质量验收规范》（GB 50202—2002）；
- 《砌体结构工程施工质量验收规范》（GB 50203—2011）；
- 《混凝土结构工程施工质量验收规范》（GB 50204—2015）；
- 《钢结构工程施工质量验收规范》（GB 50205—2001）；
- 《木结构工程施工质量验收规范》（GB 50206—2012）；
- 《屋面工程施工质量验收规范》（GB 50207—2012）；
- 《地下防水工程施工质量验收规范》（GB 50208—2011）；
- 《建筑地面工程施工质量验收规范》（GB 50209—2010）；
- 《建筑装饰装修工程施工质量验收规范》（GB 50210—2001）；
- 《建筑给排水及采暖工程施工质量验收规范》（GB 50242—2002）；
- 《通风与空调工程施工质量验收规范》（GB 50243—2016）；
- 《建筑电气工程施工质量验收规范》（GB 50303—2015）（修订）；
- 《电梯工程施工质量验收规范》（GB 50310—2002）；
- 《智能建筑工程质量验收规范》（GB 50339—2013）；
- 《建筑节能工程施工质量验收规范》（GB 50411—2007）；
- 《铝合金结构工程施工质量验收规范》（GB50576—2010）。

（10）国家颁布的《建筑工程施工质量验收统一标准》（GB 50300—2013）规范中的新规定、新要求。

住房城乡建设部2013年11月1日发布了《建筑工程施工质量验收统一标准》，编号为GB 50300—2013，自2014年6月1日实施。

① 新规范第 4.0.7 条规定：施工前，应该由施工单位制定分项工程和检验批的划分方案，这个方案要由监理(建设)单位审核；对于新规范确定的分项工程和检验批而在相关专业验收规范未涵盖的分项工程和检验批，可由建设单位组织监理、施工等单位协商确定。

② 新规范第 3.0.5 条规定：当专业验收规范对工程中的验收项目未做出相应规定时，应由建设单位组织监理、设计、施工等相关单位制定专项验收要求。涉及安全、节能、环境保护等项目的专项验收要求应由建设单位组织专家论证。

③ 新规范第 3.0.8 条提出了检验批一般项目正常检验一次、两次抽样判定；新规范第 3.0.9条检验批表格增加了检验批容量、最小抽样数量。

④ 新规范第 3.0.4 条中规定，符合下列条件之一时，可按相关专业验收规范的规定适当调整抽样复验、试验数量，调整后的抽样复验、试验方案应由施工单位编制，并报监理单位审核确认，具体如下。

- 同一项目中由相同施工单位施工的多个单位工程，使用同一生产厂家的同品种、同规格、同批次的材料、构配件、设备。
- 同一施工单位在现场加工的成品、半成品、构配件用于同一项目中的多个单位工程。
- 在同一项目中，针对同一抽样对象已有检验成果可以重复利用。

⑤ 新规范第 5.0.5 条规定：编制检验批验收记录的内容、数据，必须来源于《现场检查验收原始记录》，没有原始记录而形成的检验批验收记录将不会被认可。

⑥ 新规范修改了分部工程中的分项工程的划分，增加了很多分项工程。

⑦ 新规范增加了建筑节能分部工程，并且增加了很多子分部，如铝合金结构、地源热泵系统等子分部工程。

⑧ 新规范第 5.0.7 条规定：工程质量控制资料应完整，当部分资料缺失时，应委托有资质的检测机构按有关标准进行相应的实体检验或抽样试验。

⑨ 新规范第 6.0.3 条规定：分部工程应由总监理工程师组织施工单位项目负责人和项目技术负责人等进行验收。其中，勘察、设计单位项目负责人和施工单位技术、质量部门负责人应参加地基与基础分部工程的验收；设计单位项目负责人和施工单位技术、质量部门负责人应参加主体结构、节能分部工程的验收。

⑩ 新规范第 6.0.5 条规定：工程完工后，施工单位应组织有关人员进行自检；总监理工程师应组织各专业监理工程师对工程进行预验收。

新规范第 6.0.4 条规定：单位工程中的分包工程完工后，分包单位应对所承包的工程项目进行自检，并应按该标准规定的程序进行验收；验收时，总包单位应派人参加；分包单位应将所分包工程的质量控制资料整理完整，并移交给总包单位。

新规范第 6.0.3 条规定：分部工程应由总监理工程师组织施工单位项目负责人和项目技术负责人等进行验收；勘察、设计单位项目负责人和施工单位技术、质量部门负责人应参加地基与基础分部工程的验收；设计单位项目负责人和施工单位技术、质量部门负责人应参加主体结构、节能分部工程的验收。

新规范第 6.0.5 条规定：工程完工后，施工单位应组织有关人员进行自检。总监理工程师应组织各专业监理工程师对工程进行预验收。

新规范第 6.0.4 条规定：单位工程中的分包工程完工后，分包单位应对所承包的工程项目进行自检，并应按本标准规定的程序进行验收。验收时，总包单位应派人参加。分包单位应将所分包工程的质量控制资料整理完整，并移交给总包单位。

(11) 湖南省建筑工程分部、子分部、分项工程检验批划分。根据新颁布的《建筑工程施工质量验收统一标准》(GB 50300—2013)的要求，建筑工程分部工程划分为10个分部，比GB 50300—2001规范(9个分部)增加了建筑节能分部。湖南省这次规范表格制定中，除按照这个要求划分外，还按照住建部关于加强室内燃气工程质量监督的要求，增加了室内燃气分部，共11个分部。

(12) 建筑工程分部工程划分，共分为以下11个分部工程：地基与基础分部、主体分部、建筑装饰装修分部、屋面分部、建筑给排水及供暖分部、通风与空调分部、建筑电气分部、建筑节能分部、智能建筑分部、电梯分部和室内燃气分部。

(二) 2015版表格编制的基本原则

根据住房和城乡建设部2013年171号文件《房屋建筑和市政基础设施工程竣工验收规定》和《建筑工程施工质量验收统一标准》(GB 50300—2013)的要求，在编制2015规范表格时，主要遵循以下原则。

(1) 增强建设工程五方责任主体项目负责人在工程质量管理和资料编制工作的责任意识，加大这方面的管理力度和责任追究的落实。

(2) 为了确保提交的竣工档案资料的真实性，建设单位、施工单位和监理单位由谁来负责签字，由谁承担资料真假的法律责任，资料表格中要体现出来。

(3) 过去建筑往来文函表格比较少，现在按照规范的要求，增加了一些表格，以满足工程施工的实际需要。

(4) 应加强对原材料、配件、设备进场验收和现场抽检试验工作的落实，加强施工中混凝土、砂浆试块的送检试验的工作，造假者应承担相应的责任。试验检查方案和检查数量应在表格中反映出来，明确责任人。

(5) 资料表格中应反映出工程预验收、工程竣工验收会提出的整改意见，整改情况、落实情况应反映在规范表格中，应落实责任，有据可查，备案部门要备案。

(6) 新规范要求为确保检验批资料编制的真实性，强调分项工程验收应编制《现场验收检验批检查原始记录》，该表格应认真执行，并完善管理制度，从而杜绝资料造假的现象。

(7) 节能分部要增加表格，相关企业的质量管理部门应严格把关，表格中应能反映节能材料设计时采用的品种，实际施工中发生变更时采用的品种，并且如果发生变更，应确定变更责任人，从而落实责任的追索。

(8) 湖南省已经要求燃气同步设计、同步施工、同步验收备案，燃气工程应纳入房屋建筑工程管理，故应增加燃气工程方面的表格。

(9) 应将常见质量问题纳入专项治理，如果没有这方面的检查验收表格，实际工作总将很难落实，因此，在施工验收记录、施工表格中应体现这个问题。

(10) 分户验收表格一定要简化，分户验收在工程验收之前进行，检查内容应考虑经常投诉的这方面的常见问题，应确实做好分户验收工作，对分户验收资料造假的问题要严肃处理。

(11) 2015版表格中子分部、分项及检验批具体内容均有较大变化。

任务5 地基与基础工程文件

一、土壤试验

土壤试验是施工试验报告的主要组成部分，包括场地、地基、基槽、房心等素土、灰土、砂石、砂的回填。重新夯实、强夯、挤密法地基处理，如砂桩、砂石桩、灰土桩等均需要进行测试。检验方法主要有干密度试验，贯入仪检查，钢筋或钢叉等贯入度检查，动力、静力触探、轻便触探或用土壤击实法以及灌砂法检查等。土壤试验的试验项目主要有以下几项。

（一）干密度试验

回填土、灰土均应做干密度试验。按平面位置图分层取样，注明施工段、层次、标高、取样点。编号清楚，取样数量要符合质量验评标准；试验报告要注明种类、试验日期。试验结果未达部位应有处理及复试结果。回填土、砂土的质量检查宜采用环刀取样再测定干密度，砂石垫层，可在垫层中设置纯砂检查点，在同样施工条件下取样鉴定。分层厚度可用标桩控制，每层密度经检验合格后方可进行上层的施工。素土实际测定的合格率应不少于测定数量的90%，其不合格的干密度测定结果与设计要求之差不大于0.08 g/cm^3，灰土、砂、砂石实际测定的密度不应低于最小干密度，不符合要求者，应经处理后进行复试，前后测量结果并列于试验单中，不允许存在不符合要求的试验结果。

（二）贯入测试

用钢筋、钢钎、钢叉、动力触探（轻型N10、中型N28、重型N63.5）、静力触探等方法，用动力或人力，利用一定的下落能量，将一定尺寸、一定形状的探头打入土中，以贯入度大小测定被检土打入的难易程度的方法通称为贯入测试。以不小于通过试验所确定的贯入度为合格。

（三）灌砂法试验

灌砂法试验用于级配砂石回填或不宜用环刀法取样的土质。采用灌砂（或灌水）法取样时，取样数量可较环刀法适当减少，取样部位应为每层压实后的全部深度。取样应由施工单位按规定在现场到样，将样品包好、编号（编号要与取样平面上各点的标示一一对应），送试验室进行检测。如果没有取样器具或标准砂，则应请试验室在现场取样进行试验。施工单位取样时，宜请建设单位参加并签认。

二、土壤试验记录

（一）土壤试验报告

回填土试验的方法有环刀法、灌砂法、灌水法。

取样方法包括：①在压实填土的过程中，应分层取样检验土的干密度和含水率；②基坑每 50～100 m^2应不少于 1 个检验点；③基槽每 10～20 m 应不少于 1 个检验点；④每一个独立基础下至少应有 1 个检验点；⑤对灰土、砂和砂石、土工合成、粉煤灰地基等，每单位工程不应少于 3 个检验点，1 000 m^2 以上的工程每 100 m^2 至少有 1 个检验点，3 000 m^2 以上的工程，每 300 m^2 至少应有 1 个检验点。

报告中应按规范要求绘制回填土取点平面、剖面示图，标明重要控制轴线及尺寸，并且应分段、分层(步)取样。现场取样步数、点数须与试验报告各步、点一一对应，并注明回填土的起止标高。回填土的试验报告应与地质勘探报告、地基验槽及隐检记录、施工记录、设计变更、洽商、检验批质量验收记录的相关数据一致。

对于重要的、大型的或设计有要求的填方工程，在施工以前应对填料作击实试验，求出填料的干土质量密度即含水量关系图线，并确定其最优含水量、最大干密度，并根据设计压实系数，计算出控制指标。

凡用素土、灰土、砂、砂石等回填作地基者和高层建筑基础回填土，均应按规范的规定对取样做出测定干土重力密度或压实系数的试验报告，并注明土质和要求达到的标准。

挡土墙背后的填土应有建设或监理单位签证的分层取样平面图和测定干土重力密度或压实系数的试验报告。

用贯入仪、钢筋或钢叉等以贯入度大小检查砂、灰土地基时，应有通过试验确定的贯入度具体要求的记录，并经建设或监理单位签证的分层现场贯入深度记录。

重锤夯实地基应有强夯报告、试夯记录和施工记录、最后下沉量的检查记录。

强夯地基应有强夯地基施工记录，并应有采用标准贯入、静力触探等检测报告。

预压地基应有垂直沉降、水平位移、孔隙水压力的逐日观察记录和分级卸载的回弹记录。

挤密加固地基的土和砂桩应有平面布置图、桩的偏位、孔深、灌注量等记录和桩身及桩之间挤密土的质量检验报告。

挤密加固地基的土和灰土挤密桩应有平面布置图、孔位偏差、桩径、垂直度、缩颈、坍孔、回淤等成孔质量检查记录和桩孔施工记录、桩孔分填施工记录，以及夯填后的质量检验报告。

挤密加固地基的振冲地基应有平面布置图、桩位偏差、填料品种、每根桩的填料总量，以及效果检验报告。

旋喷加固地基应有旋喷体平面位置图、旋喷施工记录和旋喷体深度、直径、抗压强度、透水性等检验报告。

硅化地基应有下列文件材料：①施工记录；②材料试验记录；③试块试验记录；④防渗帷幕、渗透观测和水位变化记录；⑤角触探法测定阻力变化记录；⑥竣工剖面图和钻孔位置平面图。

（二）桩基础试验记录

1. 钢筋砼预制桩应提交的文件材料

(1) 桩的结构图及桩基用料计划。

(2) 钢材出厂质量证明书、试验报告和钢筋焊接试验报告，并应符合要求。

(3) 水泥出厂质量证明书和试验报告，并应符合要求。

(4) 钢筋隐蔽记录。

(5) 砼试块强度报告及其汇总表，并应对试块强度按规定进行评定。

(6) 桩的检查记录和构件出厂证明书，以及预制桩质量检查评定表。

(7) 施工综合记录。

(8) 工程地质勘查报告。

(9) 经建设或监理单位与设计单位验收签证的基桩竣工平面图。

(10) 接桩时应有接桩材料的出厂质量证明书。

(11) 硫黄胶泥接桩时每台班还应留置不少于一组的硫黄胶泥试块报告，其内容应包括配合比、主要物理性能及重要力学性能。

(12) 设计变更通知及事故处理记录。

(13) 单桩承载力检测试验报告及确定桩贯入度的记录。

(14) 桩基竣工验收证明。

2. 钢管桩应提交的文件材料

(1) 桩用钢管等的材料出厂质量证明书。

(2) 施工记录。

(3) 桩位测量放线图。

(4) 经建设或监理单位与设计单位验收签证的基桩竣工平面图。

(5) 工程地质勘查报告。

(6) 焊条(剂)出厂质量证明书。

(7) 单桩承载力检测报告和确定贯入度记录。

(8) 设计变更通知与事故处理。

(9) 桩基竣工验收证明。

3. 泥浆护壁成孔灌注桩(包括潜水钻成孔、钻孔扩底成孔、冲击成孔)应提交的文件材料

(1) 工程地质勘查报告。

(2) 桩基工程概况及钢材、水泥需用计划。

(3) 每根桩清孔后距底 20～50 cm 处取泥浆样作比重测定的记录和孔底沉渣检验记录。

(4) 钢材出厂质量证明书、试验报告，并应符合要求。

(5) 钢筋笼隐蔽工程验收记录，以及钢筋笼接长时的焊条质量证明书和焊接试验报告，并应符合要求。

(6) 水泥出厂质量证明书和试验报告，并应符合要求。

(7) 灌注桩施工记录。

(8) 灌注水下砼记录汇总表。

(9) 经建设或监理单位、设计单位验收签证的基桩竣工图。

(10) 每根桩砼试块试压报告及汇总表。

(11) 单桩承载力检测试验报告。

(12) 设计变更通知及事故处理记录。

4. 干作业成孔灌注桩(包括螺旋钻孔、钻孔扩底、机动洛阳铲挖孔、人工挖孔)应提交的文件材料

(1) 工程地质勘查报告。

(2) 桩基工程概况及钢材、水泥需用计划。

(3) 钢筋接长焊条质量证明书和焊接试验报告,并应符合要求。

(4) 水泥质量证明书和试验报告,并应符合要求。

(5) 砼施工应有日记,每台班留置不得少于一组(其中桩径大于1 m的,每根不得少于1组);同一配合比砼试块试压及汇总表,并进行强度评定。

(6) 每根桩的成孔及清孔、钢筋笼制作及安放、砼搅拌及灌注等三个工序过程的质量检查,并经建设或监理单位验收签证。

(7) 经建设或监理单位与设计单位验收签证的基桩竣工图。

(8) 单桩承载力检测试验报告。

(9) 设计变更通知及其事故处理记录。

(10) 桩基竣工验收证明。

(11) 隐蔽工程验收记录。

5. 套管成孔灌注桩(包括振动沉管、振动冲击沉管、锤击沉管)应提交的文件材料

(1) 工程地质勘查报告。

(2) 桩基工程概况及钢材、水泥需用计划。

(3) 钢筋的出厂质量证明书、试验报告,并应符合要求。

(4) 钢筋接长时的焊条质量证明书和焊接试验报告,并应符合要求。

(5) 水泥质量证明书和试验报告,并应符合要求。

(6) 砼施工日记,每台班留置不得少于一组的同配合比砼试块试压报告(包括预制桩尖)及汇总表。

(7) 施工记录。

(8) 经建设或监理单位、设计单位验收签证的基桩竣工图。

(9) 单桩承载力检测试验报告。

(10) 最后三阵每阵十击或最后两分钟的贯入度,当设计无规定时应有会同建设或监督试验记录。

(11) 设计变更通知及事故处理记录。

(12) 隐蔽工程验收记录。

(13) 天然地基(土方开挖)工程质量验收记录。

6. 单桩垂直静载试验加载反力装置采用锚桩时应提交的资料

单桩垂直静载试验加载反力装置采用锚桩时,应提交锚桩设计计算资料和经建设(监理)单位签证的在试验过程中各级加荷阶段的起止时间、沉降观测记录和锚桩上拔量的检测记录。

7. 大直径灌注桩应提交的资料

对于大直径($d>800$ mm)灌注桩,确定无条件进行单桩垂直静载试验的,可采用预埋管超声检测法或可靠的动测法进行成桩质量检测。但鉴于低应变动测法检测成桩质量的可靠性低,对一二级建筑桩基采用低应变动测法检测后,还必须采用钻芯取样法抽查低应变动测法的可靠性,确认桩身的砼强度和桩底深沉渣厚度等情况。

8. 桩基资料

桩基资料一般应单独附后成册,应注意以下几点。

(1) 原材料的合格证与复检报告应符合相应规范的要求,应基本与土建一致。

(2) 对于喷射混凝土的取样应按规范要求进行。

(3) 灌注桩的砼取样每浇筑 50 m^3 必须有 1 组试件，小于 50 m^3 的桩，每根必须有 1 组试件，并通过评定检查是否符合设计要求。

(4) 桩的承载力检验必须满足规范的要求：静载单桩竖向抗压承载力试验的抽检数量不应少于总数的 1%且不应少于 3 根；当总数少于 50 根时，不应少于 2 根。

(5) 用低应变动力检测法对桩身质量进行检验，灌注桩抽检数量不应少于总数的 30%，并且不应少于 20 根；其他桩基工程抽检数量不应少于总数的 20%，并且不应少于 10 根；对混凝土预制桩及地下水位以上且终孔后经过核验的灌注桩，检验数量不应少于总桩数的 10%，并且不得少于 10 根。每根柱子承台下不得少于 1 根，可参考《建筑地基基础工程施工质量验收规范》(GB 50202—2002)第 5.1.5 条和第 5.1.6 条。

9. 基槽验收记录表

建筑物应进行施工验槽，基槽验线就是根据主控轴线、基底平面图、地基基础施工方案来检验建筑物基底外轮廓线、集水坑、电梯井坑、垫层标高(高程)、基槽断面尺寸和坡度等。

检查内容包括基坑位置、平面尺寸、持力层核查、集水坑、电梯井坑、垫层标高(高程)、基底绝对高程和相对标高、基坑土质及地下位、放坡边线、坡度、基槽断面尺寸等，有桩支护或桩基的工程还应进行桩的检查。地基验槽检查记录应由建设、勘察、设计、监理、施工单位共同验收签认。

基槽平面、剖面简图应标明平面(建筑物基底外轮廓线位置、重要控制轴线、尺寸、集水坑、电梯井坑等)、剖面(垫层标高、放坡边线、坡度、基槽断面尺寸、重要控制轴线等)、指北针方向及具体的图名。

检查意见(应有测量的具体数据差)具体的例子如下。

经检查：基底外轮廓线位置、尺寸准确，基槽开挖断面尺寸(误差××)、垫层标高(误差××)、放坡边线、坡度、持力层核查、基底绝对高程和相对标高等各项指标符合设计要求规定，基坑土质符合地质勘探报告。

三、地基工程与桩基础施工及验收记录、地基基础分项工程检验批用表

地基工程与桩基础施工及验收记录、地基基础分项工程检验批用表见《建筑工程资料管理实训》教材的相关部分。

任务 6 主体结构工程施工文件

就工业建筑、民用建筑和市政工程的某些项目而言，进入施工阶段后，一般都要经过以下施工内容：①定型组合钢模板的安装与拆除；②大板块的安装与拆除；③钢筋绑扎工程；④钢筋气压力焊；⑤钢筋电渣压力焊；⑥现浇框架结构混凝土浇筑；⑦大模板混凝土浇筑；⑧预制外墙板安装；⑨预应力圆孔板安装；⑩钢屋架制作；⑪钢屋架安装；⑫砌砖工程；⑬砌石工程等。一般概

括为混凝土结构工程、砌体结构工程、钢结构和木结构工程。

一、混凝土结构工程

混凝土结构包括素混凝土结构、钢筋混凝土结构和预应力结构等。

（一）混凝土结构工程施工质量验收规定

(1) 混凝土结构施工项目应有施工组织设计和施工技术方案，并经审查批准。

(2) 混凝土结构子分部工程可划分为模板、钢筋、预应力、混凝土、现浇结构或装配式等分项工程；各分项工程可根据与施工方式相一致且便于控制施工质量的原则，按工作班、楼层、结构缝或施工段划分为若干个检验批。

(3) 对混凝土结构子分部工程的质量验收，应在钢筋、混凝土、现浇结构等相关分项工程验收合格的基础上，进行质量控制资料检查及观感质量验收，并应对涉及结构安全的材料、试件、施工工艺和结构的重要部位进行见证检测或结构实体检验。

(4) 分项工程的质量验收应在所含检验批验收合格的基础上，进行质量验收记录检查。

检验批的质量验收应包括实物检查和文件材料检查。其中，文件材料检查包括原材料、构配件和器具等的产品合格证（中文质量合格证明文件、规格、型号及性能检测报告等）及进场复检报告、施工过程中重要工序的自检和交接检记录、抽样检验报告、见证检测报告、隐蔽工程验收记录等。检验批质量合格应符合下列规定：①主控项目的质量经抽样检验合格；②一般项目的质量经抽样检验合格，当采用计数检验时，除有专门要求外，一般项目的合格点率应达到80%以上，并且不得有严重的缺陷；③具有完整的施工操作依据和质量验收记录。

（二）混凝土结构子分部工程验收

混凝土结构子分部工程施工质量验收时，应提供下列文件和记录。

(1) 设计变更文件。

(2) 原材料出厂合格证和进场复验报告。

(3) 钢筋接头的试验报告。

(4) 混凝土工程施工记录。

(5) 混凝土试件的性能试验报告。

(6) 装配式结构预制构件的合格证和安装验收记录。

(7) 预应力筋用锚具、连接器的合格证和进场复验报告。

(8) 预应力筋安装、张拉及灌浆记录。

(9) 隐蔽工程验收记录。

(10) 分项工程验收记录。

(11) 混凝土结构实体检验记录。

(12) 工程的重大质量问题的处理方案和验收记录。

(13) 其他必要的文件和记录。

混凝土结构子分部工程施工质量验收合格应符合下列规定。

(1) 有关分项工程施工质量验收合格。

（2）应有完整的质量控制资料。

（3）观感质量验收合格。

（4）结构实体检验结果满足本规范的要求。

当混凝土结构施工质量不符合要求时，应按下列规定进行处理。

（1）经返工、返修或更换构件、部件的检验批，应重新进行验收。

（2）经有资质的检测单位鉴定达到设计要求的检验批，应予以验收。

（3）经有资质的检测单位检测鉴定达不到设计要求，但经原设计单位核算并确认仍可满足结构安全和使用功能的检验批，可予以验收。

（4）经返修或加固处理能够满足使用要求的分项工程，可根据技术处理方案和协商文件进行验收。

混凝土结构工程子分部工程施工质量验收合格后，应将所有的验收文件存档备案。

二、砌体工程

（一）砌体工程质量验收的基本规定

（1）砌体工程所用的材料应有产品的合格证书、产品性能检测报告。

（2）砌体施工质量控制等级应分为三级，并应符合有关规定。

（3）分项工程的验收应在检验批验收合格的基础上进行，检验批的确定可根据施工段划分。

（4）砌体工程检验批验收时，其主控项目应全部符合规范规定。一般项目应有80%及以上的抽检处符合规范的规定，或者偏差值在允许偏差范围以内。

（二）砌体工程子分部工程验收

砌体工程验收前，应提供下列文件和记录。

（1）施工执行的技术标准。

（2）原材料的合格证书、产品性能检测报告。

（3）混凝土及砂浆配合比通知单。

（4）混凝土及砂浆试件抗压强度试验报告单。

（5）施工记录。

（6）各检验批的主控项目、一般项目验收记录。

（7）施工质量控制文件。

（8）重大技术问题的处理或修改设计的技术文件。

（9）其他必须提供的文件材料。

砌体子分部工程验收时，应对砌体工程的观感质量进行总体评价。当砌体工程质量不符合要求时，应按现行国家标准《建筑工程施工质量验收统一标准》(GB 50300—2013)的规定执行。对有裂缝的砌体应按下列情况进行验收：①对有可能影响结构安全性的砌体裂缝，应由有资质的检测单位检测鉴定，需返修或加固处理的，待返修或加固满足使用要求后进行二次验收；②对不影响结构安全性的砌体裂缝，应予以验收，对明显影响使用功能和观感质量的裂缝，应进行处理。

三、主体结构工程检验文件

根据有关规范的要求，主体结构工程检验批验收记录用表分为混凝土工程检验批质量验收记录用表、钢结构工程检验批质量验收记录表、砌体工程检验批质量验收记录表、木结构工程检验批质量验收记录表等四类表格。

任务 7 屋面分部工程施工文件

一、屋面工程质量验收

屋面工程应根据建筑物的性质、重要程度、使用功能要求，以及防水层合理使用年限，按不同等级进行设防。

屋面工程应根据工程特点、地区自然条件等，按照屋面防水等级的设防要求，进行防水构造设计，重要部位应有详图；屋面保温屋的厚度，应通过计算确定。

屋面工程施工前，施工单位应进行图纸会审，并应编制屋面工程施工方案或技术措施。

屋面工程施工时，应建立各道工序的自检、交接检和专职人员检查的“三检”制度，并有完整的检查记录。每道工序完成，应经监理单位(或建设单位)检查验收，合格后方可进行下道工序的施工。

屋面工程的防水层应经资质审查合格的防水专业队伍进行施工。作业人员应持有当地建设行政主管部门颁发的上岗证。

屋面工程所采用的防水、保温隔热材料应有产品合格证书和性能检测报告，材料的品种、规格、性能等应符合现行国家产品标准和设计要求。

材料进场后，应按规范规定抽样复检，并提出试验报告；不合格的材料，不得在屋面工程中使用。

屋面工程完工后，应按规范的有关规定对细部构造、接缝、保护层等进行外观检验，并应进行淋水或蓄水检验。

屋面工程各子分部工程和分项工程的划分应符合要求。

屋面工程各分项工程的施工质量检验批应符合下列规定。

(1) 卷材防水屋面、涂膜防水屋面、刚性防水屋面、瓦屋面和隔热屋面工程，应按屋面面积 100 m^2 抽查一处，每处 10 m^2，并且不得少于 3 处。

(2) 接缝密封防水，每 50 m^2 应抽查一处，每处 5 m^2，并且不得少于 3 处。

(3) 细部构造根据分项工程的内容，应全部进行检查。

二、屋面工程分部工程验收

屋面工程施工应按工序或分项工程进行验收，构成分项工程的各检验批应符合相应的质量标准的规定。

屋面工程验收的文件和记录应按屋面工程验收的文件和记录表要求执行。

屋面工程隐蔽项目验收记录应包括以下主要内容：①卷材、涂膜防水层的基层；②密封防水处理部位；③天沟、檐沟、泛水和变形缝等细部做法；④卷材、涂膜防水层的搭接宽度和附加层；⑤刚性保护层与卷材、涂膜防水层之间设置的隔离层。

工程质量应符合下列要求。

(1) 防水层不得有渗漏和积水现象。

(2) 使用的材料应符合设计要求和质量标准的规定。

(3) 找平层表面应平整，不得有疏松、起砂、起皮现象。

(4) 保温层的厚度、含水率和表观密度应符合设计要求。

(5) 天沟、檐沟、泛水和变形缝等构造应符合设计要求。

(6) 卷材铺贴方法和搭接顺序应符合设计要求，搭接宽度正确，接缝严密，不得有皱折、鼓泡和翘边现象。

(7) 涂膜防水层的厚度应符合设计要求，涂层无裂纹、皱折、流淌、鼓泡和露胎现象。

(8) 刚性防水层表面应平整、压光、不起砂、不起皮、不开裂。分格缝应平直，位置正确。

(9) 嵌缝密封材料应与两侧基层粘牢，密封部位光滑、平直、不得有开裂、鼓泡、下塌现象。

(10) 平瓦层面的基层应平整、牢固、瓦片排列整齐、平直、搭缝合理，接缝严密，不得有残缺瓦片。

检查屋面有无渗漏、积水和排水系统是否畅通，应在雨后或持续淋水 2 h 后进行。有可能作蓄水检验的屋面，其蓄水时间不应少于 24 h。

屋面工程验收后，应填写分部工程质量验收记录，交建设单位和施工单位存档。

任务 8 装饰装修分部工程施工文件

一、建筑地面工程施工质量验收

（一）基本规定

建筑地面工程施工质量验收的基本规定如下。

(1) 建筑地面工程、子分部工程、分项工程的划分按要求执行。

(2) 建筑施工企业在建筑地面工程施工时，应有质量管理体系和相应的施工工艺技术指标。

(3) 建筑地面工程采用的材料应按设计要求和基本规范的规定选用，并应符合国家标准的规定；进场材料应有中文质量合格证明文件、规格、型号及性能检测报告，重要材料应有复检报告。

(4) 建筑地面采用的大理石、花岗石等天然石材必须符合现行国家标准《建筑材料放射性核素限量》(GB 6566—2010)有关材料有害物质的限量规定，进场应具有检测报告。

(5) 胶黏剂、沥青胶结料和涂料等材料应按设计要求选用，并应符合现行国家标准《民用建筑工程室内环境污染控制规范》(GB 50325—2010)的规定。

(6) 厕浴间和有防滑要求的建筑地面的板块材料应符合设计要求。

(7) 当建筑地面下的沟槽、暗管等工程完工经检验合格并做隐蔽记录之后,方可进行建筑地面工程的施工。

(8) 建筑地面工程基层(各构造层)和面层的铺设,均应待其下一层检验合格后方可施工上一层。建筑地面工程各层铺设前与相关的分部(子分部)工程、分项工程,以及设备管道安装工程之间,应进行交接检验。

(9) 厕浴间、厨房和有排水(或其他液体)要求的建筑地面面层与相连接各类面层的标高差应符合设计要求。

(10) 检验水泥混凝土和水泥砂浆强度试块的组数,每一层(或检验批)建筑地面工程不应小于1组。当每增加1 000 m^2 应增做1组试块;小于1 000 m^2 按1 000 m^2计算。当改变配合比时,应相应地制作试块组数。

(11) 建筑地面工程施工质量的检验,应符合下列规定:①基层(各构造层)和各类面层的分项工程的施工质量验收应按每一层次或每层施工段(或变形缝)作为检验批,高层建筑的标准层可按每三层(不足三层按三层计)作为检验批;②每检验批应以各子分部的基层(各构造层)和各类面层所划分的分项工程按自然间(或标准间)检验,抽查数量应随机检验不应少于3间,不足3间的应全数检查,其中走廊(过道)应以延长10 m为1间,工业厂房(按单跨计)、礼堂、门厅应以两个轴线为1间计算;③有防水要求的建筑地面子分部工程的分项工程施工质量,每检验批抽查数量应按其房间总数随机检验,房间数不应少于4间,不足4间的应全数检查。

(12) 建筑地面工程的分项工程施工质量检验的主控项目,必须达到有关规定的质量标准,才能认定为合格。一般项目应有80%以上的检查点(处)符合规范规定的质量要求,其他检查点(处)不得有明显的影响作用,并不得大于允许偏差值的50%为合格。凡达不到质量标准的,应按现行国家标准《建筑工程施工质量验收统一标准》(GB50300—2013)的规定处理。

(13) 建筑地面工程完工后,施工质量验收应在建筑施工企业自检合格的基础上,由监理单位组织有关单位对分项工程、子分部工程进行检验。

(14) 检验方法应符合下列规定:①检查允许偏差应采用钢尺、2 m靠尺、楔形塞尺、坡度尺和水准仪;②检查空鼓应采用敲击的方法;③检查有防水要求建筑地面的基层(各构造层)和面层,应采用泼水或蓄水方法,蓄水方法不得少于24 h;④检查各类面层(含无需铺设部分或局部面层)表面的裂缝、脱皮、麻面和起砂等缺陷,应采用观感的方法。

(15) 建筑地面工程完工后,应对面层采取保护措施。

(二) 分部(子分部)工程验收

(1) 建筑地面工程施工质量中各类面层子分部工程的面层铺设与其相应的基层铺设的分项工程的施工质量检验应全部合格。

(2) 建筑地面工程子分部工程质量验收应检查下列工程质量文件和记录:①建筑地面工程设计图纸和变更文件;②原材料的出厂检验报告和质量合格保证文件、材料进场检(试)验报告(含抽样报告);③各层的强度等级、密实度等试验报告和测定记录;④各类建筑地面工程施工质量控制文件;⑤各构造层的隐蔽验收及其他有关验收文件。

(3) 建筑地面工程子分部工程质量验收应检查下列安全和功能项目:①有防水要求的建筑地

面子分部工程的分项工程施工质量的蓄水检验记录，并抽查复验认定；②建筑地面板块面层铺设子分部工程和木、竹面层铺设子分部工程采用的天然石材、胶黏剂、沥青胶和涂料等材料证明文件。

（4）建筑地面工程子分部工程观感质量综合评价应检查下列项目：①变形缝的位置和宽度以及填缝质量应符合规定；②室内建筑地面工程按各子分部工程经抽查分别做出评价。

二、建筑装饰装修工程质量验收

（一）基本规定

（1）建筑装饰装修工程必须进行设计，并出具完整的施工图设计文件。

（2）承担建筑装饰装修工程设计的单位应具有相应的资质，并应建立质量管理体系。由于设计原因造成的质量问题应由设计单位负责。

（3）建筑装饰装修设计应符合城市、消防、环保、节能等有关规定。

（4）建筑装饰装修工程设计必须保证建筑物的结构安全和使用功能。当涉及主体的承重结构改动或增加荷载时，必须由原结构设计单位或具备相应资质的设计单位核查有关原始文件对既有建筑结构的安全性进行核验、确认。

（5）建筑装饰装修工程所用材料的品种、规格和质量应符合设计要求和国家现行标准的规定。当设计无要求时应符合国家现行标准的规定，严禁使用国家明令淘汰的材料。

（6）建筑装饰装修工程所用材料应符合国家有关建筑装饰装修材料有害物质限量标准的规定。

（7）所有材料进场时应对品种、规格、外观和尺寸进行验收。材料包装完好，应有产品合格证书及相关性能检测报告，进口产品应按规定进行商品检验。

（8）进场后需要复验的材料种类及项目应符合规范的规定。同一厂家生产的同一品种、同一类型的进场材料应至少抽取一组样品进行复验，当合同另有约定时按合同执行。

（9）当国家规定或合同约定应对材料进行见证检测，或者对材料的质量发生争议时，应进行见证检测。

（10）承担建筑装饰装修材料检测的单位应具备相应的资质，并应建立质量管理体系。

（11）建筑装饰装修工程所使用的材料应按设计要求进行防火、防腐和防虫处理。

（12）现场配制的材料如砂浆、胶黏剂等，应按设计要求或产品说明书配制。

（13）承担建筑装饰装修工程施工的单位应具备相应的资质，并应建立质量管理体系。施工单位应编制施工组织设计并应经过审查批准。施工单位按有关的施工工艺标准或经审定的施工技术方案施工，并应对施工全过程实行质量控制。

（14）承担建筑装饰装修工程施工的人员应有相应岗位的资格证书。

（15）建筑装饰装修工程施工中，严禁违反设计文件擅自改动建筑主体、承重结构或主要使用功能；严禁未经设计确认和有关部门批准擅自拆改水、暖、电、燃气、通信等配套设施。

（二）分部工程质量验收

（1）建筑装饰装修工程质量验收的程序组织应符合《建筑工程施工质量验收统一标准》（GB 50300—2013）第六章的规定。

（2）建筑装饰装修工程的子分部工程及其分项工程按表4-72划分。

表4-72 装饰装修工程的子分部工程及其分项工程

项次	子分部工程	分项工程
1	抹灰工程	一般抹灰、装饰抹灰、清水砌体勾缝
2	门窗工程	木门窗制作与安装、金属门窗安装、塑料门窗安装、特种门安装、门窗玻璃安装
3	吊顶工程	暗龙骨吊顶、明龙骨吊顶
4	轻质隔墙工程	板材隔墙、骨架隔墙、活动隔墙、玻璃隔墙
5	饰面板(砖)工程	饰面板安装、饰面砖粘贴
6	幕墙工程	玻璃幕墙、金属幕墙、石材幕墙
7	涂饰工程	水性涂料涂饰、溶剂型涂料涂饰、美术涂饰
8	裱糊与软包工程	裱糊、软包
9	细部工程	橱柜制作与安装、窗帘盒、窗台板和散热器罩制作与安装、门窗套制作与安装、护栏和扶手制作与安装、花饰制作与安装
10	建筑地面工程	基层、整体面层、板块面层、竹木面层

（3）建筑装饰装修工程施工过程中，应按规范规定的要求对隐蔽工程进行验收。

（4）检验批的质量验收应按《建筑工程施工质量验收统一标准》(GB 50300—2013)附录D的格式记录。检验批的合格判定应符合下列规定：①抽查样本应符合规范中主控项目的规定；②抽查样本中的80%以上应符合规范中一般项目的规定。其余样本不得有影响使用功能或明显影响装饰效果的缺陷，其中有允许偏差的检验项目，其最大偏差不得超过规范规定允许偏差的1.5倍。

(5)分项工程的质量验收应按《建筑工程施工质量验收统一标准》(GB 50300—2013)附录E的格式记录。各检验批的质量均应达到规范的规定。

（6）子分部工程的质量验收应按《建筑工程施工质量验收统一标准》(GB 50300—2013)附录F的格式记录。子分部工程中各分项工程的质量均应验收合格，并应符合下列规定：①应具备规范中各子分部工程规定检查的文件和记录；②应具备所规定的有关安全和功能的检测项目的合格报告；③观感质量应符合规范中各分项工程中一般项目的要求。

（7）分部工程的质量验收应按《建筑工程施工质量验收统一标准》(GB 50300—2013)附录F的格式记录。分部工程中各子分部工程的质量均应验收合格，并按规范规定进行核查。

当建筑工程只有装饰装修分部工程时，该工程应作为单位工程验收。

（8）有特殊要求的建筑装饰装修分部工程，竣工验收时应按合同约定加测相关技术指标。

（9）建筑装饰装修工程的室内环境质量应符合国家现行标准《民用建筑工程室内环境污染控制规范》(GB 50325—2010)的规定。

（10）未经竣工验收合格的建筑装饰装修工程不得投入使用。

（三）验收文件

验收文件包括以下几种。

（1）施工图及设计变更记录。

（2）材料、半成品、五金配件、构件和组件合格证、性能检测报告。

（3）隐蔽工程验收记录。

（4）施工记录。

（5）各检验批质量验收记录。

（6）其他必要的文件和记录。

（7）特种门窗及其附件的生产许可文件。

（8）后置埋件的现场拉拔检测报告。

（9）外墙饰面砖墙板件的黏结强度检测报告。

（10）建筑设计单位对幕墙工程设计的确认文件。

（11）幕墙工程所用硅酮结构胶的认定证明和抽检合格证明，进口硅酮结构胶的商检证，硅酮结构胶相容性和剥离黏结性试验报告，石材用密封胶的耐污染性试验报告。

（12）幕墙的抗风压性能、空气渗透性能、雨水渗漏性能及平面变形性能检测报告。

（13）打胶、养护环境的温度，双组分硅酮结构胶的混匀性试验记录。

（14）幕墙防雷装置测试记录。

（15）饰面材料的墙板及确认文件。

任务9 建筑给水排水及采暖分部工程施工文件

水暖工程由室内安装与室外安装两部分工程构成。室内部分包括采暖、锅炉及热力站、给水、排水、消防、煤气等项工程，室外部分包括供暖管道设施安装等项工程，其质量验收应执行《建筑给水排水及采暖工程施工质量验收规范》(GB 50242—2002)的规定。

一、基本规定

（1）建筑给水、排水及采暖工程施工现场应具有必要的施工技术标准、健全的质量管理体系和工程质量检测制度，实现施工全过程的质量控制。

（2）建筑给水、排水及采暖工程的施工应按照批准的工程设计文件和施工技术标准进行施工。如果要修改设计，则应有设计单位出具的设计变更通知单。

（3）建筑给水、排水及采暖工程的施工应编制施工组织设计或施工方案，经批准后方可实施。

（4）建筑给水、排水及采暖工程的分部分项工程，应按系统、区域、施工段或楼层等划分。分项工程应划分成若干个检验批进行验收。

（5）建筑给水、排水及采暖工程的施工单位应当具有相应的资质。工程质量验收人员应具备相应的专业技术资格。

二、建筑给排水与采暖工程质量检验与抽查记录资料

（一）给排水与设备出厂合格证及检验报告

给排水与设备出厂合格证及检验报告见表4-73。

表4-73　给排水与设备出厂合格证及检验报告

<table>
<tr><td rowspan="10">管材</td><td>建筑排水用硬聚氯乙烯管材
(GB/T 5836.1—2006)
(GB/T 2828.1—2012)</td><td>必试:—
其他:纵向回缩率、扁平试验拉伸屈服强度、断裂伸长率、落锤冲击试验、维卡软化温度</td><td colspan="2">① 每一验收批为同一生产厂、同一原材料、同一配方和工艺的情况下生产的同一规格的管材,每30t按一批计,不足30 t也按一批计
② 在计数合格的产品中随机抽取3根试件,进行纵向回缩率试验和扁平试验</td></tr>
<tr><td>建筑排水用硬聚氯乙烯管材(GB/T 5836.2—2006)</td><td>必试:—
其他:烘箱试验、坠落试验、维卡软化温度</td><td colspan="2">每一验收批为同一生产厂、同一原料、同一配方和工艺情况下生产的同一规格的管件,每5 000件为一验收批,不足5 000件也按一批计</td></tr>
<tr><td>给水用硬聚氯乙烯(PVC-U)管材(GB/T 10002.1—2006)</td><td>必试:生活饮用给水管材的卫生性能
其他:纵向回缩率试验、二氯甲烷浸渍试验、液压试验</td><td colspan="2">①每一验收批为同一生产厂、同一批原料、同一配方和工艺情况下生产的同规格的管材,每100 t为一验收批,不足100 t也按一批计
②抽样方案见下表</td></tr>
<tr><td rowspan="7">给水用聚乙烯(PE)管材
(GB/T 13663—2000)
(GB/T 17219—1998)</td><td rowspan="7">必试:生活饮用给水管材的卫生性能
其他:静液压强度(80 ℃)、断裂伸长率、氯化诱导时间</td><td>批量范围(N)</td><td>样本大小(n)</td></tr>
<tr><td>≤150</td><td>8</td></tr>
<tr><td>151～280</td><td>13</td></tr>
<tr><td>280～500</td><td>20</td></tr>
<tr><td>501～1 200</td><td>32</td></tr>
<tr><td>1 201～3 200</td><td>50</td></tr>
<tr><td>3 201～10 000</td><td>80</td></tr>
<tr><td colspan="2">卫生陶瓷(GB 6952—2015)</td><td>必试:—
其他:冲击功能试验、吸水率试验、抗龟裂试验、水封试验、污水排放试验</td><td colspan="2">① 每一验收批为同一生产厂、同种产品、同一级别,500～3 000件为一验收批,不足500件也按一批计
② 每批随机抽取3件用于冲击功能试验,3件用于污水排放试验,其他试验项目各取1件</td></tr>
</table>

在整理时必须有目录，应包含以下内容：①各类给排水管材应有产品质量证明文件；②阀门、调压装置、消防设备、卫生洁具、给水洁具、给水设备、中水设备、排水设备、采暖设备、热水设备、散热器、锅炉及附属设备、各类开(闭)式水箱(罐)、分(集)水器、安全阀、水位计、减压阀、热交换器、补偿器、疏水器、除污器、过滤器、游泳池水系统设备等应有产品合格证及相关检验报告；③对于国家及北京市有规定的特定设备及材料，如消防、卫生、压力容器等，应附有相应资质检验单位提供的检验报告，如安全阀、减压阀的调试报告、锅炉(承压设备)焊缝无损探伤检测报告、给水管道材料卫生检验报告、卫生器具环保检测报告、水表和热量表计量检定证书等；④绝热材料应有产品质量合格证和材质检验报告；⑤主要设备、器具应有安装使用说明书。

合格证的收集整理：同一生产厂的每种设备和材料的合格证只需要一件，并将合格证粘贴在白纸上，将此合格证代表的同一产品的规格、型号、数量及使用部位注明在旁边。产品合格证上应编号，以便于查找。复印件应注明原件存放单位，并有存放单位的公章。

（二）给排水工程隐蔽验收记录

给排水工程包括给排水管道地下部分、暗装干支立管、保温管道、采暖地沟干管等部分。给排水工程隐蔽验收记录(见表7-74)主要包括以下内容。

(1) 直埋于地下或结构中，暗敷于沟槽、管井而不进入吊顶内的给水、排水、雨水、采暖、消防管道和相关设备，以及有防水要求的套管应检查：①管材、管件、阀门、设备的材质与型号、安装位置、标高、坡度；②防水套管的定位及尺寸；③管道连接方法及质量；④附件使用，支架固定，以及是否已按照设计要求及施工规范的规定完成强度严密性、冲洗等试验。

(2) 有绝热、防腐要求的给水、排水、采暖、消防、喷淋管道和相关设备应检查绝热方式、绝热材料的材质与规格、绝热管道与支/吊架之间的防结露措施、防腐处理材料及做法等。

表4-74　给排水工程隐蔽验收记录

项次	管道或设备名称	试验压力	检验方法
1	室内给水管道	工作压力的1.5倍，但不低于0.6 MPa	金属及复合管：在试验压力下观测，10 min，压力降不高于0.02 MPa，然后降到工作压力，不渗不漏 塑料管：在试验压力下稳压1 h，压力降不高于0.05 MPa；然后在1.15倍的工作压力下稳压2 h，压力降不高于0.03 MPa，不渗不漏
2	室内热水工业管道	系统顶点工作压力+0.1 MPa，但不低于0.3 MPa	钢管及复合管：在试验压力下，10 min，压力降不高于0.02 MPa，然后降至工作压力，压力不降，不渗不漏 塑料管：在试验压力下稳定1 h，压力降不高于0.05 MPa；然后在1.15倍工作压力下稳压2 h，压力降不高于0.03 MPa，连接处不渗漏
3	室内热水供应热交换器	工作压力的1.5倍，蒸汽部分不低于蒸汽压力+0.3 MPa；热水部分不低于0.4 MPa	试验压力下10 min压力不降，不渗不漏

续表

<table>
<tr><th>项次</th><th colspan="2">管道或设备名称</th><th colspan="2">试验压力</th><th>检验方法</th></tr>
<tr><td>6</td><td colspan="2">室内采暖系统管道</td><td colspan="2">蒸汽热水系统:系统顶点工作压力+0.1 MPa,但不低于0.3 MPa
高温热水系统:系统顶点工作压力+0.4 MPa
塑料、复合管热水系统:系统顶点工作压力+0.2 MPa,但不低于0.4 MPa</td><td>钢管复合采暖系统:在试验压力下10 min内压力降不高于0.02 MPa,降至工作压力后不渗不漏
塑料管采暖系统:在试验压力下稳定1 h,压力降不高于0.05 MPa,然后降至1.5倍工作压力下稳压2 h,压力降不高于0.03 MPa,不渗不漏</td></tr>
<tr><td>7</td><td colspan="2">室内给水管道系统</td><td colspan="2">工作压力的1.5倍,但不低于0.6 MPa</td><td>钢管:试验压力下10 min内压力降不高于0.05 MPa,然后降至工作压力,压力不变,不渗不漏
塑料管:试验压力下稳定1 h,压力降不高于0.05 MPa,然后降至工作压力,压力不变,不渗不漏</td></tr>
<tr><td>8</td><td colspan="2">消防给水系统</td><td colspan="2">工作压力大于1.0 MPa,试验压力为工作压力加上0.4 MPa;工作压力小于等于1.0 MPa,试验压力为工作压力的1.5倍,并且不低于1.4 MPa</td><td>试验压力下10 min内压力降不高于0.05 MPa,然后降至工作压力,压力不变,不渗不漏</td></tr>
<tr><td>9</td><td colspan="2">室外供热管道系统</td><td colspan="2">工作压力的1.5倍,但不低于0.6 MPa</td><td>试验压力下10 min内压力降不高于0.05 MPa,然后降至工作压力,压力不变,不渗不漏</td></tr>
<tr><td rowspan="6">10</td><td rowspan="6">锅炉汽水系统</td><td rowspan="4">锅炉本体</td><td>工作压力</td><td>试验压力</td><td rowspan="6">在试验压力下10 min内压力降不高于0.02 MPa,然后降到工作压力,压力不变,不渗不漏
说明:工作压力对蒸汽锅炉指锅筒工作压力,对热水锅炉指锅炉额定出水压力</td></tr>
<tr><td>P<0.59 MPa</td><td>1.5 P,但不低于0.2 P</td></tr>
<tr><td>0.59 MPa≤P≤1.18 MPa</td><td>P+0.3 MPa</td></tr>
<tr><td>P>1.18 MPa</td><td>1.25 P</td></tr>
<tr><td>可分式省煤器</td><td>P</td><td>1.25 P+0.5 MPa</td></tr>
<tr><td>非承压锅炉</td><td>大气压力</td><td>0.2 MPa</td></tr>
<tr><td>11</td><td colspan="2">分汽缸(分水器,集水器)</td><td colspan="2">工作压力的1.5倍,但不低于0.6 MPa</td><td>试验压力下10 min内压力不降,不渗不漏</td></tr>
<tr><td>12</td><td colspan="2">密闭箱(罐)</td><td colspan="2">工作压力的1.5倍,但不低于0.6 MPa</td><td>试验压力下10 min内压力不降,不渗不漏</td></tr>
</table>

续表

项次	管道或设备名称	试验压力	检验方法
13	连接锅炉及辅助设备的工艺管道	系统中最大工作压力的1.5倍	试验压力下10 min压力降不高于0.05 MPa，然后降至工作压力，不渗不漏
14	换热站热交换器	最大工作压力的1.5倍，蒸汽部分不低于蒸汽供汽压力+0.3 MPa，热水部分不低于0.4 MPa	试验压力下保持10 min，压力不降
15	阀门的强度和严密性试验	阀门的强度试验压力为公称压力的1.5倍；严密性试验压力为公称压力的1.1倍	试验压力在试验持续时间内保持不变

(3) 埋地的采暖、热水管道，在保温层、保护层完成后，所在部位在进行回填之前，应进行隐检：①检查安装位置、标高、坡度；②支架做法；③保温层、保护层设置等。

注意：隐蔽验收记录应按竖向和横向分开做，如果工程中有沉降缝，则应分开做地下隐蔽验收记录。

（三）管道、设备水压试验记录

根据《建筑给水排水及采暖工程施工质量验收规范》(GB 50242—2002)第3.3.16条规定：各种承压管道系统和设备应做水压试验，非承压管道系统和设备做灌水试验。

室外输送各种介质的承压管道、设备在安装完毕后，进行隐蔽之前，应进行强度严密性试验，并作记录。

（四）给水管道清洗记录

根据《建筑给水排水及采暖工程施工质量验收规范》(GB 50242—2002)规定：生活给水系统管道在交付使用前必须冲洗和消毒，并经有关部门取样检验，符合国家《生活饮用水卫生标准》(GB 5749—2006)规定方可使用。其中，要求各系统要进行清洗，一般应按先室外后室内、先主管后支管的原则，分系统、分区域进行。

清洗方法：①由给水入口控制阀的前面接上临时水源向系统供水；②关闭其他支管控制阀门，只开启干管末端最底层阀门，由底层放水并引至排水系统；③启动增压水泵向系统加压，由专人观察出水口的水质情况，冲洗管道的流速不应小于1.5 m/s。

消毒方法：管道应采用氯离子浓度不低于20 mg/L的清洁水浸泡24 h再冲洗，重复操作直至水质管理部门取样化验合格为止。

给水管道清洗记录要求试验人员签字齐全。

（五）管道灌水试验记录

管道灌水试验记录如表4-75所示。

表4-75 管道灌水试验记录

项次	管道系统和设备	试验内容	检验方法
1	室内给水敞口水箱	满水试验	满水试验静置24 h观察,不渗不漏
2	室内热水供应敞口水箱	满水试验	满水试验静置24 h观察,不渗不漏
3	锅炉敞口水箱、罐	满水试验	满水试验静置24 h观察,不渗不漏
4	室内隐蔽或埋地排水管道	灌水试验	灌水高度不低于底层卫生器具的上边缘或底层地面高度;满水15 min水面下降后,再灌满观察5 min,液面不下降,管道及接口无渗漏
5	室内排水立管及水平干管	通球试验	通球球径不小于排水管径2/3;通球率必须达到100%
6	室内雨水管道	灌水试验	灌水高度必须到每根立管上部的雨水斗;持续1 h,不渗不漏
7	卫生器具	满水、通水试验	满水后连接件不渗不漏;通水后给、排水畅通
8	室内排水管道	灌水、通水试验	按排水检查并分段试验,试验水头应以试验段上游管顶加1 m,不少于30 min,逐段观察;排水应畅通无堵塞、管接口无渗漏

非承压管道系统和设备、雨水管道等,在系统和设备安装完毕后,以及暗装、埋地、有绝热层的室内外排水管道进行隐蔽前,应进行灌水试验,并做记录。其灌水高度应不低于底层卫生器具的上边缘或底层地面高度。灌水试验应分区、分段、分层进行。

检查方法:灌水15 min水面下降后,再灌满观察5 min,液面不降,管道及接口无渗漏为合格。

试验程序:封闭排水出口—向管内灌水—检查渗漏—第二次灌水—做试验记录。

(六)管道通水试验记录

室内外(冷、热)中水及游泳池排水系统、卫生洁具、地漏、地面清扫口及室内外排水系统应系统(区、段)进行通水试验,并做记录。给水管道在使用前应进行通水试验,要求各出水点的出水无杂质,流水畅通。

(七)管道通球试验记录

为了防止水泥、砂浆、铅丝等异物卡在管内,在排水系统做完灌水试验后,必须现做通球试验,以检查排水干管过水断面是否减小。室内排水水平干管、主立管应按有关规定进行通球试验,通球直径不小于排水管道直径的2/3,通球率必须达到100%。

试验顺序:从上而下进行,球从排水立管顶端投入,注入一定量水,使球能顺利流出。

埋地的采暖、热水管道,在保温层、保护层完成后及所在部位进行回填之前,应进行隐检:①检查安装位置、标高、坡度;②检查支架做法;③检查保温层、保护层设置等。

注意:隐蔽验收记录应按竖向和横向分开做,如果工程中有沉降缝的应分开做隐蔽验收记录。

（八）管道、设备水压试验记录

根据《建筑给水排水及采暖工程施工质量验收规范》(GB 50242—2002)第 3.3.16 条规定：各种承压管道系统和设备应做水压试验，非承压管道系统和设备做灌水试验。

室外输送各种介质的承压管道、设备在安装完毕后及进行隐蔽之前，应进行强度严密性试验，并做记录。

（九）卫生器具盛水试验记录

要求静置 24 h 观察，不渗不漏。具体的盛水高度见相应的规定。

（十）分部（或子分部）工程质量验收

检验批、分项工程、分部(或子分部)工程质量的验收，均应在施工单位自检合格的基础上进行，并应按检验批、分项、分部(或子分部)、单位(或子单位)工程的程序进行验收，同时做好记录。检验批、分项工程的质量验收应全部合格。分部(或子分部)工程的验收，必须在分项工程验收通过的基础上，对涉及安全、卫生和使用功能的重要部位进行抽样检验和检测。

建筑给水、排水及采暖(分部)工程检验和检测应包括下列主要内容。

(1) 承压管道系统和设备及阀门水压试验。

(2) 排水管道灌水、通球及通水试验。

(3) 雨水管道灌水及通水试验。

(4) 给水管道通水试验及冲洗、消毒检测。

(5) 卫生器具通水试验，具有溢流功能的器具满水试验。

(6) 地漏及地面清扫口排水试验。

(7) 消火栓系统测试。

(8) 采暖系统冲洗及测试。

(9) 安全阀及报警联动系统动作测试。

(10) 锅炉 48 h 负荷试运行。

工程质量验收文件和记录中应包括下列主要内容。

(1) 开工报告。

(2) 图纸会审记录、设计变更及洽商记录。

(3) 施工组织设计或施工方案。

(4) 主要材料、成品、半成品、配件、器具和设备出厂合格证及进场验收单。

(5) 隐蔽工程验收及中间试验记录。

(6) 设备试运转记录。

(7) 安全、卫生和使用功能检验和检测记录。

(8) 检验批、分项、子分部、分部工程质量验收记录。

(9) 竣工图。

任务10 建筑电气分部工程施工文件

一、基本规定

电气安装工程质量验收应符合《建筑电气工程施工质量验收规范》(GB 50303—2015),电气工程中主要设备材料、成品和半成品的进场验收规定如下。

(1) 主要设备、材料、成品和半成品进场检验结论应有记录,确认符合规范规定,才能在施工中使用。

(2) 因有异议送有资质试验室进行抽样检测,试验室应出具检测报告,确认符合规范和相关技术标准规定后,才能在施工中使用。

(3) 依法定程序批准进入市场的新电气设备、器具和材料进场验收,除符合本规范规定外,尚应提供安装、使用、维修和试验要求等技术文件。

(4) 进口电气设备、器具和材料进场验收,除符合规范规定外,应提供商检证明和中文的质量合格证明文件、规格、型号、性能检测报告以及中文的安装、使用、维修和试验要求等技术文件。

(5) 经批准的免检产品或认定的名牌产品,当进场验收时,可不做抽样检测。

(6) 变压器、箱式变电站、高压电器及电瓷制品应查验合格证和随带技术文件,变压器有出厂试验记录。

(7) 高低压成套配电柜、蓄电池柜、不间断电源柜、控制柜(屏、台)及动力、照明配电箱(盘)等应查验合格证和随带技术文件,实行生产许可证和安全认证制度,有许可证编号和安全认证标志。不间断电源柜应有出厂试验记录。

(8) 柴油发电机组应依据装箱单,核对主机、附件、专用工具、备品备件和随带技术文件,查验合格证和出厂试运行记录,发电机及其控制柜有出厂试验记录。

(9) 电动机、电加热器、电动执行机构和低压开关设备等应查验合格证和随带技术文件,实行生产许可证和安全认证制度,应有许可证编号和安全认证标志。

(10) 照明灯具及附件应查验合格证,新型气体放电灯应有随带技术文件。

(11) 开关、插座、接线盒和风扇及其附件应符合下列规定。

① 查验合格证、防爆产品有防爆标志和防爆合格证号,实行安全认证制度的产品应有安全认证标志。

② 对开关、插座的电气和力学性能应进行现场抽样检测。

③ 对开关、插座、接线盒及其面板等塑料绝缘材料阻燃性能有异议时,应按批抽样送有资质的试验室检测。

(12) 电线、电缆应符合下列规定。

① 按批查验合格证,合格证有生产许可证编号,按《额定电压450/750 V及以下聚氯乙烯绝缘电缆》(GB/T 5023.1～GB/T 5023.7)标准生产的产品应有安全认证标志。

② 对电线、电缆绝缘性能、导电性能和阻燃性能有异议时,应按批抽样送有资质的试验室

检测。

(13) 导管应按批查验合格证，按制造标准进行现场抽样检测导管的管径、壁厚及均匀度。对绝缘导管及配件的阻燃性能有异议时，按批抽样送有资质的试验室检测。

(14) 型钢和电焊条应按批查验合格证和材质证明书，有异议时应按批抽样送有资质的试验室检测。

(15) 镀锌制品（支架、横担、接地极、避雷用型钢等）和外线金具应按批查验合格证或镀锌厂出具的镀锌质量证明书。对镀锌质量有异议时，应按批抽样送有资质的试验室检测。

(16) 电缆桥梁、线槽应查验合格证。

(17) 封闭母线、插接母线应查验合格证和随带安装技术文件。

(18) 裸母线、裸导线应查验合格证。

(19) 电缆头部件及接线端子应查验合格证。

(20) 钢制灯柱应按批查验合格证。

(21) 钢筋混凝土电杆和其他混凝土制品应按批查验合格证。

二、电气工程分部(子分部)工程验收

(1) 当建筑电气分部工程施工质量检验时，检验批的划分应符合下列规定。

① 室外电气安装工程中分项工程的检验批，应依据庭院大小、投运时间先后、功能区块不同来进行划分。

② 变配电室安装工程中分项工程的检验批：主变配室为 1 个检验批；有数个分变配电室且不属于子单位工程的子分部工程，各为 1 个检验批，其验收记录汇入所有变配电室有关分项工程的验收记录中；如果各分变配电室属于各子单位工程的子分部工程，所属分项工程各为 1 个检验批，其验收记录应为一个分项工程验收记录，经子分部工程验收记录汇入分部工程验收记录中。

③ 供电干线安装工程分项工程的检验批，应依据供电区段和电气线缆竖井的编号来进行划分。

④ 电气动力和电气照明安装工程中分项工程及建筑物等电位联结分项工程的检验批，其划分的界区，应与建筑土建工程一致。

⑤ 备用和不间断电源安装工程中分项工程各自成为 1 个检验批。

⑥ 防雷及接地装置安装工程中分项工程检验批：人工接地装置和利用建筑物基础钢筋的接地体各为 1 个检验批，大型基础可按区块划分成几个检验批；避雷引下线安装 6 层以下的建筑为 1 个检验批，高层建筑依压环设置间隔的层数为 1 个检验批；接闪器安装同一屋面的为 1 个检验批。

(2) 当验收建筑电气工程时，应核查下列各项质量控制文件材料，并且应检查分项工程质量验收记录和分部（子分部）质量验收记录是否正确，责任单位和责任人的签章是否齐全。

① 建筑电气施工图设计文件和图纸会审记录及洽商记录。

② 主要设备、器具、材料的合格证和进场验收记录。

③ 隐蔽工程记录。

④ 电气设备交接试验记录。

⑤ 接地电阻、绝缘电阻测试记录。

⑥ 空载试运行和负荷运行记录。

⑦ 建筑照明通电试运行记录。

⑧ 工序交接合格等施工安装记录。

(3) 根据单位工程实际情况,应检查建筑电气分部(子分部)工程和分项工程的质量验收记录有无遗漏缺项。

(4) 单位工程质量验收时,建筑电气分部(子分部)工程实物质量的抽检部位如下,并且抽检结果应符合规范规定。

① 大型公用建筑的变配电室、技术层的动力工程、供电干线的竖井、建筑顶部的防雷工程、重要的或大面积活动场所的照明工程,以及5%自然间的建筑电气动力、照明工程。

② 一般民用建筑的配电室和5%自然间的建筑电气照明工程,以及建筑顶部的防雷工程。

③ 室外电气工程以变配电室为主,并且应抽检各类灯具的5%。

(5) 核查各类技术文件应齐全,并且应符合工序要求,各责任人均应签章确认。

(6) 为了方便检测验收,高低压配电装置的调整试验应提前通知监理单位和有关监督部门,实行旁站确认。变配电室通电后可抽测的项目主要有:各类电源自动切换或通断装置、通电线路的绝缘电阻、接地(PE)或接零(PEN)的导通状态、开关插座的接线正确性、漏电保护装置的动作电流和时间、接地装置的接地电阻和由照明设计确定的照度等。抽测的结果应符合规范规定的设计要求。

(7) 检验方法应符合下列规定。

① 电气设备、电缆和漏电保护系统的调整试验结果,查阅试验记录或试验时旁站。

② 空载试运行和负荷运行结果,查阅试运行记录或试运行时旁站。

③ 绝缘电阻、接地电阻和接地(PE)或接零(PEN)导通状态及插座接线正确性的测试结果,查阅测试记录或测试时旁站或用适配仪表进行抽测。

④ 漏电保护装置动作数据值,查阅测试记录或用适配仪表进行抽测。

⑤ 负荷试运行时大电流节点温升测量,用红外线遥测温度仪抽测或查阅负荷试运行记录。

⑥ 螺栓紧固程度用适配工具做拧动试验;有最终拧紧力矩要求的螺栓用扭力扳手揣测。

⑦ 需要吊芯、抽芯检查的变压器和大型电动机,吊芯、抽芯时旁站或查阅吊芯、抽芯记录。

⑧ 需要做动作试验的电气装置,高压部分不应带电试验,低压部分应无负荷试验。

⑨ 水平度用铁水平尺测量,垂直度用线锤吊线尺量,盘面平整度用拉线尺量,各种距离的尺寸用塞尺、游标卡尺、钢尺或采用其他仪器仪表等测量。

⑩ 外观质量情况可目测检查。

⑪ 设备规格型号、标志及接线应对照工程设计图纸及其变更文件检查。

任务11 单位工程质量验收记录表

一、单位工程

(一) 单位(子单位)工程的验收

单位(子单位)工程的验收合格,应符合下列规定。

（1）单位(子单位)工程所含分部(子分部)工程的质量均应验收合格。

（2）质量控制资料应完整。

（3）单位(子单位)工程所含分部工程有关安全功能的资料应完整。

（4）主要功能项目的抽查结果应符合相关专业质量验收规范的验收规定。

（5）观感质量验收应符合要求。

（二）单位(子单位)工程质量竣工验收记录表的填写

（1）单位(子单位)工程质量竣工验收记录表共有以下四种。

① 单位(子单位)工程质量竣工验收记录表(见《建筑工程资料管理实训》教材中模块1的施2015—1)。

② 单位(子单位)工程质量控制资料核查表(见《建筑工程资料管理实训》教材中模块1的施2015—2)。

③ 单位(子单位)工程安全和功能检验资料核查及主要功能抽查记录表(见《建筑工程资料管理实训》教材中模块1的施2015—3)。

④ 单位(子单位)工程观感质量检查记录表(见《建筑工程资料管理实训》教材中模块1的施2015—4)。

（2）签字(盖单)。

单位(子单位)工程质量竣工验收记录表是综合性的汇总表,应由建设单位、监理单位、施工单位、设计单位负责人签字及参加验收单位盖公章。其他三个表则由施工单位项目经理和总监理工程师(建设单位项目负责人)签字。

（3）表名及表头的填写。

① 将单位工程或单位工程的名称(项目批准的工程名称)填写在表名的前边,并将子单位或单位工程的名称划掉;② 表头其他部分,按分部(子分部)表的表头要求填写。

（4）单位(子单位)工程质量竣工验收记录表(见《建筑工程资料管理实训》教材中模块1的施2015—1)的填写。

① 第1栏首先由施工单位的项目经理组织有关人员逐个分部工程检查合格后,由施工单位填写“验收记录”栏,注明共验收几个分部,经验收符合标准及设计要求的几个分部,经审查验收的全部分部符合要求后,由监理单位在验收结论栏内,写上“同意验收”的结论。

② 第2栏将各子分部工程审查的资料逐项进行统计,填入验收记录栏内,通常无论有多少项资料都应经审查符合要求才行。

③ 第3栏按《建筑工程资料管理实训》教材中模块1的施2015—3表的内容逐个进行分部核查和单位工程抽查验收(安全和主要使用功能核查及抽查结果栏包括两个方面:一个是在分部、子分部工程抽查过的项目检查检测报告的结论;另一方面是单位工程抽查的项目要检查其全部的检查方法、程序和结论)。将统计的项数分别填入验收记录栏相应的空格内,通常两个数是一致的,如果个别项目的抽测结果达不到设计要求,则可以进行返工处理直至符合要求,然后由总监理工程师或建设单位项目负责人在验收结论栏内填写“同意验收”的结论。

④ 第4栏按核查的项目数及符合要求的项目数填写在验收记录栏内,如果没有影响结构安全和使用功能的项目,由总监理工程师或建设单位负责人的意见为主导意见,一般评价为好、一般、差。不论评价为好、一般还是差的项目,都可作为符合要求的项目,由总监理工程师或建设单位项目负责人在验收结论栏内填写“同意验收”的结论。

⑤ 第5栏经各项目审查符合要求时,由监理单位或建设单位在“验收结论”栏内填写“同意验收”的意见。各栏均同意验收且经各参加检验方共同同意商定后,由建设单位填写“综合验收结论”,可填写为“通过验收”。

(5) 单位(子单位)工程质量控制资料核查记录表(见《建筑工程资料管理实训》教材中模块1的施2015—2)的填写。

对质量控制资料核查,应按表中项目分别进行,这样方便,施工单位应先将资料分项目整理成册,项目顺序按本表顺序。每个项目按层次核查,并判断其能否满足规定要求。核查由总监理工程师组织,有关专业监理工程师参加。由施工单位项目经理和总监理工程师签字,具体资料项目按专业验收规范的项目进行核查。

(6) 单位(子单位)工程安全和功能检验资料核查及主要功能抽查记录表(见《建筑工程资料管理实训》教材中模块1的施2015—3)的填写。

按项目分别进行核查和检查(抽检项目由验收组协商确定),对在分部、子分部已抽查的项目,核查其结论是否符合设计要求;对在单位工程(子单位)工程抽查的项目,应进行全面检查,并核实其结论是否符合设计要求。总监理工程师组织有关监理工程师核查、检查,有关施工单位项目经理、技术负责人参加。由施工单位项目经理和总监理工程师签字。

(7) 单位(子单位)工程观感质量检查记录表(见《建筑工程资料管理实训》教材中模块1的施2015—4)的填写。

观感质量检查由总监理工程师组织有关监理工程师,会同参加验收的人员共同进行。通过现场全面的检查,在听取有关人员的意见后,由总监理工程师为主并会同监理工程师共同确定质量评价,评价分为好、一般、差。观感质量检查只要不影响安全和使用功能的都可通过验收,由施工(总包)单位项目经理和总监理工程师签字。

二、分部工程

(一) 分部工程的质量验收

分部工程质量验收合格应符合下列规定。

(1) 分部(子分部)工程所含分项工程的质量均应验收合格。

(2) 质量控制资料应完整。

(3) 地基与基础、主体结构和设备安装等分部工程中有关安全及功能的检验和抽样检测结果应符合有关规定。

(4) 观感质量验收应符合要求。

注:分部、子分部工程的验收内容、程序都是一样的。在一个分部工程中只有一个子分部工程时,子分部就是分部工程。当不是一个子分部工程时,可以分别以单个子分部为单位进行质量验收,然后应将各子分部的质量控制资料进行核查。对地基与基础、主体结构和设备安装工程等分部工程中的有关安全及功能的检验和抽样检测结果的资料核查,以及观感质量评价等各项内容的具体验收。

(二) 分部(子分部)工程验收表填写

分部(子分部)工程应由施工单位将自行检查评定合格的表填写好后,由项目经理交监理单位或建设单位验收。

(1) 表名及表头部分：分部(子分部)工程的名称填写要具体，写在分部(子分部)工程的前边，并分别划掉分部或子分部。工程名称应填写工程全称，与项目批准的名称一致；结构类型填写按设计文件提供的结构类型。层数应分别注明地下和地上的层数。施工单位填写单位全称；技术部门负责人及质量部门负责人多数情况下填写项目的技术负责人及质量负责人，只有地基与基础、主体结构及重要安装分部(子分部)工程应填写施工单位的技术部门负责人并签字。

(2) 第1栏按分项工程第一个检验批施工的先后顺序，将分项工程名称填入。在第二格栏内分别填写各分项工程实际的检验批数量，即分项工程验收表上的检验批数量，并将各分项工程评定表按顺序附在表后。施工单位检查评定栏，用于填写施工单位自行检查评定的结果。核查一下各分项工程是否都通过验收，有关龄期试件的合格评定是否达到要求，有全高垂直度或总的标高检验项目的应进行检查验收。自检符合要求的可打“√”标注，否则打“×”标注。有“×”的项目不能交给监理单位或建设单位验收，应进行返修达到合格后再提交验收。监理单位(或建设单位)由总监理工程师或建设单位项目专业技术负责人组织审查，在符合要求后，在验收意见栏内签注“同意验收”意见。

(3) 第2栏工程质量控制资料核查记录中的有关内容来确定所验收的分部(子分部)工程的质量控制项目，应按资料核查的要求逐项进行核查。达到保证结构安全和使用功能的要求的，即可通过验收，在施工单位检查评定栏内打“√”标注检查合格。然后送监理单位或建设单位验收，监理单位总监理工程师组织审查，符合要求后，在验收意见栏内签注“同意验收”意见。

(4) 第3栏逐一检查每个安全和功能检验(检测)报告，包括：核查每个检测项目的检测方法、程序是否符合有关标准规定；检测结果是否达到规范的要求；检测报告的审批程序签字是否完整。每个检测项目都通过审查，即可在施工单位检查评定栏内打“√”标注检查合格。由项目经理送监理单位或建设单位验收，监理单位总监理工程师或建设单位项目负责人组织审查，符合要求后，在验收意见栏内签注“同意验收”意见。

(5) 第4栏观感质量验收，监理单位由总监理工程师或建设单位项目专业负责人组织验收，在听取参加检查人员意见的基础上，以总监理工程师或建设单位项目负责人为主导共同确定质量评价，质量评价一般为好、一般、差。最后由施工单位的项目经理和总监理工程师或建设单位项目专业负责人共同签认。如评价观感质量差的项目，能修理的应尽量修理；如果难修理时，只要不影响结构安全和使用功能的，可采用协商解决的方法进行验收，并在验收表上注明，然后将验收评价结论填写在分部(子分部)工程观感质量验收意见栏内。

(6) 签字人员：勘察单位可只签认地基基础分部(子分部)工程，由项目负责人亲自签认；设计单位可只签地基基础、主体结构及重要安装分部(子分部)工程，由项目负责人亲自签认；施工单位总承包单位必须签认且由项目经理亲自签认，有分包单位的分部工程分包单位也必须签认其分包的分部(子分部)工程，由分包项目经理亲自签认；监理单位作为验收方，由总监理工程师亲自签认验收，如果按规定不委托监理单位的工程，可由建设单位项目专业负责人亲自签认验收。

(三) 注意事项

(1) 分部工程验收前，质量控制资料、安全和功能检验结果、观感质量检验结果等资料需检查合格。

(2) 各分部(子分部)质量验收的程序及参加人员应符合《建筑工程施工质量验收统一标准》

(GB 50300—2013)的规定。

(3) 分部(子分部)质量验收记录明确规定验收时需项目负责人签字,且必须加盖单位行政公章,项目负责人为五方责任主体承诺人。

三、分项工程

(一) 分项工程质量验收

分项工程质量验收合格应符合下列规定。

(1) 分项工程所含的检验批均应符合合格质量的规定。

(2) 分项工程所含的检验批的质量验收记录应完整。

(3) 分项工程质量的验收是在检验批验收的基础上进行的,是一个统计过程,没有直接的验收内容,所以验收分项工程时应注意:①核对检验批的部位、区段是否全部覆盖分项工程的范围,有没有缺漏的部位没有验收到;②一些在检验批中无法检验的项目,应在分项工程中直接验收,如砖砌体工程中的全高垂直度、砂浆强度的评定等;③检验批验收记录的内容及签字人是否正确、齐全。

(二) 分项工程质量验收记录表的填写

分项工程质量验收是在检验批验收合格的基础上进行,通常起一个归纳整理的作用,是一个统计表,没有实质性验收内容,主要注意以下三点:①检查检验批是否将整个工程覆盖,有无漏掉的部位;②检查有混凝土、砂浆强度要求的检验批,确定其到龄期后能否达到规范规定;③将检验批的资料统一,依次进行登记整理。

(1) 表的填写。表名填上所验收分项工程的名称。表头及检验批部位、区段,以及施工单位检查评定结果由施工单位项目专业质量检查员填写,分项工程名称应填写具体并与检验批表的名称一致。检验批逐项填写,并注明部位、区段,以便检查是否有没有检查到的部位。最后由施工单位的项目专业技术负责人检查后给出评价并签字,交监理单位或建设单位验收。

(2) 监理单位的专业监理工程师(或建设单位的专业负责人)应逐项审查,同意项填写“合格或符合要求”,不同意项暂不填写,待处理后再验收,但应做标记。注明验收和不验收的意见,如同意验收并签字确认,不同意验收请指出存在问题,明确处理意见和完成时间。

(3) 说明栏应填写的内容。

① 地基与基础分部工程各项工程应相应填写以下内容。

• 回填土各土层试样的压实系数试验值及评定结果。

• 地基处理各层试样的压实系数试验值、地基强度试验值、地基承载力试验值及试验值与计算值的比较结果。

• 桩基工程混凝土试块抗压强度试验值及评定结果。

• 砌体基础用砌筑砂浆试块抗压强度试验值及评定结果。

② 主体结构分部工程分项工程应相应填写以下内容。

• 主体结构全高垂直度检验值、平均值、最大值。

• 混凝土及砌筑砂浆试块抗压强度试验值及评定结果。

• 钢结构工程焊缝检验结果。

• 网架、索膜结构工程挠度检验值及最小值、最大值。

③ 其余各分部工程的分项工程有检验、检测项目的相应填写检验、检测数值及评定结果如水压试验记录、防雷测试记录、导线绝缘测试记录、风量测试记录等情况。

（三）注意事项

（1）检验批的容量是指本检验批的工程量，计量项目和单位按专业验收规范中对检验批的容量的规定。

（2）为了与检验批的质量验收记录区分，要求加盖项目部章。

（3）有专项分包时，检查结果栏的施工单位为分包施工单位。

四、检验批

检验批指按同一生产条件或按规定的方式汇总起来供检验用，由一定数量样本组成的检验体。检验批的划分与分项工程的划分方法基本一致。

（一）检验批质量验收要求

检验批合格应符合下列规定：主控项目和一般项目经抽样合格；具有完整的施工操作依据、质量检查记录。

（1）主控项目的条文是必须达到的要求，是保证工程安全和使用功能的重要检验项目，是对安全、卫生、环境保护和公众利益起决定性作用的检验性项目，是确定该检验批主要性能的。如：混凝土、砂浆的强度等级是保证混凝土结构、砌体工程强度的重要性能，所以必须全部达到要求。主控项目包括的主要内容：①重要材料、构件及配件、成品及半成品、设备性能及附件的材质、技术性能等，检查出厂证明及试验数据符合有关技术标准规定；②结构的强度、刚度和稳定性等检验数据、工程性能的检测，检查测试记录，其数据及项目要符合设计和验收规范要求规定；③一些重要的允许偏差项目，必须控制在允许偏差限值之内。对一些有龄期的检测项目，在其龄期不到，不能提供数据时，可先将其他评价项目先评价，并根据施工现场的质量保证和控制情况，暂时验收该项目，待检测数据出来后，再填入数据。

（2）一般项目是指除主控项目以外的检验项目，其条文也是应该达到的要求，只不过对不影响工程安全和使用功能的条文可适当放宽一些。这些项目在验收时，绝大多数抽查的处（件），其质量指标必须达到要求。一般项目包括的主要内容有以下几点。①允许有一定偏差的项目，而放在一般项目中，用数据规定的标准，可以有个别偏差范围，最多不超过20%的检查点可以超过允许偏差值，但也不能超过允许值的150%。②对不能确定偏差值而又允许出现一定缺陷的项目，则以缺陷的数量区分。如：砖砌体、预埋拉接筋，其留置间距偏差；混凝土钢筋露筋，露出一定长度等。③一些无法定量的而采用定性的项目，如：碎拼大理石地面颜色协调，无明显裂缝和坑洼；油漆工程中中级油漆的光亮和光滑项目；卫生器具给水配件安装项目，接口严密，启闭部分灵活；管道接口项目，无外露油麻等这些就要靠监理工程师来掌握。

（二）检验批质量验收记录表填写

1. 检验批质量验收记录表的填写

为方便验收，不影响施工进程，将分项工程再划分为工程量更小、验收性质更单一的检验批。

检验批一般按工程量和施工工序划分，具体在建筑物中体现为按楼层、施工段、变形缝等划分。检验批是建筑工程验收的基本单元，面对实际工程的验收，施工质量的实际情况只有靠这个层次上的检查验收才能得到反映。检验批的验收是以施工单位自行检查评定为基础进行的，不能单纯理解为建设(监理)方的事情。

2. 检验批质量验收记录表的主要变化

(1) 检验批编号增加了检验批代码，现为11位数。

(2) 施工班组长检查评定结果签名专栏取消。

(3) 增加检验批容量、样本总数、最小/实际抽样数量、检查结果。

(4) 项目经理和分包项目经理改为项目负责人和分包单位项目负责人。

(5) 施工执行标准名称及编号改为施工依据和验收依据，且验收依据已明确，为验收规范名称。

(6) 施工质量验收规范的规定改为设计要求及规范规定，且设计要求及规范条文在背面列出来。

(7) 明确检验批质量验收记录表需依据《现场验收检验批检查原始记录》填写。

3. 检验批编号规则

检验批编号规则具体说明如下。

(1) 第1、2位数字是分部工程的代码，如主体分部。

(2) 第3、4位数字是子分部工程的代码，如混凝土结构。

(3) 第5、6位数字是分项工程的代码，如钢筋。

(4) 第7、8位数字是检验批的代码，如钢筋加工检验批。

(5) 第9、10、11位数字是各检验批验收的顺序号，如第007号检验批。

3. 施工依据的填写

施工依据主要是指各施工工序的操作依据，即施工工艺标准。施工依据可以是企业施工工艺标准(企标)、地标、行标、国标、工法、专项施工方案等。

4. 检验批部位的填写

该分项工程中验收的那个检验批的抽样范围，按实际情况填写。

5. 检验批容量的填写

检验批划分完成后需要确定检验批容量，检验批样本容量就是验收部位的工作量，按工程实际填写，由数值与单位组成。数值与单位按专业验收规范条文中对检验批容量的规定，一般检验批容量填写主要有以下几种方式。

(1) 检验批容量为当前施工段的主要工程量时，则：混凝土的检验批容量单位为"m^3"；砌体检验批容量单位是"m^3"；钢筋检验批容量单位为"批"，由钢筋规格和数量等来确定。

(2) 检验批容量为当前施工段的施工范围时，其可以理解为当前施工段的水平投影面积，如素土、灰土地基检验批容量单位为"m^2"。

(3) 检验批容量为当前施工的构件数量时，则：梁、柱检验批容量单位为"件"，剪力墙、板检验批容量单位为"间"，门窗安装时检验批容量单位为"樘"，桩基检验批容量单位为"根"等。

6. 样本总数的填写

样本总数是2015版混凝土验收规范中新增的，是指验收项目中需要检查的检验批容量数，可以根据工程实际归类简化，可以是批次、件、实际个数、类型等。样本总数确定后再根据规范条文确定最小抽样数量，如规范中需要全数检查的，最小抽样数量为样本总数。样本总数对于判定最小抽样数量更直观、更方便，同时呼应检验批容量。

7. 最小/实际抽样数量的填写

（1）对于材料、设备、工程试验类规范条文，非抽样项目，不填写。

（2）本次验收不涉及的项目，不填写。

（3）对于检查项目的样本为全数检查时，填写“全/样本总数”。

（4）对于检查项目的样本为抽样检查时，填写“最小/实际抽样”。

（5）最小抽样数量根据表格背面的规范条文确定，规范条文未明确的应符合《建筑工程施工质量验收统一标准》（GB 50300—2013）中的规定，见表4-76。

表4-76　检验批最小抽样数量

检验批的容量	最小抽样数量	检验批的容量	最小抽样数量
2～15	2	151～280	13
16～25	3	281～500	20
26～90	5	501～1200	32
91～150	8	1201～3200	50

（6）实际抽样数量根据现场实际抽样验收的部位数量填写，检验批中验收项目的实际抽样数量与原始记录中的验收项目的验收部位的数量一致，实际抽样数量大于或等于最小抽样数量。

8. 检验批抽样的要求

检验批抽样样本应随机抽取，满足分布均匀、具有代表性的要求，抽样数量应符合相关专业验收规范的规定。当采用计数抽样时，最小抽样数量还应符合《建筑工程施工质量验收统一标准》（GB 50300—2013）中表3.0.9的要求。

明显不合格的个体可不纳入检验批，但应进行处理，使其满足相关专业验收规范的规定，对处理的情况应予以记录并重新验收。

检验批中明显不合格的个体主要可通过肉眼观察或简单的测试确定，这些个体的检验指标往往与其他个体存在较大差异，纳入检验批后会增加验收结果的离散性，影响整体质量水平的统计。同时，为了避免对明显不合格个体的人为忽略的情况，对明显不合格的个体不纳入检验批，但必须进行处理，使其合格。

9. 检查记录的填写

常见的检查记录如下。

（1）对于计量检验（对质量特性的检验）项目，采用文字描述方式。例如：①检测（验）合格，报告编号××××（如混凝土试件）；②质量证明文件齐全，已通过进场验收（如预制构件）；③质量证明文件齐全，检验合格，报告编号××××（如配合比、商品砼原材料）等。此类多为对材料、设备、工程试验类结果的检查项目，一般不用形成原始记录。

（2）对于计数检验（计件、计点）项目，例如：①全数检查的项目，填写“全数检查，全部合格”；②抽样检查的项目，填写“检查m处，m(n)处合格”等。此类项目必须依据对应的《现场验收检验批检查原始记录》中的验收情况记录填写。

检查记录应具有可追溯性，有检测报告的依据检测报告，有抽样要求的在《现场验收检验批检查原始记录》中详细记录，要求根据检查记录可得出结论性意见。

(1) 主控项目检查结果填写：合格。

(2) 一般项目检查结果填写：合格率百分比××%。

(3) 施工单位检查结果填写(手填)：合格(有国家级奖项评定要求的应填写：主控项目合格，一般项目符合×××规范要求)。

(4) 监理单位验收结论填写(手填)：同意验收。

10. 签名和日期的填写

签名和日期应手填，有检验报告要求的，日期要依据检验报告日期填写。

《建筑工程施工质量验收统一标准》(GB 50300—2013)中明确规定：检验批质量验收记录根据现场检查原始记录填写。

11. 签字人员资格

签字人员资格应与现场项目部和监理部任命人员一致。

(三)《现场验收检验批检查原始记录》的填写

1. 检验批编号

检验批编号为检验批主表右上角11位数字。

2. 编号

编号为检验批主表中验收项目对应的规范条文号。

3. 验收项目

验收项目与检验批表中需要现场进行验收的验收项目对应。

4. 验收部位(手填)

验收部位为现场进行验收的实际部位，根据施工图表述。

5. 验收记录情况(手填)

验收记录采用文字记录，针对验收部位按规范条文的要求填写实际检查的结果、不合格个体的整改情况、经整改(鉴定)后复查合格的详细记录等，不能直接填写结论，如符合要求或者合格等。

6. 备注(手填)

(1) 有总承包分包的专项工程，在该处记录总承包单位参与验收情况和验收意见。

(2) 不合格个体整改(鉴定)的说明。

(3) 其他未尽事宜。

7. 验收日期

验收日期应手填现场验收当天的日期。个体有整改要求的，在备注中填写复查合格的日期，参加验收人员等。

8. 签字人员资格

签字人员资格应与现场项目部和监理部任命人员一致。

任务12 住宅工程质量分户验收

一、住宅工程质量分户验收管理

住宅工程质量分户验收可参考《湖南省住宅工程质量分户验收管理办法》。

湖南省住宅工程质量分户验收管理办法

第一条 为了加强住宅工程质量管理，保障其使用功能，根据《中华人民共和国建筑法》和《建设工程质量管理条例》及国家施工验收规范，结合我省实际，制定本办法。

第二条 本省行政区域内，住宅工程质量分户验收及其监督管理，适用本办法。

本办法所称住宅工程质量分户验收，是指住宅工程在按照国家规范要求内容进行工程竣工验收前，对每一户及单位工程公共部位进行的专门验收，并在分户验收合格后出具工程质量竣工验收记录。

第三条 住宅工程实行质量分户验收，不能代替单位工程竣工验收。执行本办法的同时，建设单位必须按照《建设工程质量管理条例》和住房和城乡建设部有关规定，严格单位工程竣工验收程序，验收合格后方可交付使用。

第四条 住宅工程竣工验收前，建设单位应当先组织施工和监理单位的有关人员进行质量分户验收。已选定物业公司的，物业公司应当参与分户验收。

第五条 住宅工程质量分户验收应当依据国家和我省工程质量标准、规范，以及经审查合格的施工图设计文件进行。分户验收的质量标准主要包括《混凝土结构工程施工质量验收规范》、《建筑装饰装修工程质量验收规范》、《建筑地面工程施工质量验收规范》、《建筑给水排水及采暖工程施工质量验收规范》、《建筑电气工程施工质量验收规范》、《建筑工程施工质量验收统一标准》和《湖南省居住建筑节能设计标准》等相关规范标准。

第六条 住宅工程质量分户验收应当依据设计图纸的要求，在确保工程地基基础和主体结构安全可靠的基础上，以检查工程观感质量和使用功能质量为主，分户验收应以单位工程每套住宅和公共部分的走廊（含楼梯间、电梯间）、地下车库划分为一个子单位工程进行验收。分户验收应以验收时可观察到的工程观感质量和影响使用功能的质量为主要验收项目，分户验收内容应以检验批检查内容为主。建设、施工和监理单位要强化检验批验收，对于不符合质量要求的检验批，应当严格按照《建筑工程施工质量验收统一标准》有关规定进行处理。通过返修或者加固处理仍不能达到有关规范标准要求的，不得进入下一步验收。

第七条 初装修住宅工程分户验收内容主要涉及下列九类，具体检查项目可参考《住宅工程分户质量验收记录表》（附件二）。

（一）建筑结构外观及尺寸偏差。

（二）门窗安装质量。

（三）墙面、地面和顶棚面层质量。

（四）防水工程质量。

（五）采暖系统安装质量。

（六）给水、排水系统安装质量。

（七）室内电气工程安装质量。

（八）建筑节能工程质量。

（九）其他规定、标准中要求分户检查的内容。

第八条　精装修住宅工程分户验收参照第七条确定的分户验收的内容，经建设、施工和监理单位协商，自行确定验收项目和制定验收表格。

第九条　住宅工程质量分户验收应当按照以下程序进行。

（一）确定分户验收数量和方法。分户验收检验批主控项目和一般项目的观感质量应全数检查验收。观感检查项目应通过目测观察的方法检查。平整、垂直、标高等需要实测实量的检查内容，应使用靠尺板、水平仪和尺子等专业检查工具，按照质量验收标准规定的检查数量和方法进行检查验收。

（二）分户验收的组织准备。分户验收应在单位工程竣工验收前进行，当某一套住宅的某项检验批具备质量验收条件时，就可组织验收。分户验收应由建设单位组织监理、施工单位有关人员，按照国家和我省相关施工质量验收规范的规定，对所涉及的内容编制分户验收方案，明确各方职责，确定每套住宅和公共部分验收项目、内容、数量，绘制抽查点分布图。落实质量检查人员和检查工具。有分包单位的，分包单位专业技术负责人应参加分包项目质量分户验收。已选定物业公司的，物业公司应当参与分户验收。

（三）按照分户验收方案和确定的方法，对本办法要求的分户验收内容进行全数检查，及时填写分户质量验收记录表。

（四）发现工程观感质量和使用功能不符合规范或设计文件要求的，书面责成施工单位整改并对整改情况进行复查。

（五）分户验收合格后，必须按户出具一式三份由建设、施工、监理单位负责人签章确认并加盖单位质量验收专用章的《住宅工程质量分户验收表》（附件一）。

第十条　住宅工程质量分户验收不合格的，建设单位不得组织单位工程竣工验收。单位工程竣工验收交付前，施工单位应对分户验收合格的子单位工程做好成品保护工作。

第十一条　住宅工程交付使用时，《住宅工程质量分户验收表》应当作为《住宅质量保证书》的附件一并交给业主。

第十二条　工程质量监督机构应当在监督单位工程竣工验收前，抽查《住宅工程质量分户验收表》和有关单位是否按照要求对质量分户验收中提出的问题进行了整改。监督机构提交的工程质量监督报告中应明确提出有关住宅工程分户验收专项监督意见。

第十三条　本办法由湖南省建设厅负责解释，自 2006 年 6 月 1 日起施行。

二、住宅工程质量分户验收相关表格

住宅工程质量分户验收的相关表格见表 4-77 至表 4-88。

表 4-77　住宅工程质量分户验收汇总表

住宅工程质量分户验收汇总表

湘质监统编
分户 2015—1

<table>
<tr><td>工程名称</td><td></td><td>结构类型</td><td></td><td>总户数</td><td></td></tr>
<tr><td>建设单位</td><td></td><td>层数</td><td></td><td>面积</td><td></td></tr>
<tr><td>监理单位</td><td></td><td>总包施工单位</td><td colspan="3"></td></tr>
<tr><td>设计单位</td><td></td><td>室内装修施工单位</td><td colspan="3"></td></tr>
<tr><td>装修竣工日期</td><td>年　月　日</td><td>验收日期</td><td colspan="3">年　月　日</td></tr>
<tr><td>验收概况</td><td colspan="5"></td></tr>
<tr><td>验收时间</td><td colspan="5">根据《住宅室内装饰装修工程质量验收规范》于____年____月____日至____年____月____日对本工程分户验收</td></tr>
<tr><td>验收户数</td><td colspan="5">本工程共______户,共验收______户,合格______户,不合格______户</td></tr>
<tr><td>验收结论</td><td colspan="5"></td></tr>
<tr><td colspan="2">建设单位
项目负责人：
（公章）
年　月　日</td><td colspan="2">总包施工单位
项目负责人：
（公章）
年　月　日</td><td colspan="2">监理单位
总监理工程师：
（公章）
年　月　日</td></tr>
<tr><td colspan="2">设计单位
设计负责人：
（公章）
年　月　日</td><td colspan="2">装修施工单位
项目负责人：
（公章）
年　月　日</td><td colspan="2"></td></tr>
</table>

表 4-78　住宅工程质量分户验收表

住宅工程质量分户验收表

湘质监统编
分户 2015—2

<table>
<tr><td colspan="2">工程名称</td><td></td><td>房(户)号</td><td></td></tr>
<tr><td colspan="2">建设单位</td><td></td><td>验收日期</td><td>年　月　日</td></tr>
<tr><td colspan="2">施工单位</td><td></td><td>监理单位</td><td></td></tr>
<tr><td>序号</td><td>验收项目</td><td>主要验收内容</td><td colspan="2">验收记录</td></tr>
<tr><td>1</td><td>楼地面、墙面和顶棚</td><td>地面裂缝、空鼓、材料环保性能,墙面和顶棚爆灰、空鼓、裂缝,装饰图案、缝格、色泽、表面洁净</td><td colspan="2"></td></tr>
<tr><td>2</td><td>门窗</td><td>窗台高度、渗水、门窗启闭、玻璃数量及安装</td><td colspan="2"></td></tr>
<tr><td>3</td><td>栏杆</td><td>栏杆高度、间距、安装牢固、防攀爬措施</td><td colspan="2"></td></tr>
<tr><td>4</td><td>防水工程</td><td>屋面渗水、厨卫间渗水、阳台地面渗水、外墙渗水</td><td colspan="2"></td></tr>
<tr><td>5</td><td>室内主要空间尺寸</td><td>开间净尺寸、室内净高</td><td colspan="2"></td></tr>
<tr><td>6</td><td>给排水工程</td><td>管道渗水、管道坡向、安装固定、地漏水封、给水口位置</td><td colspan="2"></td></tr>
<tr><td>7</td><td>电气工程</td><td>接地、相位、控制箱配置,开关、插座位置</td><td colspan="2"></td></tr>
<tr><td>8</td><td>建筑节能</td><td>保温层厚度、固定措施</td><td colspan="2"></td></tr>
<tr><td>9</td><td>建筑智能</td><td>有线电视,电话信息,访客对讲,紧急求助,入侵报警,智能家居系统等安装</td><td colspan="2"></td></tr>
<tr><td>10</td><td>其他</td><td>烟道、通风道、邮政信报箱等</td><td colspan="2"></td></tr>
<tr><td colspan="2">分户验收结论</td><td colspan="3"></td></tr>
</table>

建设单位	施工单位	监理单位	物业或其他单位
项目负责人: 验收人员: 年　月　日	项目经理: 验收人员: 年　月　日	总监理工程师: 验收人员: 年　月　日	项目负责人: 验收人员: 年　月　日

表 4-79　地面墙面顶棚工程质量分户验收记录

地面墙面顶棚工程质量分户验收记录

湘质监统编
分户 2015—3

工程名称：

建设单位		房(户)号	幢　　单元　　室
施工单位		竣工日期	年　　月　　日
监理单位		验收规范	

序号	验收项目	验收内容	验收结论及记录
1	地面	4.3.1　砼、水泥砂浆基层的强度等级符合设计要求，且砼强度等级不应低于 C20、表面不应有裂纹、脱皮、麻面、起砂等缺陷	
		4.3.2　地面与结构层之间结合牢固无裂纹，每处空鼓面积不应大于 0.04 m^2 且每自然间不应多于 2 处	
		4.3.3　地面不得有倒泛水和积水现象。表面平整度的允许偏差不宜大于 4 mm	
2	墙面	4.2.1　墙面不同材料交接处不应有裂缝；墙面与基体之间应黏结牢固，无脱层；每处空鼓面积不应大于 0.04 m，且每自然间不应多于 2 处	
		4.2.2　墙面基层表面应平整，阴阳角应顺直，表面无爆灰	
		4.2.3　护角、空洞、槽、盒周围的抹灰表面应整齐、光滑；管道后面的抹灰应表面平整	
		4.2.4　立面垂直度、表面平整度、阴阳角方正允许偏差都为 4 mm	
3	顶棚	4.4.2　抹灰顶棚基层与基体之间以及分层施工的基层，各层之间黏结牢固，无裂纹	
		4.4.3　基层表面应顺平、接槎平整，无爆灰和裂缝	
综合验收结论			

建设单位	监理单位	施工单位	物业或其他单位
验收人员： 年　　月　　日	验收人员： 年　　月　　日	验收人员： 年　　月　　日	验收人员： 年　　月　　日

表4-80　门窗工程质量分户验收记录

门窗工程质量分户验收记录

湘质监统编
分户 2015—4

工程名称：

建设单位		房(户)号	幢　单元　室
施工单位		竣工日期	年　月　日
监理单位		验收规范	

序号	验收项目	验收内容	验收结论及记录
1	木门窗	5.2.8　品种、类型、规格、开启方向、安装位置和连接方式符合设计要求	
		5.2.9～5.2.11　门框和窗扇安装必须牢固、开关灵活、关闭严密、无倒翘，配件型号、规格、数量符合设计要求，安装牢固、位置正确、功能满足使用要求	
		5.2.12～5.2.17　门窗表面清洁，拼缝严密平整，门窗上的槽、孔边缘整齐无毛刺，与墙体间缝隙填嵌饱满，批水、盖口条、压缝条、密封条的安装应该顺直、与门窗结合牢固，制作的偏差应符合5.2.17的规定。	
2	金属门窗	5.3.2　品种、类型、规格、尺寸、性能、开启方向、安装位置、连接方式及型材壁厚符合设计要求，防腐处理及填嵌符合设计要求	
		5.3.3～5.3.5　门框、副框和窗扇安装必须牢固、开关灵活、关闭严密、无倒翘，推拉门窗扇有防脱落措施，配件型号、规格符合设计要求、安装牢固、位置正确、功能满足使用要求	
		5.3.6～5.3.11　门窗表面洁净、平整、光滑、色泽一致、无锈蚀，与墙体间缝隙填嵌饱满，并采用密封胶密封，门窗扇的密封条或毛毯密封条应安装完好，有排水孔的应排水通畅，制作的偏差应符合5.3.11的规定	
3	塑料门窗	5.4.2　品种、类型、规格、尺寸、性能、开启方向、安装位置、连接方式及填嵌密封处理符合设计要求	
		5.4.3～5.4.7　门框、副框和窗扇安装必须牢固，门窗拼樘料内衬增强型钢的规格、壁厚必须符合设计要求。塑料门窗安装应开关灵活、关闭严密、无倒翘，拉门窗扇有防脱落措施，配件型号、规格、数量符合设计要求、与墙体间缝隙填嵌饱满，密封胶应黏结牢固	
		5.4.8～5.4.13　门窗表面洁净、平整、光滑、密封条不得脱落、玻璃密封条接口平整、排水孔应通畅，制作的偏差应符合5.4.13的规定	
	门窗玻璃安全	门窗玻璃安全性能和设计应符合《建筑玻璃应用技术规程》(JGJ 113—2015)的要求，并符合建筑安全玻璃管理规定	
综合验收结论			

建设单位	监理单位	施工单位	物业或其他单位
验收人员： 年　月　日	验收人员： 年　月　日	验收人员： 年　月　日	验收人员： 年　月　日

表 4-81　护栏和扶手工程质量分户验收记录

护栏和扶手工程质量分户验收记录

湘质监统编
分户 2015—5

工程名称：

建设单位		房(户)号	幢　单元　室
施工单位		竣工日期	年　月　日
监理单位		验收规范	
序号	验收项目	验收内容	验收结论及记录
1	12.5.1	材质、规格、造型、尺寸及安装位置符合设计要求	
2	12.5.2	根据《住宅设计规范》(GB 50096—2011)的要求：六层及六层以下的栏杆不应低于 1.05 m；七层及七层以上的栏杆不应低于 1.10 m；栏杆的垂直杆件间净距不应大于 0.11 m，放置花盆处必须采取防坠落措施	
3	12.5.3	木扶手与弯头的接头，应紧密牢固	
4	12.5.4	护栏玻璃安装不应松动；玻璃厚度、玻璃安全性能、安装位置、安装方法应符合设计要求和行业标准	
5	12.5.5	扶手与垂直杆连接应牢固，紧固件不得外露	
6	12.5.6	木质扶手表面应光滑平直、色泽一致，无裂缝损坏现象	
7	12.5.7	扶手安装应牢固、垂直，排列应均匀、整齐；楼梯扶手应与楼梯坡度一致	
8	12.5.8	不锈钢护栏立杆与扶手接口应吻合，表面光洁，割角接缝应严密，外形美观；扶手转角应圆顺、光滑、不变形	
9	12.5.9	金属护栏、扶手的焊缝应饱满、光滑、无结疤、焊瘤和毛刺	
10	12.5.10	玻璃栏板应与边框吻合、平行；接缝应严密，表面应平顺、洁净、美观。玻璃边缘应磨边、倒棱、倒角，不得有锋利边角	
11	12.5.11	护栏和扶手安装的允许偏差和检验方法应符合现行国家标准的相关规定	
综合验收结论			
建设单位	监理单位	施工单位	物业或其他单位
验收人员： 年　月　日	验收人员： 年　月　日	验收人员： 年　月　日	验收人员： 年　月　日

表4-82 防水工程质量分户验收记录

防水工程质量分户验收记录

湘质监统编
分户 2015—6

工程名称：

<table>
<tr><td colspan="2">建设单位</td><td></td><td>房(户)号</td><td>幢　单元　室</td></tr>
<tr><td colspan="2">施工单位</td><td></td><td>竣工日期</td><td>年　月　日</td></tr>
<tr><td colspan="2">监理单位</td><td></td><td>验收规范</td><td></td></tr>
<tr><td>序号</td><td>验收项目</td><td colspan="2">验收内容</td><td>验收结论及记录</td></tr>
<tr><td>1</td><td>屋面防水</td><td colspan="2">根据《屋面工程质量验收规范》(GB 50207—2012)第9.0.8条要求：检查屋面有无渗漏、积水以及排水系统是否畅通，应在雨后或持续淋水2h后进行。有可能进行蓄水检验的屋面，其蓄水时间不应少于24 h。
验收检查方法：现场、雨后检查或查阅屋面施工淋水和蓄水试验资料。有疑问的需重新进行屋面淋水或蓄水试验</td><td></td></tr>
<tr><td>2</td><td>厨、卫
阳台防水</td><td colspan="2">根据《住宅装饰装修工程施工规范》(GB 50327—2001)第6.3.3～6.3.5条，防水层应从地面延伸到墙，高出地面100 mm；浴室墙面的防水层不得低于1800 mm。防水砂浆和涂抹防水应符合设计要求。
验收检查方法：现场检查或查阅施工资料</td><td></td></tr>
<tr><td>3</td><td>卫生间等有防水要求的地面渗漏</td><td colspan="2">根据《建筑地面工程施工质量验收规范》(GB 50209—2010)第4.9.8条，有防水要求的建筑地面工程的立管、套管、地漏处严禁渗漏，坡向应正确、无积水。蓄水24 h，深度不得小于20 mm。
验收检查方法：现场检查或查阅施工资料</td><td></td></tr>
<tr><td>4</td><td>外墙渗漏</td><td colspan="2">《建筑法》第六十条规定：建筑工程竣工时，屋顶、墙面不得有渗漏、开裂等质量缺陷；对已经发现的质量缺陷，建筑施工企业应当修复。
验收检查方法：现场检查或查阅施工中的外墙淋水试验资料。有疑问的需重新进行外墙淋水试验</td><td></td></tr>
<tr><td colspan="2">综合验收结论</td><td colspan="3"></td></tr>
</table>

建设单位	监理单位	施工单位	物业或其他单位
验收人员： 年　月　日	验收人员： 年　月　日	验收人员： 年　月　日	验收人员： 年　月　日

表 4-83　室内净距、净高尺寸检验记录

室内净距、净高尺寸检验记录

湘质监统编
分户 2015—7

工程名称：

验收房号(户)号																
功能区域	净高推算值/mm	净距推算值/mm	实测值/mm									计算值/mm			
			净高					开间		深度		净高		开间(深度)	
	H	L	H_1	H_2	H_3	H_4	H_5	L_1	L_2	L_3	L_4	最大偏差	极差	最大偏差	极差
主卧室															
卧室 1															
卧室 2															
客厅															
餐厅															
厨房															
主卫															
客卫															
阳台															

套型示意图贴图区(标注房间编号)

建设单位	监理单位	施工单位	物业或其他单位
验收人员： 年　月　日	验收人员： 年　月　日	验收人员： 年　月　日	验收人员： 年　月　日

表4-84　给排水及采暖工程质量分户验收记录

给排水及采暖工程质量分户验收记录

湘质监统编
分户 2015—8

工程名称：

<table>
<tr><td colspan="2">建设单位</td><td></td><td>房(户)号</td><td>幢　单元　室</td></tr>
<tr><td colspan="2">施工单位</td><td></td><td>竣工日期</td><td>年　月　日</td></tr>
<tr><td colspan="2">监理单位</td><td></td><td>验收规范</td><td></td></tr>
<tr><td>序号</td><td>验收项目</td><td colspan="2">验收内容</td><td>验收结论及记录</td></tr>
<tr><td rowspan="7">1</td><td rowspan="7">给排水工程</td><td colspan="2">17.2.1　室内给水管道的水压测试应符合设计要求。各用水点应进行通水试验</td><td></td></tr>
<tr><td colspan="2">17.2.3　高层明敷排水塑料管应按设计要求设置阻火圈或防火套管，排水洞口封堵应使用耐火材料</td><td></td></tr>
<tr><td colspan="2">17.2.4　明敷室内塑料给水排水立管距离灶台边缘应有可靠的隔热间距或保护措施，防止管道受热软化</td><td></td></tr>
<tr><td colspan="2">17.2.5　地漏的安装应平整、牢固，并应低于排水表面，无渗漏</td><td></td></tr>
<tr><td colspan="2">17.2.6　给水排水配件应完好无损伤，接口应严密，角阀、龙头应启闭灵活，无渗漏，且应便于检修</td><td></td></tr>
<tr><td colspan="2">17.2.7　卫浴设备的冷、热水管安装应左热右冷，平行间距应与设备接口相匹配，连接方式应安全可靠，无渗漏</td><td></td></tr>
<tr><td colspan="2">17.2.8～17.2.9　户内明露热水管应采取保温措施。卫生器具排水配件应设存水弯，不得重叠存水</td><td></td></tr>
<tr><td rowspan="4">2</td><td rowspan="4">采暖工程</td><td colspan="2">17.3.2　散热器应位置准确、固定牢固、配件齐全，无渗漏，表面应色泽均匀，无脱落、损伤等外观缺陷</td><td></td></tr>
<tr><td colspan="2">17.3.3　室内供暖管、控制阀门、散热器片安装位置应符合设计要求；连接应紧密、无渗漏</td><td></td></tr>
<tr><td colspan="2">17.3.5　散热器支架、托架应安装牢固，背面与装饰后墙表面垂直距离应符合设计要求。暗敷散热器管路的阀门部位应留设检修孔</td><td></td></tr>
<tr><td colspan="2">17.3.6～17.3.9　温控器设置附近应无散热体、遮挡物。安装应平整，无损伤，液晶面板应无损坏。辐射采暖系统分水器、集水器上均应设置手动或自动排气阀。采暖分户热计量系统入户装置应符合设计要求</td><td></td></tr>
<tr><td colspan="2">综合验收结论</td><td colspan="3"></td></tr>
</table>

建设单位	监理单位	施工单位	物业或其他单位
验收人员： 年　月　日	验收人员： 年　月　日	验收人员： 年　月　日	验收人员： 年　月　日

表 4-85　电气安装工程质量分户验收记录

电气安装工程质量分户验收记录

湘质监统编
分户 2015—9

工程名称：

<table>
<tr><td colspan="2">建设单位</td><td></td><td>房(户)号</td><td>幢　　单元　　室</td></tr>
<tr><td colspan="2">施工单位</td><td></td><td>竣工日期</td><td>年　　月　　日</td></tr>
<tr><td colspan="2">监理单位</td><td></td><td>验收规范</td><td></td></tr>
<tr><td>序号</td><td>验收项目</td><td>验收内容</td><td colspan="2">验收结论及记录</td></tr>
<tr><td>1</td><td>配电箱安装</td><td>15.2.1～15.2.4　家居配电箱规格型号、总开关及各分回路开关规格应满足符合设计要求；家居配电箱回路编号应齐全，标识应正确，箱内开关动作应灵活可靠，并应带有剩余电流动作保护器的回路；家居配电箱应配线整齐，导线色标应正确、一致，导线应连接紧密；家居配电箱底边距地安装高度应符合设计要求，安装牢固，箱盖应紧贴墙面、开启灵活，箱体涂层应完整，无污损</td><td colspan="2"></td></tr>
<tr><td>2</td><td>室内布线</td><td>15.3.1～15.3.7　柔性导管两端应使用专用接头，固定应牢固；电线、电缆绝缘应良好，导线间和导线对地间绝缘电阻应大于 0.5 MΩ；相线颜色应符合规范要求；导线与设备、器具的端子连接应牢固紧密、不松动</td><td colspan="2"></td></tr>
<tr><td>3</td><td>照明开关电源插座</td><td>15.4.1～15.4.8　开关通断应在相线上，并应接触可靠；单相两孔插座，插座相线、中性线连接应符合要求，上孔应与保护线连接；连接线连接应紧密、牢固，不松动；保护接地线在插座间不得串联连接；卫生间、非封闭阳台应采用防护等级为 IP54 电源插座；分体空调、洗衣机、电热水器采用的插座应带开关；安装高度在 1.8 m 及以下电源插座均应为安全型插座</td><td colspan="2"></td></tr>
<tr><td>4</td><td>照明灯具</td><td>15.5.1～15.5.5　灯具的规格型号应符合设计要求；灯具安装应牢固可靠，重量大于 3 kg 的灯具应采用螺栓固定或采用吊挂固定；灯具应配件齐全，光源完好，无机械变形、涂层脱落、灯罩破裂；高温部位，应有隔热、散热等措施</td><td colspan="2"></td></tr>
<tr><td>5</td><td>等电位联结</td><td>15.6.1～15.6.2　有洗浴设备的卫生间应设有局部等电位箱(盒)，卫生间内安装的金属管道、浴缸、淋浴器、暖气片等外露的可接近导体应与等电位盒内端子板连接；局部等电位联结排与各连接点间应采用多股铜芯有黄绿色标的导线连接</td><td colspan="2"></td></tr>
<tr><td colspan="2">综合验收结论</td><td colspan="3"></td></tr>
</table>

建设单位	监理单位	施工单位	物业或其他单位
验收人员： 年　　月　　日	验收人员： 年　　月　　日	验收人员： 年　　月　　日	验收人员： 年　　月　　日

表 4-86 建筑节能工程质量分户验收记录

建筑节能工程质量分户验收记录

湘质监统编
分户 2015—10

工程名称：

<table>
<tr><td colspan="2">建设单位</td><td></td><td>房(户)号</td><td>幢　单元　室</td></tr>
<tr><td colspan="2">施工单位</td><td></td><td>竣工日期</td><td>年　月　日</td></tr>
<tr><td colspan="2">监理单位</td><td></td><td>验收规范</td><td></td></tr>
<tr><td>序号</td><td>验收项目</td><td>验收内容</td><td colspan="2">验收结论及记录</td></tr>
<tr><td>1</td><td>保温层厚度</td><td>4.2.7　保温层的厚度应符合设计要求</td><td colspan="2"></td></tr>
<tr><td>2</td><td>固定措施</td><td>4.2.7　保温材料与基层及各构造层之间的黏结或连接必须牢固。黏结强度和连接方式应符合设计要求</td><td colspan="2"></td></tr>
<tr><td>3</td><td>查阅节能验收资料</td><td>墙体节能、门窗节能、地面节能、屋面节能、采暖、通风空调、配电照明等节能符合《建筑节能工程施工质量验收规范》(GB 50411—2007)的要求。在分户验收时,应查阅节能分部工程验收的相关资料</td><td colspan="2"></td></tr>
<tr><td rowspan="2"></td><td></td><td></td><td colspan="2"></td></tr>
<tr><td></td><td></td><td colspan="2"></td></tr>
<tr><td colspan="2">综合验收结论</td><td colspan="3"></td></tr>
</table>

建设单位	监理单位	施工单位	物业或其他单位
验收人员： 年　月　日	验收人员： 年　月　日	验收人员： 年　月　日	验收人员： 年　月　日

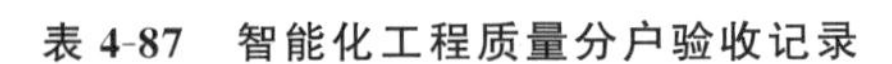

表 4-87　智能化工程质量分户验收记录

智能化工程质量分户验收记录

湘质监统编
分户 2015—11

工程名称：

建设单位		房(户)号	幢　　单元　　室
施工单位		竣工日期	年　　月　　日
监理单位		验收规范	

序号	验收项目	验收内容	验收结论及记录
1	有线电视	16.2.1～16.2.3　有线电视的信号插座面板规格、型号、安装位置应符合设计要求；信号插座面板安装应平整牢固、紧贴墙面，表面应无碎裂、污损；电视插座与电源插座距离应满足设计要求	
2	电话信息网络	16.3.1～16.3.4　电话、信息网络的终端插座面板规格型号、安装位置应符合设计要求；网络传输导线信号应畅通，接线应正确；网络的终端插座面板安装应平整牢固、紧贴墙面，表面应无碎裂、划伤、污损；网络终端插座面板与电源插座的距离应满足设计要求	
3	访客对讲	16.4.1～16.4.4　对讲机安装应牢固、不松动，位置应符合设计和使用的要求；语音对话或可视对讲系统应语音、图像清晰；各功能键应操作正常，并应实现电控开锁；话机安装应平整、牢固，外观应清洁、无污损	
4	紧急求助入侵报警	16.5.1～16.5.3　紧急求助、入侵报警系统终端的安装位置应符合设计要求；防盗报警控制器应能显示报警时间和报警部位；入侵探测器、可燃气体泄露报警探测器的安装位置和功能应符合设计文件要求，安装应牢固，表面应清洁，无污损	
5	智能家居系统	16.6.1～16.6.3　家居控制器的布线、安装位置应符合设计及产品说明书的要求；家居控制器对户内照明、家电等控制动作应正常；安装应牢固，表面应清洁、无污损	
综合验收结论			

建设单位	监理单位	施工单位	物业或其他单位
验收人员： 年　　月　　日	验收人员： 年　　月　　日	验收人员： 年　　月　　日	验收人员： 年　　月　　日

表4-88 燃气烟道通风道邮政信报箱工程质量分户验收记录

燃气烟道通风道邮政信报箱工程质量分户验收记录

湘质监统编
分户2015—12

工程名称：

<table>
<tr><td colspan="2">建设单位</td><td colspan="2"></td><td>房(户)号</td><td colspan="2">幢 单元 室</td></tr>
<tr><td colspan="2">施工单位</td><td colspan="2"></td><td>竣工日期</td><td colspan="2">年 月 日</td></tr>
<tr><td colspan="2">监理单位</td><td colspan="2"></td><td>验收规范</td><td colspan="2"></td></tr>
<tr><td>序号</td><td>验收项目</td><td colspan="2">验收内容</td><td colspan="3">验收结论及记录</td></tr>
<tr><td>1</td><td>室内燃气安装</td><td colspan="2">室内燃气管道、阀门、家用燃具、烟道、计量表安装符合《城镇燃气室内工程施工与质量验收规范》(CJJ 94—2009)要求。查阅室内燃气分部工程验收记录。</td><td colspan="3"></td></tr>
<tr><td>2</td><td>烟道</td><td colspan="2">烟道表面无开裂，若烟道安装止回阀，止回阀阀板应摆动灵活，关闭位置准确</td><td colspan="3"></td></tr>
<tr><td>3</td><td>通风道</td><td colspan="2">厨房间及无外窗的卫生间应预留通风设施的位置及排风机的位置和电源</td><td colspan="3"></td></tr>
<tr><td>4</td><td>邮政信报箱</td><td colspan="2">根据《住宅信报箱》(GB/T 24295—2009)的行业规范要求：信报箱内外各处应平整光滑、无开裂、划痕、毛刺和明显变形；信报箱箱门和箱内格口单元上应编有醒目、整齐并与楼室门号相对应的编号数</td><td colspan="3"></td></tr>
<tr><td>5</td><td>其他</td><td colspan="2"></td><td colspan="3"></td></tr>
<tr><td colspan="2">综合验收结论</td><td colspan="5"></td></tr>
<tr><td colspan="2">建设单位</td><td>监理单位</td><td colspan="2">施工单位</td><td colspan="2">物业或其他单位</td></tr>
<tr><td colspan="2">验收人员：

年 月 日</td><td>验收人员：

年 月 日</td><td colspan="2">验收人员：

年 月 日</td><td colspan="2">验收人员：

年 月 日</td></tr>
</table>

项目5 建设工程声像档案

学习目标

知识目标:①了解建设工程声像档案;②了解城建电子文件归档与电子档案管理。

技能目标:①掌握声像档案与电子文件的整理能力;②获取信息能力;③口头与书面表达能力。

素质目标:①良好的学习观念;②良好的观察力、逻辑思维能力;③良好的协作和沟通能力。

重点:建设工程声像档案。

难点:城建电子文件与电子档案管理。

如今,数码影像技术的飞速发展引起广大民众巨大的摄影热情,掀起了一股"全民摄影"浪潮。数码照片具有的成像快、处理快、传输快、查阅快、成本低、存储久、色彩鲜艳等传统照片难以比拟的优势,备受大众的青睐,它也给档案事业的发展注入了巨大的发展动力,同时也给档案存储方式带来了一场深刻的革命。有关档案的概念已不再是停留在简单的纸质记录文件上,记录城市变迁的方法、手段也在不断更新。

声像档案作为一个城市的历史记录,以其形象、直观、真实地记录城市面貌的发展与变化而在城建档案诸多种类中占有重要地位。它不仅可以为重点工程提供参考,还可以作为珍贵的城市建设文化的信息资源。我们可以利用这一信息资源开展多层次、全方位的信息服务。

任务1 建设工程声像档案概述

一、声像档案的概念

声像档案是指国家机构、社会组织以及个人在社会活动中形成的,具有保存价值的,以影像、声音等方式记录信息的特殊载体，并辅以文字说明的历史记录。

二、建筑工程声像档案的定义

1. 长建发[2004]331号文件的定义

建设工程声像档案是指在城市规划、建设及其管理活动中形成的有保存价值的以照片(包括底片)、录像带、影片、录音带、影音光盘等方式记录信息的载体，并辅以文字说明的历史记录。

上述定义有以下三个方面的基本含义。

(1) 该档案是在城市规划、建设及其管理活动中形成的。

(2) 该档案有保存价值。

(3) 该档案是辅以文字说明的历史记录。

2.《城建档案业务管理规范》(CJJ/T 158—2011)中的定义

城乡建设声像档案是指：记录反映城乡面貌和城乡规划、建设和管理活动，具有保存价值的，用照片、影片、录音带、录像带、光盘、硬盘等记载的声音、图片和影像等历史记录。

三、建设工程声像档案的分类

建设工程声像档案分为以下几类：①照片含底片；②缩微片(卷)；③录音带；④录像带；⑤磁盘、光盘。

四、建设工程声像档案的特点

声像档案相对于纸质载体档案而言，有其自身的特性，主要表现在以下几个方面。

(1) 直观的形象性。声像档案记录的是社会发展中人们活动的声音和图像，因此其反映的客观事物直观形象、活灵活现，给人以强烈的时空感和真实客观的感受，这是纸质载体档案所不能替代的。可以说声像档案忠实记录了档案的原始形态。

(2) 收集、保管的特殊性。声像档案难以区分档案的原件与复制件。例如，一盘重要的录音磁带，母带与复制转录带仅从外观及效果上很难区分。又例如，区分照片档案中的原版底片和制作精良的翻版底片，有时也很困难。这给声像档案的收集和保管工作带来了一定的难度。

另外，由于声像档案是由感光材料和磁性材料构成的，它与纸质载体材料所要求的保管条件有很大的区别。声像档案的保管条件的好坏与其“寿命”长短有着密切的联系。所以要加强声像档案的科学保护和管理。增强声像材料的耐久性，延长其“寿命”。

(3) 声像档案是其他载体档案的必要补充。声像档案的产生和存在并不是孤立的，它与纸质载体的档案往往有着密切的联系，它们是相互依存、相互补充的，是对历史的相互印证。例如，重要的会议、重要的活动或重要的工程等，将会产生文字记录、科技图纸等，同时还产生了照片、录音磁带、录像磁带等。它们以不同的形式记录历史，相互印证。了解声像档案这一特点的意义是：声像档案与文书档案、科技档案和专门档案有着必然的联系，在对其进行整理时，就需要通过科学的方法，保持它们之间的联系。

任务 2 建设工程声像档案的工作依据

一、国家出台的法律法规

国家出台的法律法规包括：①《中华人民共和国档案法》；②《中华人民共和国城乡规划法》；③《建设工程质量管理条例》(国务院令第279号)；④《城市建设档案管理规定》(建设部令第90号)。

二、地方出台的管理条例

地方出台的管理条例包括：①《湖南省档案管理条例》；②《长沙市城乡建设档案管理条例》；③《长沙市城市地下管线工程档案管理条例》。

例如：(1) 自2011年1月1日起施行《长沙市城乡建设档案管理条例》中的相关规定。

第二条　本条例所称城乡建设档案是指在城乡规划、建设及其管理活动中直接形成的对国家和社会有保存价值的文字、图纸、图表、声像等纸质、电子和其他载体形式的材料。

第十六条　向城市建设档案馆移交的城乡建设档案，应当符合下列要求：(一)采用耐久性强的书写材料，字迹清楚，图样清晰，图表整洁，签字盖章手续完备；(二)档案为原件；(三)档案按照国家相关规范整理立卷。在移交档案时，按照有关规定形成的图表、声像等纸质、电子和其他载体形式的档案，应当一并移交城市建设档案馆。

(2) 自2005年5月1日起施行的《长沙市城市地下管线工程档案管理条例》的第一章中总则的第三条规定：本条例所称的地下管线工程档案，是指在地下管线工程的规划、建设及其管理活动中直接形成的对国家和社会具有保存价值的文字、图表、声像、电子等各种载体的文件材料。

三、国家及部门制定的标准、规范性文件

国家及部门制定的标准、规范性文件包括：①《建设工程文件归档规范》(GB/T 50328—2014)；②《照片档案管理规范》(GB/T 11821—2002)；③《城建档案业务管理规范》(GJJ/T 158—2011)；④《关于加强建设工程声像档案管理工作的通知》(长建发[2004]331号文)；⑤《关于切实加强建设工程竣工档案管理的通知》(长建发[2009]265号文)；⑥《关于加强建设工程声像档案编制规范的补充通知》(长城档[2013]10号)。

例如：(1)《城建档案业务管理规范》(GB/T 11821—2002)中第12章对声像档案的收集范围与内容、归档要求、整理、编目、保管等提出了具体要求。

例如:(2)《关于加强建设工程声像档案管理工作的通知》(长建发[2004]331 号文)中规定:建设工程声像档案是建设工程竣工档案的重要组成部分,应与建设工程档案一起进行监督管理和备案。

(3)《关于加强建设工程声像档案编制规范的补充通知》(长城档[2013]10 号)。

任务3 建设工程声像归档范围

《城建档案业务管理规范》(CJJ 158—2011)对建设工程声像档案收集内容和范围作出了要求,下面分别进行介绍。

1. 城建档案管理机构声像档案的归档范围

城建档案管理机构应收集下列范围的声像档案。

(1) 记录城市规划、建设和管理的重大活动和事件的声像档案。

(2) 记录重要人物在本地区各种城市建设中的重大活动的声像档案。

(3) 记录国际城市建设的各种交流活动的声像档案。

(4) 记录具有历史意义的建筑物、构筑物、名胜古迹、市容市貌的声像档案。

(5) 记录城市地理风貌特征,城乡建设前后面貌、景观,城市变迁及社会风情的声像档案。

(6) 记录自然灾害、城乡突发事件、抢险救灾的声像档案。

(7) 记录重大工程建设活动的声像档案。

(8) 记录其他具有长期保存价值的声像档案。

2. 工程建设活动的声像档案的归档范围

工程建设活动的声像档案收集的范围如下。

(1) 反映工程原址、原貌及周边状况的声像档案。

(2) 记录工程建设活动的重大活动、重大事件,如拆迁情况、招商引资、签约仪式、工程招标与投标、奠基仪式等的声像档案。

(3) 记录基础施工过程中工程测量、放线、打桩、基槽开挖、桩基处理等关键工序的声像档案。

(4) 记录主体工程施工过程中施工现场的整体情况,钢筋、模板、混凝土施工,隐蔽工程施工,内外装修装饰的声像档案。

(5) 反映工程采用的各种新技术、新材料、新工艺的声像档案。

(6) 记录工程重大事故第一现场、事故指挥和处理措施、处理结果等情况的声像档案。

(7) 记录工程验收情况、竣工典礼的声像档案。

(8) 反映竣工后的工程面貌的声像档案。

《关于加强建设工程声像档案管理工作的通知》(长建发[2004]331 号文)对建设工程声像档案收集内容和范围作出了要求。其中,建设工程声像档案收集的范围具体如下。

(1) 总投资在人民币五千万元以下的工程项目,报送工程照片档案。

(2) 总投资在人民币五千万元(含五千万元)以上或建造 10 栋以上小区的工程项目及申报鲁班奖工程项目,除报送两册以上的照片档案外,还应编辑制作 5~8 分钟的专题片。

建筑工程声像档案收集的内容共有24项，具体如下。

(1) 开工前区域全景原貌，包括重要建筑（构筑）物、古迹、古建筑群等。

(2) 工程项目的立项、可行性研究和方案设计审查等前期活动。

(3) 工程地质勘查。

(4) 初步设计及施工图设计审查。

(5) 图纸会审、技术交底。

(6) 工程项目中重要招商引资、签约仪式。

(7) 拆迁、移民，包括房屋爆破场景等。

(8) 工程奠基、开工仪式。

(9) 地基基础施工，包括土方开挖、土方回填、基础处理、基础施工、桩基施工等。

(10) 主体结构，包括钢筋加工连接焊点、基槽验证、主体钢筋布局、现浇结构、预应力、混凝土浇筑、桩、钢结构安装、装饰装修、幕墙等。

(11) 屋面工程，包括保温层、防水层、细部构造、屋面等。

(12) 隐蔽工程验收，包括地基与基础、钢筋混凝土、防水、现场结构焊接、给排水、暖卫暗管道、暗配电气线路、电梯安装等。

(13) 智能工程，包括火灾自动报警、自动控水灭火系统、气体灭火系统及消防联动系统、综合布线、通信网络、监控系统、安全防范等。

(14) 通风与空调，包括送排风、防排烟、防尘系统安装、空调系统及空调水系统安装等。

(15) 采用的新型建筑材料、新工艺、新技术、新设备的施工情况。

(16) 室外工程，包括道路工程、绿化工程、亮化工程及其他配套设施。

(17) 工程项目中的重要试验、检测现场情况。

(18) 监理对工程施工过程的检查、监督。

(19) 工程质量事故处理，包括事故第一现场、事故指挥和处理措施、结果等重要活动。

(20) 基础、主体工程质量验收。

(21) 单位工程竣工验收。

(22) 党和国家、省市领导视察工程的活动。

(23) 工程建设中的重要会议、重大事宜。

(24) 竣工后工程的全貌。

任务 4 建设工程声像归档拍摄、编制、整理及归档要求

建设工程声像档案的拍摄应注意以下几点。

(1) 选好主题，准确把握主题。

(2) 掌握好点、线、面的关系，巧妙安排构图。

(3) 掌握时间进度，时间计算准确，同时应注意灵活运用光线。

(4) 选好拍摄人员和摄影者。

一、照片

1. 像素的要求

照片可以使用胶片相机或数码相机拍摄，使用数码相机拍摄的影像不能进行后期加工，光学分辨率不得小于500万有效像素（其拍摄尺寸设定为2592×1944或2560×1920以上）。使用摄像机、手机拍摄的照片等不能作为归档照片。

2. 底片的要求

(1) 照片与底片应同时归档，归档的照片与底片的影像应一致，且应有文字说明。

(2) 数码照片的归档保存应选用一次性写入光盘作为载体，载体材料不能有磨损、划伤。

(3) 照片扫描时分辨率要求达到600DPI（尺寸为3000×2082），应采用JPEG格式存储。

3. 画面的要求

拍摄时要求曝光准确、画面清晰、主题鲜明准确。被拍摄主体不应有明显的失真变形现象。照片构图、场景、景物、物体镜头应有远景、中景和近景，同时重要工序、重要部位、隐蔽工程等要求拍摄细部特征。对同一拍摄对象要求拍摄不同角度、不同阶段的照片，并且原貌、基础、主体施工必须有远景。

4. 整理的要求

(1) 胶片照片的整理应符合现行国家标准《照片档案管理规范》(GB/T 11821—2002)的规定，并应符合下列规定。

① 照片的整理按单张或组（若干张有联系的照片）进行。

② 照片放置在照片档案袋中或固定在芯页上，底片装入半透明中性纸袋后再装袋或固定在芯页上。

③ 照片档案袋、芯页应填写题名、照片号、时间、摄影者、文字说明等内容。

(2) 归档照片要求冲印规格为5寸彩色光面照片（不得冲印布纹照片），并使用规定的《照片档案》（夹）整理成册。

(3) 照片档案的数量要求：一般工程不少于80张，大型工程不少于160张。管线工程要求每道工序拍摄到位。

(4) 照片档号不填写，照片编号或底片编号均为大流水号，照片题名应著录详细，并及时做好备份。题名的正确书写方式为：单位（小区名称）＋项目（栋、标段）＋部位（详细施工内容）。著录卡片要求用打印机打印。

(5) 光盘盘面应制作封面，注明工程名称、建设单位等内容。

5. 著录要求

(1)《照片档案》由总说明、卷内目录、照片及著录卡片、备考表等组成。

(2) 每张照片对应一张著录卡片，著录卡片包括照片档号、照片编号、摄影者、拍摄时间、拍摄地点、照片题名、文字说明等，通常称为1＋6要素。如表5-1和表5-2所示。

表 5-1 著录卡片

照片档号：
照片编号：
摄影者
拍摄时间：
拍摄地点：
照片题名：
文字说明：

表 5-2 著录卡片样例

照片档号：
照片编号：
摄 影 者：×××
拍摄时间：2006年01月01日
拍摄地点：铁道学院教学楼
照片题名：铁道学院通泰梅岭苑1#
栋三楼卫生间楼板模板制作
文字说明：根据变更文件卫生间楼
板由安装预制板改为整板现浇

二、录像、专题片

录音、录像的整理应遵循保持录音、录像的有机联系，以及便于保管和利用的原则。

1. 拍摄机器的要求

录像档案资料应当使用DV摄像机或比DV摄像机拍摄效果更好的机器拍摄。摄像机水平线不少于520线。录像带规格为广播级专业带。

2. 拍摄技术要求

(1) 正确使用白平衡，防止发生色偏。

(2) 镜头画面清晰平稳，无明显晃动和抖动。镜头的推、拉、摇画面均匀平滑。

(3) 图像场景、景物、物体镜头应有远景、中景和近景。地下隐蔽工程、重要工序、重要部位等应拍摄细部特征。

(4) 原始素材像带记录时间不少于120 min，像带上要按拍摄顺序写明著录时间、标题、内容、地点、拍摄人、编号等。

(5) 采用高清摄像机拍摄的素材，以硬盘形式向其城市城建档案馆移交。每个素材片段的文件名的正确书写方式为：单位(小区名称)＋项目(栋、标段)＋部位(详细施工内容)。

3. 存储介质要求

(1) 录像磁带需采用DV或DVCAM等具有数字转换格式及功能的带型。

(2) 录像档案电子文件格式采用MPEG-2或AVI格式。

4. 素材目录编写要求

(1) 录像带、光盘或其他存储介质外包装盒上贴上标签，标签内容包括工程名称、编号、内容、地点、拍摄人、拍摄时间等。

(2) 素材带应有拍摄日志。

5. 专题片的制作要求

(1) 专题片应配解说词、字幕和背景音乐，解说应使用标准普通话。解说、字幕、画面应同步准确，片长不少于 10 min。

(2) 介质形式：应使用标准 DVD 格式或 MPEG-2 格式光盘，高清拍摄的专题片随同素材一并存入硬盘。

(3) 专题片字幕应包括：工程名称、建设规模、建设单位、设计单位、监理单位、施工单位、开工日期、竣工日期、拍摄日期、拍摄者等。

(4) 专题片应主题明确、内容真实、连贯简洁、影像清晰、镜头平稳。同时应简明、系统、完整地介绍工程项目所在的地理位置(如原址、原貌等)、前期工作、主体结构、重要工序、施工特点、竣工关键技术、施工过程控制、新技术推广应用、竣工后外观、周围环境、建筑、设计等特色以及建设、施工、管理活动中的重大事项，应充分反映工程质量过程控制和隐蔽工程的检验情况。

(5) 专题片应制作封面、封底和背脊。其中，封面和背脊上应注明工程名称；封底上应标注：工程建设规模(房建×××m^2，市政×××km)，开工及竣工时间，建设、施工、监理单位，工程地点，拍摄人等。

(6) 专题片一式两份。

项目6 建设工程文件归档整理

学习目标

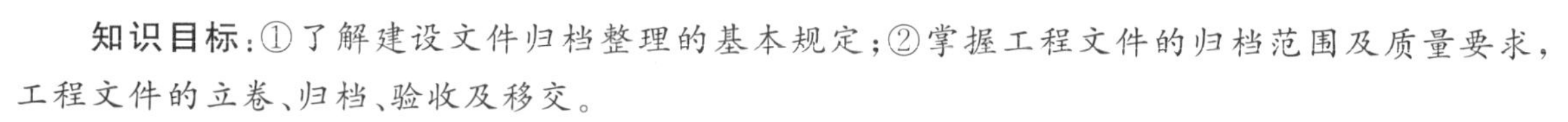

知识目标:①了解建设文件归档整理的基本规定;②掌握工程文件的归档范围及质量要求,工程文件的立卷、归档、验收及移交。

技能目标:①获取信息能力;②口头与书面表达能力。

素质目标:①良好的学习观念;②良好的观察力,逻辑思维能力;③良好的协作和沟通能力。

重点:①概述;②基本规定;③工程文件的归档范围及质量要求。

难点:①工程文件的立卷;②工程文件的归档;③建设工程档案的验收与移交。

任务1 概述

建筑产品是一种特殊产品。我国对建设工程的控制实行的是全过程控制。建设工程竣工时,由各责任主体对工程进行验收,并在相关资料上签字盖章形成结论。同时建设过程中的技术、质量控制情况与工程管理情况应及时形成书面资料并由相关单位、人员签字盖章确认。随着时间的流逝,旧建筑难免要进行改建、扩建、维修、拆除、装修等,这时就需要了解原建筑的相关技术、质量参数并据此确定施工技术方案,因此建设工程资料应统一存放、妥善保管,以备相关单位随时查阅,这就是建设工程资料的归档。为了保证日后查阅的方便,建设工程资料归档时应按照一定的要求进行整理,这就是建设工程资料的归档管理。

建筑工程中的相关术语具体介绍如下。

一、建设工程项目

建设工程项目是经批准按照一个总体设计进行施工，经济上实行统一核算，行政上具有独立组织形式，实行统一管理的工程基本建设单位。它由一个或若干个具有内在联系的工程所组成。

二、单位工程

单位工程是具有独立的设计文件，竣工后可以独立发挥生产能力或工程效益的工程，并构成建设工程项目的组成部分。

三、分部工程

分部工程是指单位工程中可以独立组织施工的工程。

四、建设工程文件

建设工程文件是指在工程建设过程中形成的各种形式的信息记录，包括工程准备阶段文件、监理文件、施工文件、竣工图和竣工验收文件，也可简称为工程文件。

五、工程准备阶段文件

工程准备阶段文件是指工程开工以前，在立项、审批、征地、勘察、设计、招投标等工程准备阶段形成的文件。

六、监理文件

监理文件是指监理单位在工程设计、施工等监理过程中形成的文件。

七、施工文件

施工文件是指施工单位在工程施工过程中形成的文件。

八、竣工图

竣工图是指工程竣工验收后，真实反映建设工程项目施工结果的图样。

九、竣工验收文件

竣工验收文件是指建设工程项目竣工验收活动中形成的文件。

十、建设工程档案

建设工程档案是指在工程建设活动中直接形成的具有归档保存价值的文字、图表、声像等各种形式的历史记录，也可简称为工程档案。

十一、案卷

案卷是由互相联系的若干个文件组成的档案保管单位。

十二、立卷

立卷是指按照一定的原则和方法，将有保存价值的资料分门别类地整理成案卷，也称为组卷。

十三、归档

所谓归档，是指资料形成单位完成其工作任务后，将形成的资料整理立卷，再按规定移交给档案管理机构。它有三个方面的含义：一是建设、勘察、设计、施工、监理等单位将本单位在工程建设过程中形成的资料向本单位档案管理机构移交；二是勘察、设计、施工、监理等单位将本单位在工程建设过程中形成的资料向建设单位档案管理机构移交；三是建设单位按照现行《建设工程文件归档规范》(GB/T 50328—2014)要求，将汇总的该建设工程的档案向地方城建档案管理部门移交。

任务2 基本规定

(1) 建设、勘察、设计、施工、监理等单位应将工程文件的形成和积累纳入工程建设管理的各个环节和有关人员的职责范围。

(2) 在工程文件与档案的整理立卷、验收移交工作中，建设单位应履行下列职责。

① 在工程招标及勘察、设计、施工、监理等单位签订协议、合同时，应对工程文件的套数、费用、质量、移交时间等提出明确要求。

② 收集和整理工程准备阶段、竣工验收阶段形成的文件，并应进行立卷归档。

③ 负责组织、监督和检查勘察、设计、施工、监理等单位的工程文件的形成、积累和立卷归档工作；也可委托监理单位监督、检查工程文件的形成、积累和立卷归档工作。

④ 收集和汇总勘察、设计、施工、监理等单位立卷归档的工程档案。

⑤ 在组织工程竣工验收前，应提请当地的城建档案管理机构对工程档案进行预验收；未取得工程档案验收认可的文件，不得组织工程竣工验收。

⑥ 对列入城建档案馆(室)接收范围的工程，在工程竣工验收后3个月内，向当地城建档案馆(室)移交一套符合规定的工程档案。

(3) 勘察、设计、施工、监理等单位应将本单位形成的工程文件立卷后向建设单位移交。

(4) 建设工程项目实行总承包的，由总包单位负责收集、汇总各分包单位形成的工程档案，并应及时向建设单位移交；各分包单位应将本单位形成的工程文件整理、立卷后及时移交总包单位。建设工程项目由几个单位承包的，各承包单位负责收集、整理、立卷其承包项目的工程文件，并应及时向建设单位移交。

(5) 城建档案管理机构应对工程文件的立卷归档工作进行监督、检查、指导。在工程竣工验收前，应对工程档案进行预验收，验收合格后，需要出具工程档案认可文件。

任务3 工程文件的归档范围及质量要求

一、工程文件的归档范围

(1) 对与工程建设有关的重要活动，以及记载工程建设主要过程和现状、具有保存价值的各种载体的文件，均应收集齐全、整理立卷后归档。

(2) 工程文件的具体归档范围应符合规范的要求(见表6-1)。

(3) 在项目准备阶段主要完成项目的可行性研究及立项、建设用地的征地及拆迁工作、项目承包商的招投标工作、项目的勘察及设计工作、项目的开工审批工作、项目的财务工作、项目管理机构的组建等工作。我们应该将这个阶段能够反映项目准备工作的过程、结果等文件收集归档。

在项目的实施阶段主要完成项目的施工，以及对项目的监理等工作。这个阶段的文件来源广泛、内容繁杂(如施工单位的文件、材料供应商的文件、设备供应商的文件、检测单位的文件、监理单位的文件、建设单位的文件和设计单位的文件等)。同时这个阶段的文件非常重要，它直接反映了工程项目的质量、安全和使用功能情况。因此，项目实施阶段建设工程文件的收集整理是整个项目文件归档工作的重点及难点。

表 6-1　建设工程文件归档范围和保管期限表

序号	归档文件	保存单位和保管期限				
		建设单位	施工单位	设计单位	监理单位	城建档案馆
工程准备阶段文件						
一	立项文件					
1	项目建议书	永久				√
2	项目建议书审批意见及前期工作通知书	永久				√
3	可行性研究报告及附件	永久				√
4	可行性研究报告审批意见	永久				√
5	关于立项有关的会议纪要、领导讲话	永久				√
6	专家建议文件	永久				√
7	调查资料及项目评估研究材料	长期				√
二	建设用地、征地、拆迁文件					
1	选址申请及选址规划意见通知书	永久				√
2	用地申请报告及县级以上人民政府城乡建设用地批准书	永久				√
3	拆迁安置意见、协议、方案等	长期				√
4	建设用地规划许可证及其附件	永久				√
5	划拨建设用地文件	永久				√
6	国有土地使用证	永久				√
三	勘察、测绘、设计文件					
1	工程地质勘查报告	永久		永久		√
2	水文地质勘查报告、自然条件、地震调查	永久		永久		√
3	建设用地钉桩通知单(书)	永久				√
4	地形测量和拔地测量成果报告	永久		永久		√
5	申报的规划设计条件和规划设计条件通知书	永久		长期		√
6	初步设计图纸和说明	长期		长期		
7	技术设计图纸和说明	长期		长期		
8	审定设计方案通知书及审查意见	长期		长期		√
9	有关行政主管部门(人防、环保、消防、交通、园林、市政、文物、通信、保密、河湖、教育、白蚁防治、卫生等)批准文件或取得的有关协议	永久				√
10	施工图及其说明	长期		长期		

续表

序号	归档文件	保存单位和保管期限				
		建设单位	施工单位	设计单位	监理单位	城建档案馆
11	设计计算书	长期		长期		
12	政府有关部门对施工图设计文件的审批意见	永久		长期		√
四	招投标文件					
1	勘察设计招投标文件	长期				
2	勘察设计承包合同	长期		长期		√
3	施工招投标文件	长期				
4	施工承包合同	长期	长期			√
5	工程监理招投标文件	长期				
6	监理委托合同	长期		长期		√
五	开工审批文件					
1	建设项目列入年度计划的申报文件	永久				√
2	建设项目列入年度的批复文件或年度计划项目表	永久				√
3	规划审批申报表及报送的文件和图纸	永久				
4	建设工程规划许可证及其附件	永久				√
5	建设工程开工审查表	永久				
6	建设工程施工许可证	永久				√
7	投资许可证、审计证明、缴纳绿化建设费等证明	长期				√
8	工程质量监督手续	长期				√
六	财务文件					
1	工程投资估算材料	短期				
2	工程设计概算材料	短期				
3	施工图预算材料	短期				
4	施工预算	短期				
七	建设、施工、监理机构及负责人					
1	工程项目管理机构(项目经理部)及负责人名单	长期				√
2	工程项目监理机构(项目监理部)及负责人名单	长期			长期	√
3	工程项目施工管理机构(施工项目经理部)及负责人名单	长期	长期			√
监理文件						
1	监理规划					

续表

序号	归档文件	保存单位和保管期限				
		建设单位	施工单位	设计单位	监理单位	城建档案馆
(1)	监理规划	长期			短期	√
(2)	监理实施细则	长期			短期	√
(3)	监理部总控制计划等	长期			短期	
2	监理月报中的有关质量问题	长期			长期	√
3	监理会议纪要中的有关质量问题	长期			长期	√
4	进度控制					
(1)	工程开工/复工审批表	长期			长期	√
(2)	工程开工/复工暂停令	长期			长期	√
5	质量控制					
(1)	不合格项目通知	长期			长期	√
(2)	质量事故报告及处理意见	长期			长期	√
6	造价控制					
(1)	预付款报审与支付	短期				
(2)	月付款报审与支付	短期				
(3)	设计变更、洽商费用报审与签认	长期				
(4)	工程竣工决算审核意见书	长期				√
7	分包资质					
(1)	分包单位资质材料	长期				
(2)	供货单位资质材料	长期				
(3)	试验等单位资质材料	长期				
8	监理通知					
(1)	有关进度控制的监理通知	长期			长期	
(2)	有关质量控制的监理通知	长期			长期	
(3)	有关造价控制的监理通知	长期			长期	
9	合同与其他事项管理					
(1)	工程延期报告及审批	永久			长期	√
(2)	费用索赔报告及审批	长期			长期	
(3)	合同争议、违约报告及处理意见	永久			长期	√
(4)	合同变更材料	长期			长期	√

续表

序号	归 档 文 件	保存单位和保管期限				
		建设单位	施工单位	设计单位	监理单位	城建档案馆
10	监理工作总结					
(1)	专题总结	长期			短期	
(2)	月报总结	长期			短期	
(3)	工程竣工总结	长期			长期	√
(4)	质量评价意见报告	长期			长期	√
	施工文件					
一	建设安装工程					
(一)	土建(建筑与结构)工程					
1	施工技术准备文件					
(1)	施工组织设计	长期				
(2)	技术交底	长期	长期			
(3)	图纸会审记录	长期	长期	长期		√
(4)	施工预算的编制和审查	短期	短期			
(5)	施工日志	短期	短期			
2	施工现场准备					
(1)	控制网设置资料	长期	长期			√
(2)	工程定位测量资料	长期	长期			√
(3)	基槽开挖线测量资料	长期	长期			√
(4)	施工安全措施	短期	短期			
(5)	施工环保措施	短期	短期			
3	地基处理记录					
(1)	地基钎探记录和钎探平面布点图	永久	长期			√
(2)	验槽记录和地基处理记录	永久	长期			√
(3)	桩基施工记录	永久	长期			√
(4)	试桩记录	长期	长期			√
4	工程图纸变更记录					
(1)	设计会议会审记录	永久	长期	长期		√
(2)	设计变更记录	永久	长期	长期		√
(3)	工程洽商记录	永久	长期	长期		√

续表

序号	归档文件	保存单位和保管期限				
		建设单位	施工单位	设计单位	监理单位	城建档案馆
5	施工材料预制构件质量证明文件及复试试验报告					
(1)	砂、石、砖、水泥、钢筋、防水材料、隔热保温、防腐材料、轻集料试验汇总表	长期				√
(2)	砂、石、砖、水泥、钢筋、防水材料、隔热保温、防腐材料、轻集料出厂证明文件	长期				√
(3)	砂、石、砖、水泥、钢筋、防水材料、轻集料、焊条、沥青复试试验报告	长期				√
(4)	预制构件(钢、混凝土)出厂合格证、试验记录	长期				√
(5)	工程物质选样送审表	短期				
(6)	进场物质批次汇总表	短期				
(7)	工程物质进场报验表	短期				
6	施工试验记录					
(1)	土壤(素土、灰土)干密度试验报告	长期				√
(2)	土壤(素土、灰土)击实试验报告	长期				√
(3)	砂浆配合比通知单	长期				
(4)	砂浆(试块)抗压强度试验报告	长期				√
(5)	混凝土配合比通知单	长期				
(6)	混凝土(试块)抗压强度试验报告	长期				√
(7)	混凝土抗渗试验报告	长期				√
(8)	商品混凝土出厂合格证、复试报告	长期				√
(9)	钢筋接头(焊接)试验报告	长期				√
(10)	防水工程试水检查记录	长期				
(11)	楼地面、屋面坡度检查记录	长期				
(12)	土壤、砂浆、混凝土、钢筋连接、混凝土抗渗试验报告汇总表	长期				√
7	隐蔽工程检查记录					
(1)	基础和主体结构钢筋工程	长期	长期			√
(2)	钢结构工程	长期	长期			√
(3)	防水工程	长期	长期			√
(4)	高程控制	长期	长期			
8	施工记录					
(1)	工程定位测量检查记录	永久	长期			√

续表

序号	归档文件	保存单位和保管期限				
		建设单位	施工单位	设计单位	监理单位	城建档案馆
(2)	预检工程检查记录	短期				
(3)	冬施混凝土搅拌测温记录	短期				
(4)	冬施混凝土养护测温记录	短期				
(5)	烟道、垃圾道检查记录	短期				
(6)	沉降观测记录	长期				√
(7)	结构吊装记录	长期				
(8)	现场施工预应力记录	长期				√
(9)	工程竣工测量	长期	长期			√
(10)	新型建筑材料	长期	长期			√
(11)	施工新技术	长期	长期			√
9	工程质量事故处理记录	永久				√
10	工程质量检验记录					
(1)	检验批质量验收记录	长期	长期		长期	
(2)	尾面工程质量验收记录	长期	长期		长期	
(3)	基础、主体工程验收记录	永久	长期		长期	√
(4)	幕墙工程验收记录	永久	长期		长期	√
(5)	分部(子分部)工程质量验收记录	永久	长期		长期	√
(二)	电气、给排水、消防、采暖、通风、空调、燃气、建筑智能化、电梯工程					
1	一般施工记录					
(1)	施工组织设计	长期	长期			
(2)	技术交底	短期				
(3)	施工日志	短期				
2	图纸变更记录					
(1)	图纸会审	永久	长期			√
(2)	设计变更	永久	长期			√
(3)	工程洽商	永久	长期			√
3	设备、产品质量检查、安装记录					
(1)	设备、产品质量合格证、质量保证书	长期	长期			√
(2)	设备装箱单、商检证明和说明书、开箱报告	长期				

续表

序号	归档文件	保存单位和保管期限				
		建设单位	施工单位	设计单位	监理单位	城建档案馆
(3)	设备安装记录	长期				√
(4)	设备试运行记录	长期				√
(5)	设备明细表	长期	长期			√
4	预检记录	短期				
5	隐蔽工程检查记录	长期	长期			
6	施工试验记录					
(1)	电气接地电阻、绝缘电阻、综合布线、有线电视末端等测试记录	长期				√
(2)	楼宇自控、监视、安装、视听、电话等系统调试记录	长期				√
(3)	变配电设备安装、检查、通电、满负荷测试记录	长期				√
(4)	给排水、消防、采暖、通风、空调、燃气等管道强度、严密性、灌水、通风、吹洗、漏风、试压、通球、阀门等试验记录	长期				√
(5)	电梯照明、动力、给排水、消防、采暖、通风、空调、燃气等系统调试、试运行记录	长期				√
(6)	电梯接地电阻、绝缘电阻测试记录；空载、半载、满载、超载试运行记录；平衡、运速、噪声调整试验报告	长期				√
(7)	质量事故处理记录	永久	长期			√
(8)	工程质量检验记录					
(1)	检验批质量验收记录	长期	长期		长期	
(2)	分项工程质量验收记录	长期	长期		长期	
(3)	分部(子分部)工程质验收记录	永久	长期		长期	√
(三)	室外工程					
1	室外安装(给水、雨水、污水、热力、燃气、电信、电力、照明、电视、消防等)施工文件	长期				√
2	室外建筑环境(建筑小品、水景、道路、园林绿化等)施工文件	长期				√
二	市政基础设施工程					
(一)	施工技术准备					
1	施工组织设计	短期	短期			
2	技术交底	长期	长期			
3	图纸会审记录	长期	长期			√
4	施工预算的编制和审查	短期	短期			
(二)	施工现场准备					
1	工程定位测量资料	长期	长期			√

续表

序号	归档文件	保存单位和保管期限				
		建设单位	施工单位	设计单位	监理单位	城建档案馆
2	工程定位测量复核记录	长期	长期			√
3	导线点、水准点测量复核记录	长期	长期			√
4	工程轴线、定位桩、高程测量复核记录	长期	长期			√
5	施工安全措施	短期	短期			
6	施工环保措施	短期	短期			
（三）	设计变更、洽商记录					
1	设计变更通知单	长期	长期			√
2	洽商记录	长期	长期			√
（四）	原材料、成品、半成品、构配件、设备出厂质量合格证及试验报告					
1	砂、石、砌块、水泥、钢筋（材）、石灰、沥青、涂料、混凝土外加剂、防水材料、黏接材料、防腐保温材料、焊接材料等试验汇总表	长期				√
2	砂、石、砌块、水泥、钢筋（材）、石灰、沥青、涂料、混凝土外加剂、防水材料、黏结材料、防腐保温材料、焊接材料等质量合格证书和出厂检（试）验报告及现场复试报告	长期				√
3	水泥、石灰、粉煤灰混合料、沥青混合料、商品混凝土等试验汇总表	长期				√
4	水泥、石灰、粉煤灰混合料、沥青混合料、商品混凝土等出厂合格证和试验报告、现场复试报告	长期				√
5	混凝土预制构件、管材、管件、钢结构构件等试验汇总表	长期				√
6	混凝土预制构件、管材、管件、钢结构构件等出厂合格证书和相应的施工技术资料	长期				√
7	厂站工程的成套设备、预应力混凝土张拉设备、各类地下管线井室设施、产品等汇总表	长期				√
8	厂站工程的成套设备、预应力混凝土张拉设备、各类地下管线井室设施、产品等出厂合格证书及安装使用说	长期				√
9	设备开箱报告	短期				
（五）	施工试验记录					
1	砂浆、混凝土试块强度、钢筋（材）焊连接、填土、路基强度试验等汇总表	长期				
2	道路压实度、强度试验记录					
（1）	回填土、路床压实试验及土质的最大干密度和最佳含水量试验报告	长期				√
（2）	石灰类、水泥类、二灰类无机混合料基层的标准击实试验报告	长期				√

续表

序号	归档文件	保存单位和保管期限				
		建设单位	施工单位	设计单位	监理单位	城建档案馆
(3)	道路基层混合料强度试验记录	长期				√
(4)	道路面层压实度试验记录	长期				√
3	混凝土试块强度试验记录					
(1)	混凝土配合比通知单	短期				
(2)	混凝土试块强度试验报告	长期				√
(3)	混凝土试块抗渗、抗冻试验报告	长期				√
(4)	混凝土试块强度统计、评定记录	长期				√
4	砂浆试块强度试验记录					
(1)	砂浆配合比通知单	短期				
(2)	砂浆试块强度试验报告	长期				√
(3)	砂浆试块强度统计、评定记录	长期				√
5	钢筋(材)焊、连接试验报告	长期				√
6	钢管、钢结构安装及焊缝处理外观质量检查记录	长期				
7	桩基础试(检)验报告	长期				√
8	工程物质选样送审记录	短期				
9	进场物质批次汇总记录	短期				
10	工程物质进场报验记录	短期				
(六)	施工记录					
1	地基与基槽验收记录					
(1)	地基钎探记录及钎探位置图	长期	长期			√
(2)	地基与基槽验收记录	长期	长期			√
(3)	地基处理记录及示意图	长期	长期			√
2	桩基施工记录					
(1)	桩基位置平面示意图	长期	长期			√
(2)	打桩记录	长期	长期			√
(3)	钻孔桩钻进记录及成孔质量检查记录	长期	长期			√
(4)	钻孔(挖孔)桩混凝土浇灌记录	长期	长期			√
3	构件设备安装和调试记录					
(1)	钢筋混凝土大型预制构件、钢结构等吊装记录	长期	长期			
(2)	厂(场)、站工程大型设备安装调试记录	长期	长期			√

续表

序号	归 档 文 件	保存单位和保管期限				
		建设单位	施工单位	设计单位	监理单位	城建档案馆
4	预应力张拉记录					
(1)	预应力张拉记录表	长期				√
(2)	预应力张拉孔道压浆记录	长期				√
(3)	孔位示意图	长期				√
5	沉井工程下沉观测记录	长期				√
6	混凝土浇灌记录	长期				
7	管道、箱涵等工程项目推进记录	长期				√
8	构筑物沉降观测记录	长期				√
9	施工测温记录	长期				
10	预制安装水池壁板缠绕钢丝应力测定记录	长期				√
(七)	预检记录					
1	模板预检记录	短期				
2	大型构件和设备安装前预检记录	短期				
3	设备安装位置检查记录	短期				
4	管道安装检查记录	短期				
5	补偿器冷拉及安装情况记录	短期				
6	支(吊)架位置、各部位连接方式等检查记录	短期				
7	供水、供热、供气管道吹(冲)洗记录	短期				
8	保温、防腐、油漆等施工检查记录	短期				
(八)	隐蔽工程检查(验收)记录	长期	长期			√
(九)	工程质量检查评定记录					
1	工序工程质量评定记录	长期	长期			
2	部位工程质量评定记录	长期	长期			
3	分部工程质量评定记录	长期	长期			√
(十)	功能性试验记录					
1	道路工程的弯沉试验记录	长期				√
2	桥梁工程的动、静载试验记录	长期				√
3	无压力管道的严密性试验记录	长期				√
4	压力管道的强度试验、严密性试验、通球试验等记录	长期				√

续表

序号	归档文件	保存单位和保管期限				
		建设单位	施工单位	设计单位	监理单位	城建档案馆
5	水池满水试验	长期				√
6	消化池气密性试验	长期				√
7	电气绝缘电阻、接地电阻测试记录	长期				√
8	电气照明、动力试运行记录	长期				√
9	供热管网、燃气管网等管网试运行记录	长期				√
10	燃气储罐总体试验记录	长期				√
11	电信、宽带网等试运行记录	长期				√
（十一）	质量事故及处理记录					
1	工程质量事故报告	永久	长期			√
2	工程质量事故处理记录	永久	长期			√
（十二）	竣工测量资料					
1	建筑物、构筑物竣工测量记录及测量示意图	永久	长期			√
2	地下管线工程竣工测量记录	永久	长期			√
竣工图						
一	建筑安装工程竣工图					
（一）	综合竣工图					
1	综合图					√
（1）	总平面布置图(包括建筑、建筑小品、水景、照明、道路、绿化等)	永久	长期			√
（2）	竖向布置图	永久	长期			√
（3）	室外给水、排水、热力、燃气等管网综合图	永久	长期			√
（4）	电气(包括电力、电信、电视系统等)综合图	永久	长期			√
（5）	设计总说明书	永久	长期			√
2	室外专业图		长期			
（1）	室外给水	永久	长期			√
（2）	室外雨水	永久	长期			√
（3）	室外污水	永久	长期			√
（4）	室外热力	永久	长期			√
（5）	室外燃气	永久	长期			√
（6）	室外电信	永久	长期			√
（7）	室外电力	永久	长期			√

续表

序号	归档文件	保存单位和保管期限				
		建设单位	施工单位	设计单位	监理单位	城建档案馆
(8)	室外电视	永久	长期			√
(9)	室外建筑小品	永久	长期			√
(10)	室外消防	永久	长期			√
(11)	室外照明	永久	长期			√
(12)	室外水景	永久	长期			√
(13)	室外道路	永久	长期			√
(14)	室外绿化	永久	长期			√
(二)	专业竣工图					
1	建筑竣工图	永久	长期			√
2	结构竣工图	永久	长期			√
3	装修(装饰)工程竣工图	永久	长期			√
4	电气工程(智能化工程)竣工图	永久	长期			√
5	给排水工程(消防工程)竣工图	永久	长期			√
6	采暖通风空调工程竣工图	永久	长期			√
7	燃气工程竣工图	永久	长期			√
二	市政基础设施工程竣工图					
1	道路工程	永久	长期			√
2	桥梁工程	永久	长期			√
3	广场工程	永久	长期			√
4	隧道工程	永久	长期			√
5	铁路、公路、航空、水运等交通工程	永久	长期			√
6	地下铁道等轨道交通工程	永久	长期			√
7	地下人防工程	永久	长期			√
8	水利防灾工程	永久	长期			√
9	排水工程	永久	长期			√
10	供水、供热、供气、电力、电信等地下管线工程	永久	长期			√
11	高压架空输电线工程	永久	长期			√
12	污水处理、垃圾处理处置工程	永久	长期			√
13	场、厂、站工程	永久	长期			√

续表

序号	归档文件	保存单位和保管期限				
		建设单位	施工单位	设计单位	监理单位	城建档案馆
	竣工验收文件					
一	工程竣工总结					
1	工程概况表	永久				√
2	工程竣工总结	永久				√
二	竣工验收记录					
（一）	建筑安装工程					
1	单位(子单位)工程质量验收记录	永久	长期			√
2	竣工验收证明书	永久	长期			√
3	竣工验收报告	永久	长期			√
4	竣工验收备案表(包括各专项验收认可文件)	永久				√
5	工程质量保修书	永久	长期			√
（二）	市政基础设施工程					
1	单位工程质量评定表及报验单	永久	长期			√
2	竣工验收证明书	永久	长期			√
3	竣工验收报告	永久	长期			√
4	竣工验收备案表(包括各专项验收认可文件)	永久	长期			√
5	工程质量保修书	永久	长期			√
三	财务文件					
1	决算文件	永久				√
2	交付使用财产总表和财产明细表	永久	长期			√
四	声像、缩微、电子档案					
1	声像档案					
(1)	工程照片	永久				√
(2)	录音、录像材料	永久				√
2	缩微品	永久				√
3	电子档案					
(1)	光盘	永久				√
(2)	磁盘	永久				√

二、归档文件的质量要求

(1) 归档的工程文件应为原件。

(2) 工程文件的内容及其深度必须符合国家有关工程勘察、设计、施工、监理等方面的技术规范、标准和规程。

(3) 工程文件的内容必须真实、准确且与工程实际相符合。

(4) 工程文件应采用耐久性强的书写材料,如碳素墨水、蓝黑墨水等;不得使用易褪色的书写材料,如红色墨水、纯蓝墨水、圆珠笔、复写纸、铅笔等。

(5) 工程文件应字迹清楚、图样清晰、图表整洁、签字盖章手续完备。

(6) 工程文件中文字材料幅面尺寸规格宜为 A4 幅面(297 mm×210 mm)。图纸宜采用国家标准图幅。

(7) 工程文件的纸张应采用能够长期保存的韧力大、耐久性强的纸张。图纸一般采用蓝晒图,竣工图应是新蓝图。计算机出图必须清晰,不得使用计算机出图的复印件。

(8)所有竣工图均应加盖竣工图章。竣工图章示例如图 6-1 所示。

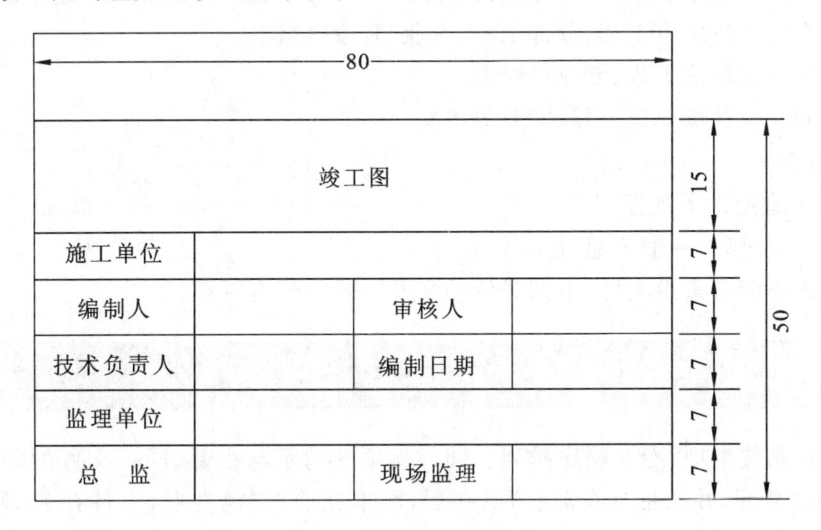

图 6-1　竣工图章示例

① 竣工图章的基本内容应包括:“竣工图”字样、施工单位、编制人、审核人、技术负责人、编制日期、监理单位、现场监理、总监等。

② 竣工图章尺寸为:50 mm×80 mm。

③ 竣工图章应使用不褪色的红印泥,应盖在图标栏上方空白处。

(9) 利用施工图改绘蓝图,必须标明变更修改依据;凡施工图结构、工艺、平面布置等有重大改变,或者变更部分超过图面 1/3 的,应当重新绘制竣工图。

(10) 不同幅面的工程图纸应按《技术制图复制图的折叠方法》(GB/T 10609.3—2009)统一折叠成 A4 幅面(297 mm×210 mm),图标栏露在外面。

任务4 工程文件的立卷

一、立卷的方法和原则

立卷应遵循工程文件的自然形成规律，保持卷内文件的有机联系，便于档案的保管和利用。一个建设工程由多个单位工程组成时，工程文件应按单位工程组卷。

1. 立卷方法

立卷可采用如下方法。

(1) 工程文件可按建设程序划分为工程准备阶段文件、监理文件、施工文件、竣工图和竣工验收文件等五个部分。

(2) 工程准备阶段文件可按建筑程序、专业、形成单位等组卷。

(3) 监理文件可按单位工程、分部工程、专业、阶段等组卷。

(4) 施工文件可按单位工程、分部工程、专业、阶段等组卷。

(5) 竣工图可按单位工程、专业等组卷。

(6) 竣工验收文件按单位工程、专业等组卷。

2. 立卷原则

立卷过程中宜遵循下列原则。

(1) 案卷不宜过厚，一般不超过 40 mm。

(2) 案卷内不应有重份文件；不同载体的文件一般应分别组卷。

二、卷内文件的排列

(1) 文字材料按事项、专业顺序排列。同一事项的请示与批复、同一文件的印本与定稿、主件与附件等不能分开，并按批复在前、请示在后，印本在前、定稿在后，主件在前、附件在后的顺序排列。

(2) 图纸按专业排列，同专业图纸按图号顺序排列。

(3) 既有文字材料又有图纸的案卷，文字材料排在前，图纸排在后。

三、案卷的编目

编制卷内文件页号应符合下列规定。

(1) 卷内文件均按有书写内容的页面编号。每卷单独编号，页号从“1”开始。

(2) 页号编写位置：单面书写的文件在右下角；双面书写的文件，正面在右下角，背面在左下角；折叠后的图纸一律在右下角。

(3) 成套图纸或印刷成册的科技文件材料，自成一卷的，原目录可代替卷内目录，不必重新编写页码。

(4) 卷内目录、卷内备考表和案卷封面不编写页号。

① 卷内目录的编制应符合下列规定。

• 卷内目录式样宜符合图6-2的要求，其中图中尺寸单位统一为“mm”，比例为1∶2。

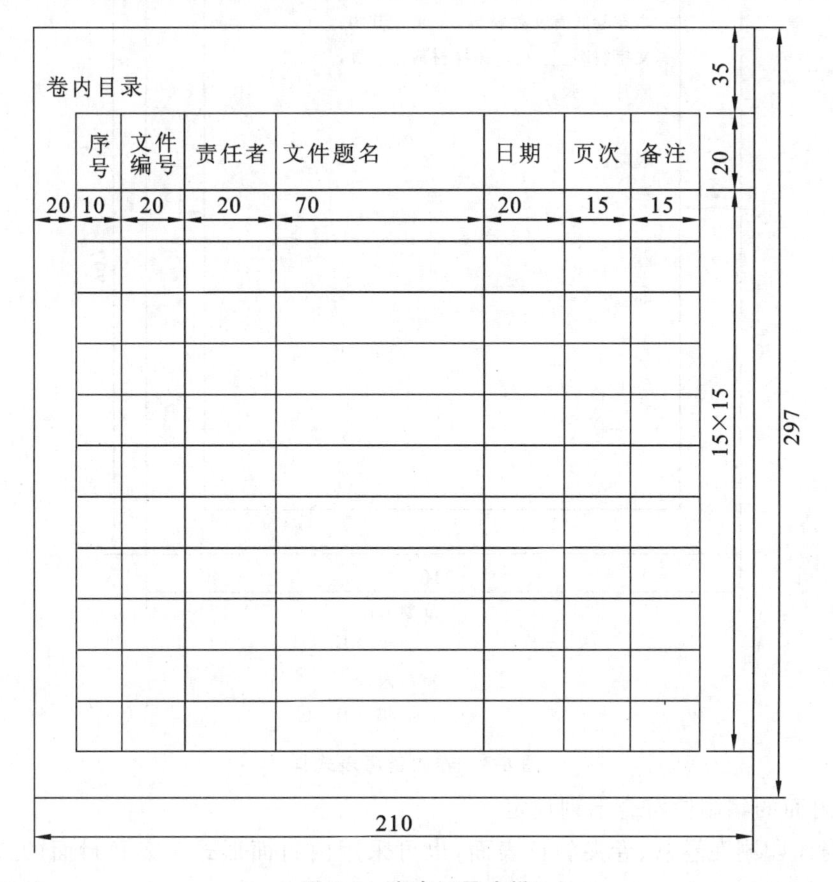

图6-2 卷内目录式样

• 序号：以一份文件为单位，用阿拉伯数字从1开始依次标注。

• 责任者：填写文件的直接形成单位和个人。有多个责任者时，选择两个主要责任者，其余用“等”代替。

• 文件编号：填写工程文件原有的文号或图号。

• 文件题名：填写文件标题的全称。

• 日期：填写文件形成的日期。

• 页次：填写文件在卷内所排的起始页号。最后一份文件填写起止页号。

• 卷内目录排列在卷内文件首页之前。

② 卷内备考表的编制应符合下列规定。

• 卷内备考表的式样宜符合图6-3的要求，其中图中尺寸单位统一为“mm”，比例为1∶2。

• 卷内备考表主要标明卷内文件的总页数、各类文件页数(照片张数)，以及立卷单位对案卷情况的说明。

• 卷内备考表排列在卷内文件的尾页之后。

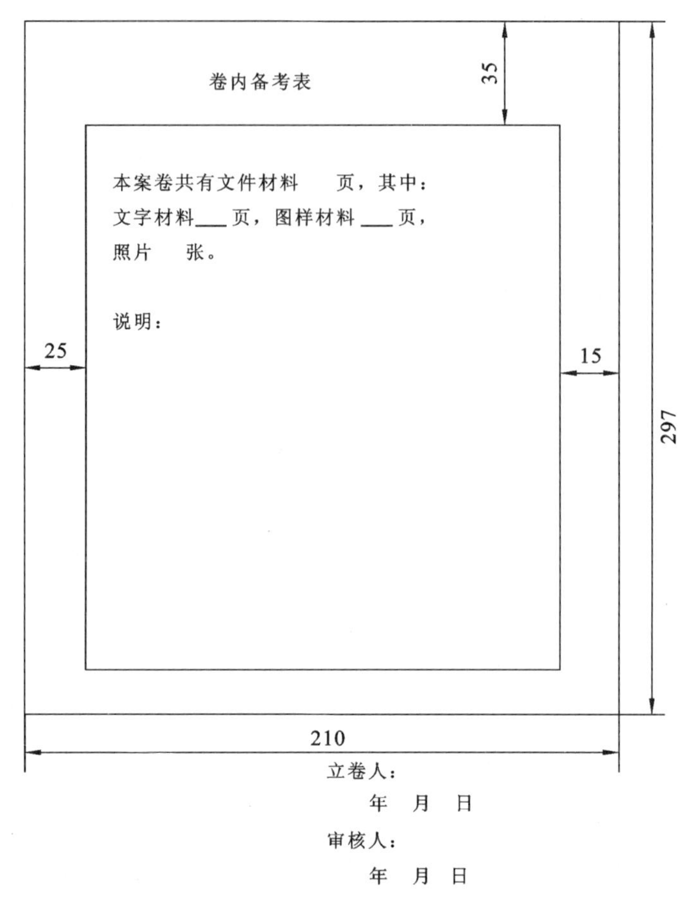

图 6-3　卷内备考表式样

③ 案卷封面的编制应符合下列规定。

• 案卷封面印刷在卷盒、卷夹的正表面，也可采用内封面形式。案卷封面的式样宜符合规范(见图 6-4)的要求，其中卷盒、卷夹封面尺寸为 $A\times B=310$ mm×220 mm，案卷封面尺寸为 $A\times B=297$ mm×210 mm，比例为 1∶2。

• 案卷封面的内容应包括：档号、档案馆代号、案卷题名、编制单位、起止日期、密级、保管期限、共几卷和第几卷。

• 档号应由分类号、项目号和案卷号组成，档号由档案保管单位填写。

• 档案馆代号应填写国家给定的本档案馆的编号，档案馆代号由档案馆填写。

• 案卷题名应简明、准确地揭示卷内文件的内容，案卷题名应包括工程名称、专业名称、卷内文件的内容。

• 编制单位应填写案卷内文件的形成单位或主要责任者。

• 起止日期应填写案卷内全部文件形成的起止日期。

• 保管期限分为永久、长期、短期三种期限。各类文件的保管期限详见表 6-1。其中，永久是指工程档案需永久保存；长期是指工程档案的保存期限等于该工程的使用寿命；短期是指工程档案保存 20 年以下。同一案卷内有不同保管期限的文件，该案卷保管期限应以时间较长的为准。

• 密级分为绝密、机密、秘密三种。同一案卷内有不同密级的文件，应以高密级为本卷密级。

卷内目录、卷内备考表和案卷内封面应采用70 g以上的白色书写纸制作，幅面统一采用A4幅面。

四、案卷装订

案卷可采用装订与不装订两种形式。文字材料必须装订；既有文字材料，又有图纸的案卷应装订。装订应采用线绳三孔左侧装订法，要整齐、牢固，便于保管和利用。装订时必须剔除案卷中的金属物。

五、卷盒、卷夹与案卷背脊

案卷装具一般采用卷盒、卷夹两种形式。

(1) 卷盒的外表尺寸为310 mm×220 mm，厚度分别为20 mm、30 mm、40 mm、50 mm。

(2) 卷夹的外表尺寸为310 mm×220 mm，厚度一般为20～30 mm。

(3) 卷盒、卷夹应采用无酸纸制作。

案卷背脊的内容包括档号、案卷题名。档案盒背脊式样宜符合图6-5所示的形式，其中图中尺寸单位统一为“mm”，D=20 mm、30 mm、40 mm。

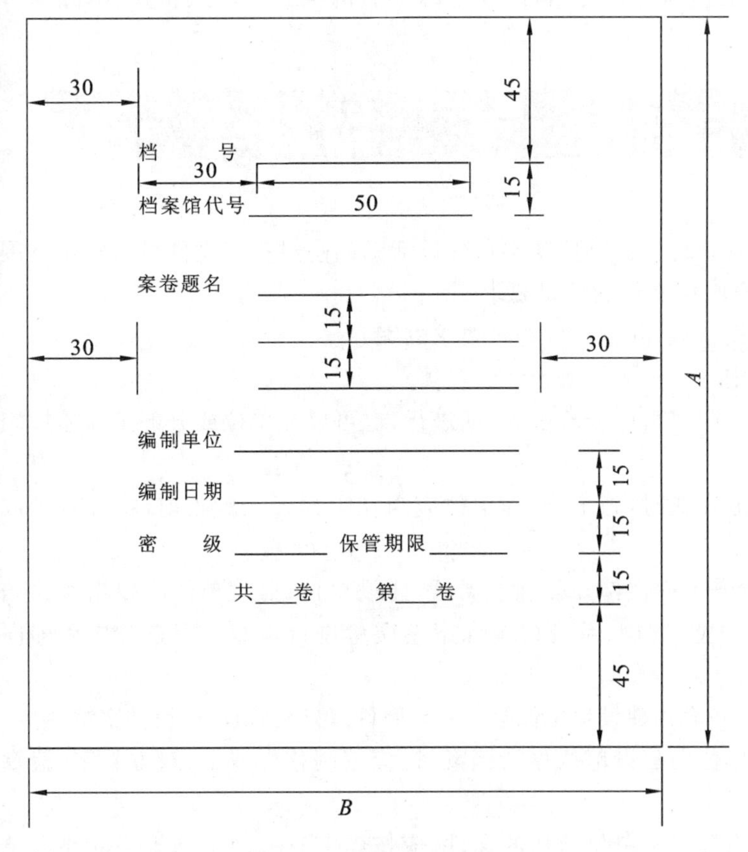

图6-4　案卷封面式样

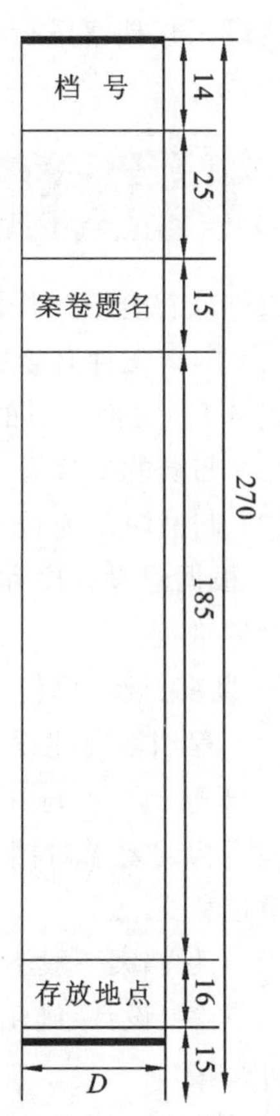

图6-5　档案盒背脊式样

任务5 工程文件的归档

一、工程档案归档的意义

档案是宝贵的财富，具有很高的史料价值。档案资料管理是现代管理工作的基础。档案管理具有系统性、完整性、规范性、安全性、时效性和真实性等特点。

建设工程档案归档对于建设、设计、施工、监理等相关单位来说，是企业技术经济资料的储备，企业可以以此为依托开展技术交流，从而提高企业的管理水平及工程建设质量水平。

建设工程档案是设计、施工、监理等相关单位向建设单位提供的工程建设质量保证的原始凭证，也即由各相关单位给出的工程的合格证，建设工程档案归档就是对这些合格证进行法定的、规范的保存。

建设工程档案是鉴别工程质量，特别是结构工程中隐蔽工程质量的重要依据。同时建设工程档案记录了工程建设的技术、质量情况，以及其他相关参数，它类似于病人留存在医院的病历。建设工程档案进行归档对于工程的合理使用，以及工程今后的维修、改建、扩建、拆除具有重要的意义。

二、归档的要求

归档应符合下列规定。

(1) 归档文件必须完整、准确、系统且能够反映工程建设活动的全过程。文件材料归档范围详见表6-1。文件材料的质量符合归档文件的质量要求。

(2) 归档的文件必须经过分类整理，并应组成符合要求的案卷。

(3) 归档时间应符合下列规定。

① 根据建设程序和工程特点，归档可以分阶段、分期进行，也可以在单位或分部工程通过竣工验收后进行。

② 勘察、设计单位应当在任务完成时，施工、监理单位应当在工程竣工验收前，将各自形成的有关工程档案向建设单位归档。

③ 勘察、设计、施工单位在收齐工程文件并整理立卷后，建设单位、监理单位应根据城建档案管理机构的要求对档案文件的完整、准确、系统情况和案卷质量进行审查。审查合格后即向建设单位移交。

④ 工程档案一般不少于两套，一套由建设单位保管，一套(原件)移交当地城建设档案馆(室)。

⑤ 勘察、设计、施工、监理等单位向建设单位移交档案时，应编制移交清单，双方签字、盖章后方可交接。

⑥ 凡设计、施工及监理单位需要向本单位归档的文件，应按国家有关规定和规范的要求单独立卷归档。

三、建设工程档案的载体

所谓载体，就是指建设工程档案被记录的形式和方法。目前使用的载体有以下几种，其中最常用的为纸质载体。

(1) 纸质载体：以纸张为基础的载体形式。

(2) 缩微品载体：以胶片为基础，利用缩微技术对工程资料进行保存的载体形式。

(3) 光盘载体：以光盘为基础，利用计算机技术对工程资料进行存储的形式。

(4) 磁性载体：以磁性记录材料(磁带、磁盘等)为基础，对工程资料的电子文件、声音、图像进行存储的方式。

四、建设工程档案的特征

(一) 分散性和复杂性

建设工程施工周期长，生产工艺复杂，建筑材料种类多，建筑技术发展迅速，影响建设工程因素多种多样，工程建设阶段性强且相互穿插。由此导致了建设工程档案资料的分散性和复杂性。这个特征决定了建设工程档案是多层次、多环节、相互关联的复杂系统。

(二) 继承性和时效性

随着建筑技术、施工工艺、新材料，以及建筑企业管理水平的不断提高和发展，档案可以被继承和积累。新的工程在施工过程中可以吸取以前的经验，避免重犯以往的错误。同时，建设工程档案有很强的时效性，档案的价值会随着时间的推移而衰减，有时资料档案一经生成，就必须传达到有关部门，否则会造成严重后果。

(三) 全面性和真实性

建设工程档案只有全面反映项目的各类信息，才更有实用价值，因此必须形成一个完整的系统。如果只言片语地引用往往会起到误导的作用。另外，建设工程档案必须真实反映工程情况，包括发生的事故和存在的隐患。真实性是对所有档案资料的共同要求，但在建设领域对这方面要求更为迫切。

(四) 随机性

建设工程档案产生于工程建设的整个过程中，工程开工、施工、竣工等各个阶段、各个环节都会产生各种档案。部分建设工程档案的产生有规律性(如各类报批文件)，但还有相当一部分档案产生是由具体工程事件引发的，因此建设工程档案是有随机性的。

(五) 多专业性和综合性

建设工程档案依附于不同的专业对象而存在，又依赖不同的载体而流动。建设工程档案涉及多种专业，如建筑、市政、公用、消防、保安等，也涉及电子、力学、声学、美学等多种学科，同时综合了质量、进度、造价、合同、组织协调等多方面的内容。

五、建设工程档案归档管理职责

建设工程资料的归档管理不仅仅是哪一家单位的职责，而是工程质量的各责任主体共同的职责，因此在《建设工程文件归档规范》(GB/T 50328—2014)中明确了相关单位的相应职责。

（一）通用职责

(1) 工程各参建单位填写的建设工程档案应以施工及验收规范、工程合同、设计文件、工程施工质量验收统一标准等为依据。

(2) 工程档案资料应随工程进度及时收集、整理，并应按专业归类，认真书写，字迹清楚，项目齐全、准确、真实，无未了事项。表格应采用统一表格，特殊要求需要增加的表格应统一归类。

(3) 工程档案进行分级管理，建设工程项目各单位技术负责人负责本单位工程档案资料的全过程组织工作并负责审核，各相关单位档案管理员负责工程档案资料的收集、整理工作。

(4) 对工程档案进行涂改、伪造、随意抽撤或损毁、丢失等，应按有关规定予以处罚，情节严重的，应依法追究法律责任。

（二）建设单位职责

(1) 在工程招标及与勘察、设计、监理、施工等单位签订协议、合同时，应对工程资料的套数、费用、质量、移交时间等提出明确要求。

(2) 收集和整理工程准备阶段、竣工验收阶段形成的资料，并应进行立卷归档。

(3) 负责组织、监督和检查勘察、设计、施工、监理等单位的工程资料的形成、积累和立卷归档工作，也可委托监理单位监督、检查工程资料的形成、积累和立卷归档工作。

(4) 收集和汇总勘察、设计、施工、监理等单位立卷归档的工程档案。

(5) 在组织工程竣工验收前，应提请当地城建档案管理部门对工程档案进行预验收。未取得工程档案验收认可文件，不得组织工程竣工验收。

(6) 对列入当地城建档案管理部门接收范围的工程，工程竣工验收 3 个月内，应向当地城建档案管理部门移交一套符合规定的工程资料。

(7) 必须向参与工程建设的勘察、设计、施工、监理等单位提供与建设工程有关的原始资料，原始资料必须真实、准确、齐全。

(8) 可委托承包单位、监理单位组织工程档案的编制工作，负责组织竣工图的绘制工作；也可委托承包单位、监理单位、设计单位完成，收费标准按照所在地相关文件执行。

（三）监理单位职责

(1) 应设专人负责监理资料的收集、整理和归档工作。在项目监理部，监理资料的管理应由总监理工程师负责，并指定专人具体实施，监理资料应在各阶段监理工作结束后及时整理归档。

(2) 监理资料必须及时整理、真实完整、分类有序。在设计阶段，对勘察、测绘、设计单位的工程资料的形成、积累和立卷归档应进行监督、检查；在施工阶段，对施工单位的工程资料的形成、积累、立卷归档应进行监督、检查。

(3) 可以按照委托监理合同的约定，接受建设单位的委托，监督、检查工程资料的形成积累和立卷归档工作。

(4) 编制的监理资料的套数、提交内容、提交时间，应按照现行《建设工程文件归档规范》(GB/T 50328—2014)和各地城建档案管理部门的要求，编制移交清单，双方签字、盖章后，及时移交建设单位，由建设单位收集和汇总。监理公司档案部门需要的监理档案，按照《建设工程监理规范》(GB 50319—2013)(以下简称《监理规范》)的要求，及时由项目监理部提供。

(四) 施工单位职责

(1) 实行技术负责人负责制，逐级建立、健全施工资料管理岗位责任制，配备专职档案管理员，负责施工资料的管理工作。工程项目的施工资料应设专门的部门(专人)负责收集和整理。

(2) 建设工程实行总承包的，由总承包单位负责收集、汇总各分包单位形成的工程档案，各分包单位应将本单位形成的工程资料整理、立卷后及时移交总承包单位。建设工程项目由几个单位承包的，各承包单位负责收集、整理、立卷其承包项目的工程资料，并应及时向建设单位移交，各承包单位应保证归档资料的完整、准确、系统，能够全面反映工程建设活动的全过程。

(3) 可以按照施工合同的约定，接受建设单位的委托进行工程档案的组织、编制工作。

(4) 按要求在竣工前将施工资料整理汇总完毕，再移交建设单位进行工程竣工验收。

(5) 负责编制的施工资料的套数不得少于地方城建档案管理部门要求的套数，但应有完整的施工资料移交建设单位及自行保存，保存期可根据《建设工程文件归档规范》(GB/T 50328—2014)有关要求确定。如建设单位对施工资料的编制套数有特殊要求的，可另行约定。

(五) 地方城建档案管理部门职责

(1) 负责接收和保管所辖范围应当永久和长期保存的工程档案和有关资料。

(2) 负责对城建档案工作进行业务指导，监督和检查有关城建档案法规的实施。

(3) 列入向本部门报送工程档案范围的工程项目，其竣工验收应有本部门参加并负责对移交的工程档案进行验收。

任务 6 建设工程档案的验收与移交

对于列入城建档案管(室)档案接收范围的工程，建设单位在组织工程竣工验收前，应提请城建档案管理机构对工程档案进行预验收。建设单位未取得城建档案管理机构出具的认可文件，不得组织工程竣工验收。凡报送的工程档案，如验收不合格应将其退回建设单位，由建设单位责成责任者重新进行编制，待达到要求后重新报送。地方城建档案管理部门负责工程档案的最后验收，并对编制报送工程档案进行业务指导、督促和检查。

一、建设工程资料归档的要求

（一）对归档文件的要求

（1）归档文件必须完整、准确、系统，能够反映工程建设活动的全过程。文件材料归档范围及文件的质量应满足上文的要求。

（2）归档的文件必须经过分类整理，并应组成符合要求的案卷。

（二）对归档时间的要求

（1）根据建设程序和工程特点，归档可以分阶段分期进行，也可以在单位或分部工程通过竣工验收后进行。

（2）勘察、设计单位应当在任务完成时，施工、监理单位应当在工程竣工验收前，将各自形成的有关工程档案向建设单位归档。

（三）对归档数量的要求

工程档案一般不少于两套，一套由建设单位保管，一套（原件）移交当地城建档案馆（室）。

（四）对归档程序的要求

勘察、设计、施工单位在收齐工程文件并整理立卷后，建设单位、监理单位应根据城建档案管理机构的要求对档案文件的完整、准确情况和系统情况、案卷质量进行审查。审查合格后方可向建设单位移交。勘察、设计、施工、监理等单位向建设单位移交档案时，应编制移交清单，双方签字、盖章后方可交接。归档工作程序如图 6-6 所示。

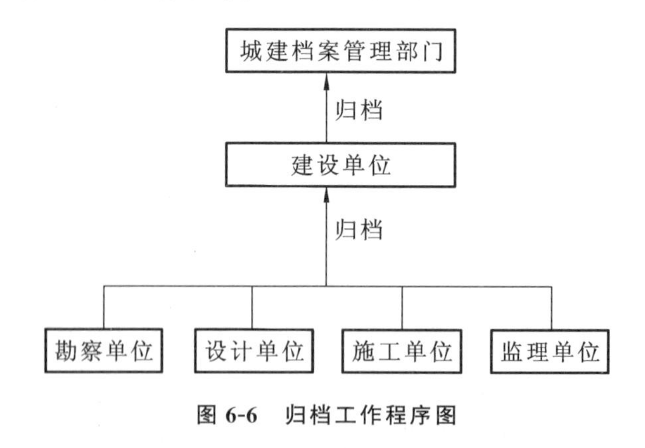

图 6-6 归档工作程序图

二、建设工程档案的验收

（1）城建档案管理部门在进行工程档案预验收时，应重点验收以下内容，初验认可证见图 6-7。

① 工程档案应分类齐全、系统完整。

② 工程档案的内容真实、准确地反映工程建设活动和工程实际状况。

建设工程竣工档案初验认可证

编号：

建设单位		单位负责人姓名			
施工单位		单位负责人姓名			
监理单位		单位负责人姓名			
工程名称		工程地址		层数	
建筑面积		结构形式			
档案员姓名		开工日期		竣工日期	

初验意见：根据《建筑工程质量管理条例》和《关于印发<房屋建筑工程和市政基础设施工程竣工验收暂行规定>的通知》(建建[2000]142号)要求，该工程竣工档案初验基本符合要求；建设单位要按照有关规定在竣工验收后进一步整理、规范竣工档案并及时向城建档案馆报送一套完整的工程竣工档案。

特发此证

城建档案管理部门(盖章)
年　月　日

说明：1. 本证未经城建档案管理部门盖章无效；
2. 本证不得涂改和转借；
3. 本证由省建设厅统一印制、编号。

图 6-7　建设工程竣工初验认可证

③ 工程档案已整理立卷，立卷符合现行《建设工程文件归档规范》(GB/T 50328—2014)的规定。

④ 竣工图绘制方法、图式及规格等应符合专业技术要求，图面整洁，盖有竣工图章。

⑤ 文件的形成、来源符合实际，要求单位或个人签章的文件，其签章手续应完备。

⑥ 文件材质、幅面、书写、绘图、用墨和托裱等应符合要求。

工程档案由建设单位进行验收，属于向地方城建档案管理部门报送工程档案的工程项目还应会同地方城建档案管理部门共同验收。

(2) 国家、省、市重点工程项目或一些特大型、大型的工程项目的预验收和验收，必须有地方城建档案管理部门参加。

(3) 为确保工程档案的质量，各编制单位、地方城建档案管理部门、建设行政管理部门等要对工程档案进行严格检查、验收。编制单位、制图人、审核人和技术负责人必须进行签字或盖章。对不符合技术要求的，一律退回编制单位进行改正、补齐，问题严重者可令其重做。不符合要求者，不能交工验收。合格后可发放合格证，合格证如图 6-8 所示。

三、建设工程档案的移交

(1) 列入城建档案管理部门接收范围的工程，建设单位在工程竣工验收后 3 个月内向城建档案管理部门移交一套符合规定的工程档案。

(2) 停建、缓建工程的工程档案，暂由建设单位保管。

(3) 对改建、扩建和维修工程，建设单位应当组织设计单位、监理单位和施工单位据实修改、补充和完善工程档案。对改变的部位，应当重新编写工程档案，并在工程竣工验收后 3 个月内

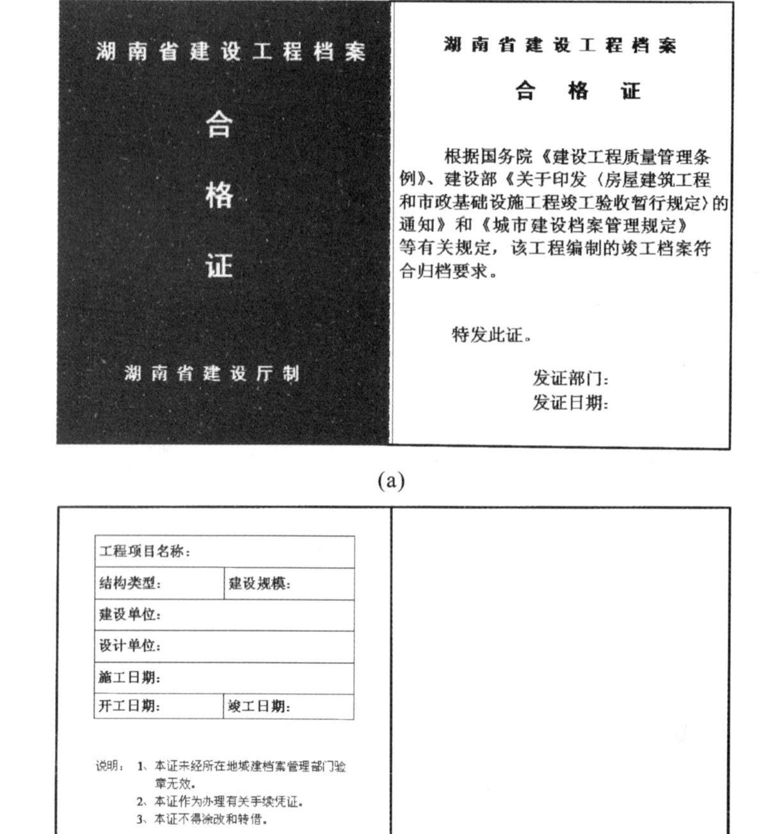

湖南省建设工程档案

合

格

证

湖南省建设厅制

湖南省建设工程档案

合　格　证

根据国务院《建设工程质量管理条例》、建设部《关于印发〈房屋建筑工程和市政基础设施工程竣工验收暂行规定〉的通知》和《城市建设档案管理规定》等有关规定，该工程编制的竣工档案符合归档要求。

特发此证。

发证部门：
发证日期：

(a)

工程项目名称：	
结构类型：	建设规模：
建设单位：	
设计单位：	
施工日期：	
开工日期：	竣工日期：

说明：1、本证未经所在地城建档案管理部门验章无效。
2、本证作为办理有关手续凭证。
3、本证不得涂改和转借。

(b)

图 6-8　建设工程档案合格证

向城建档案管理部门移交。

(4) 建设单位向城建档案管理部门移交工程档案时，应办理移交手续，填写移交目录，双方签字、盖章后交接。

(5) 施工单位、监理单位等有关单位应在工程竣工验收前将工程档案按合同或协议规定的时间、套数移交给建设单位，并办理移交手续。

建筑工程竣工档案主要内容及排列顺序见表 6-2。

建设工程档案报送责任书见表 6-3。

建筑工程文件归档范围见表 6-4。

建设工程档案预验收意见书见表 6-5。

建设工程档案接收和移交证明书见表 6-6。

移交档案目录见表 6-7。

卷内目录见表 6-8。

卷内备考表见表 6-9。

案卷目录见表 6-10。

表 6-2　建筑工程竣工档案主要内容及排列顺序

长沙市城建档案馆
建筑工程竣工档案主要内容及排列顺序

	档案资料内容	资料编号	档案资料内容	资料编号
综合文件材料[建设单位编制]	一、建设项目可行性研究报告及批文		八、工程竣工测量成果 (委托勘测部门实施)	
	二、招、投标书,答疑及评标文件材料,中标通知单		九、五方责任主体工程质量终身责任承诺书及法人代表授权书	备 2015-12
	三、工程勘测、设计、监理、施工合同		十、拆迁档案资料	
	四、工程地质勘查报告		十一、工程电子档案	
	五、施工图设计审查文件(含附件)			
	六、工程决算和工程审计文件		十二、工程建设照片、照片光盘,工程录像素材带、工程电视专题片	
	七、监理规划、细则、现场指令、月报、总结报告		十三、小区、厂区、园区:道路、管线、绿化、亮化等档案	不归档
建筑与结构[此处开始由施工单位编制]	工程概况表(附工程正、侧面和建设前原貌彩色照片)		8.设计、勘察单位工程质量检测报告	备 2015-06/7
	工程竣工验收备案表	备 2015-01	9.施工总结	
	建设工程档案工作终身责任人登记表		**二、建筑与结构工程**	
			1.图纸会审(技术交底)记录、纪要	施 2015-33
	一、单位(子单位)工程质量竣工验收文件材料		2.施工组织设计(方案)及审批表	施 2015-31
			3.施工技术交底记录	施 2015-32
	1.单位(子单位)工程质量竣工验收记录	施 2015-01	4.工程开工/复工报审表	施 2015-38~44
	2.单位(子单位)工程质量控制资料核查记录	施 2015-02	5.设计变更、洽商记录及工程变更单	施 2015-34~37
	3.单位(子单位)工程安全和功能检验资料核查及主要功能抽查记录	施 2015-03	6.工程定位测量放线、建筑物沉降、变形观测记录、建筑物垂直度、标高观测测量记录、测量定位记录平面图	施 2015-57~63
	4.单位(子单位)工程观感质量检查记录	施 2015-04		
	5.施工现场质量管理检查记录	施 2015-17	7.原材料材质汇总表、出厂质量证明、见证取样送检书、现场抽样试验报告	施 2015-104/20/27/29/102/10/3
	6.竣工验收报告、工程质量评估报告	备 2015-02/3		
	7.工程竣工报告、竣工验收申请报告	备 2015-04/5	(1)钢材:汇总表、出厂材质证明、见证取样送检书、现场抽样试验报告	施 2015-23/105

续表

	档案资料内容	资料编号
建筑与结构［此处开始由施工单位编制］	(2)水泥：汇总表、出厂材质证明、见证取样送检书、现场抽样试验报告	施 2015-24
	(3)砼：配合比试验报告、预拌砼站原材料出厂质量证明及试验报告、砼站抽样试验报告。汇总表、见证取样送检书、结构用砼试块强度评定验收记录、现场抽样试验报告、结构砼施工记录、浇筑令、隐蔽验收记录、粗细骨料及砼外加剂出厂材质证明、现场抽样试验报告	施 2015-28
	(4)砂浆：配合比试验报告、汇总表、见证取样送检书、砌体砂浆试块强度评定验收记录、现场抽样试验报告	
	(5)砌块：汇总表、出厂材质证明、见证取样送检书、现场抽样试验报告	
	(6)防水材料：出厂证明、生产许可证、试验报告、见证取样送检书、现场抽样试验报告、现场防水砼、砂浆抽样试验报告、防水隐蔽验收记录	
	(7)构件：生产合格证、生产工艺试验资料、现场预制构件验收记录、现场静载检测报告、吊装记录	施 2015-82
	(8)焊接：汇总表、焊剂焊条合格证、试验报告、见证取样送检书、现场焊接抽样试验报告、焊工上岗证及施工焊接质量验收记录	施 2015-21/22/83～88
	(9)装饰装修材料：出厂材质证明、试验报告见证取样送检书、现场抽样试验报告、进场验收记录	
	8.天然地基(土方开挖)工程质量验收记录、地基触探试验记录、土壤实验	施 2015-70/71/106/107

档案资料内容		资料编号
9.基桩	(1)图纸会审、施组、技术交底交桩记录、测量记录(桩基工程分包时)	
	(2)钢筋、水泥、焊接、商品砼预制桩管汇总表、出厂质量证明书、见证取样送检书、现场抽检试验报告	
	(3)砼试块强度试验报告、汇总表及评定	
	(4)桩施工记录、桩位偏差表	施 2015-112～122
	(5)桩静荷载试验报告、动测等试验报告	
	(6)分部、分项工程及检验批验收记录、桩基工程质量验收记录	施 2015-05/6/123
	(7)基桩竣工图	
10.其他隐蔽工程验收记录		施 2015-51/52
11.砼、大型构件吊装记录		施 2015-82
12.新材料工艺施工记录		
13.砼结构实体强度、钢筋保护层厚度检查记录(委托试验室现场检测)		施 2015-99
14.施工记录(其中的施工日志只移交建设单位)		
15.单位(子单位)工程安全和功能检验资料核查及主要功能抽查记录		施 2015-03
(1)建筑物临空处防护栏杆(板)及踏步功能检查记录		施 2015-96
(2)抽气(风)道检查记录		施 2015-95
(3)屋面蓄水(淋水)实验及地下室防水效果检查记录		施 2015-89
(4)地漏安装、卫生间、阳台、厨房地面泼水检查记录		施 2015-90

续表

	档案资料内容	资料编号
	(5)浴间、卫生间、厨房等有防水要求的地面蓄水试验记录	施 2015-91
	(6)室内净高、室内与阳台、走廊、卫生间、厨房地面检查记录	施 2015-92
	(7)室内环境检测报告	
给排水与采暖工程	**三、给排水与采暖工程**	
	1.图纸会审(技术交底)记录	施 2015-33
	2.施工组织设计(方案)及审批表	施 2015-31
	3.施工技术交底记录	施 2015-32
	4.工程开工/复工报审表	施 2015-38/39
	5.设计变更、洽商记录及工程变更单	施 2015-34～37
	6.材料、设备、配件进场验收记录;出厂质量证明书、见证取样送检书及现场抽样试验报告	施 2015-104 施 2015-20
	7.管道强度、严密性试验及监督抽查记录	施 2015-54
电气设备安装工程	**四、电气设备安装工程**	
	1.图纸会审(技术交底)记录	施 2015-33
	2.施工组织设计(施工方案)和审批记录	施 2015-31
	3.施工技术交底记录	施 2015-32
	4.工程开工/复工报审表	施 2015-38～39
	5.设计变更、洽商记录及工程变更单	施 2015-34～37
	6.材料、配件、设备进场验收记录,见证取样送检书、出厂质量证明书及现场抽样试验报告	施 2015-104 施 2015-20
	7.电气设备安装调试记录	
	(1)普通电气设备安装动态检查记录	施 2015-181
	(2)接地装置安装试验记录	施 2015-186
	(3)大型照明灯具承载试验记录	施 2015-176

档案资料内容	资料编号
(8)其他安全与功能验收记录	
16.分部工程验收记录	施 2015-05
17.分项工程质量验收记录	施 2015-06
18.检验批验收记录	
19.工程质量事故报告	施 2015-19
8.系统清洗、灌水、通水、通球、压力试验记录、盛水试验检验记录	施 2015-144～149
9.施工记录(其中的施工日志只移交建设单位)	
10.建筑设备安装工程隐蔽验收记录	施 2015-143
11.管道的检测报告	质监检测
12. 分部工程质量验收记录	施 2015-05
13.分项工程质量验收记录	施 2015-06
14.检验批质量验收记录	
15.工程质量事故报告	施 2015-19
(4)建筑物照明全负荷通电试运行记录	施 2015-189
(5)电气照明试运行记录	施 2015-175
(6)通电安全记录,试运行记录	施 2015-173～174
(7)漏电试验记录、温度测量记录	施 2015-177/178
(8)交接试验记录、隐蔽验收记录	施 2015-179/180
(9)漏电保护、接线检查记录	施 2015-183/184
(10)双电源实验记录、低压配电检查记录	施 2015-185/188
8.电源设备绝缘电阻测试记录	施 2015-187
9.防雷及电器设备接地电阻测试验收记录	施 2015-182
10.施工记录(其中的施工日志只移交建设单位)	

续表

	档案资料内容	资料编号
	11.建筑设备安装工程隐蔽验收记录	施 2015-143
	12.绝缘接地检测报告	质检检测
	13. 分部工程质量验收记录	施 2015-05
通风与空调工程	**五、通风与空调工程**	
	1.图纸会审(技术交底)记录	施 2015-33
	2.施工组织设计(施工方案)和审批记录	施 2015-34/35
	3.施工技术交底记录	施 2015-32
	4.工程开工/复工报审表	施 2015-38/39
	5.设计变更、洽商记录及工程变更单	施 2015-34/35
	6.材料、配件、设备进场验收记录，见证取样送检书、出厂质量证明书及现场抽样试验报告	施 2015-20 施 2015-31
	7.制冷、空调水管道强度、气密性试验记录	施 2015-162
	8.工程设备、风管系统、管道系统安装及验收记录	施 2015-155～160/164～170
建筑电梯工程	**六、建筑电梯工程**	
	1.图纸会审(技术交底)记录	施 2015-33
	2.施工组织设计(施工方案)和审批记录	施 2015-31
	3.施工技术交底记录	施 2015-32
	4.工程开工/复工报审表	施 2015-38/39
	5.设计变更、洽商记录及工程变更单	施 2015-34/35
	6.材料、配件、设备进场验收记录;见证取样送检书、出厂质量证明书、现场抽样检验报告及开箱检验记录	施 2015-20，2015-103/104
	7.防雷、接地、绝缘电阻测试见证记录	施 2015-182/187

档案资料内容	资料编号
14.分项工程质量验收记录	施 2015-06
15. 检验批质量验收记录	
16.工程质量事故报告	施 2015-19
9.设备单机试车记录	施 2015-166
10.系统联合试运转记录	施 2105—167
11.制冷设备运行调试记录	施 2015-161
12.空气净化系统检测记录	施 2015-163
13.施工记录(其中的施工日志只移交建设单位)	
14.建筑设备安装工程隐蔽验收记录	施 2015-52
15.工程安全和功能检验资料核查及主要功能抽查记录	施 2015-03
16.资料核查、工程观感记录	2015—02/4
17.分部工程质量验收记录	施 2015-06
18.分项工程质量验收记录	施 2015-06
19.检验批质量验收记录	
20.工程质量事故报告	施 2015-19
仅归档大型集中式中央空调	
8.与建筑结构交接验收记录，电气装置安装检查记录、运行试验记录	施 2015-222/225/228/230
9.层门与轿门试验记录	施 2015-224
10.电梯安全装置检测报告	施 2015-231
11.电梯安全、功能试验报告	施 2015-232
12.电梯运行检验报告	施 2015-233
13.电梯安装质量自检检测报告	
14.施工记录(其中的施工日志只移交建设单位)	
15.隐蔽工程验收记录	施 2015-51
16.技术监督局特检中心检测报告	
17.工程安全和功能检验资料核查及主要功能抽查记录	施 2015-03

续表

	档案资料内容	资料编号	档案资料内容	资料编号
	18.资料核查、工程观感记录	施 2015-02	20.检验批质量验收记录	
	19.分部工程质量验收记录	施 2015-05	21.工程质量事故报告	施 2015-19
建筑智能化工程	**七、建筑智能化工程**		8.系统技术、操作及维护手册	
	1.图纸会审(技术交底)记录	施 2015-33	9.系统管理、操作人员培训纪录	
	2.施工组织设计(施工方案)和审批记录	施 2015-31	10.系统检测报告	
			11.施工记录(其中的施工日志只移交建设单位)	
	3.施工技术交底	施 2015-32	12. 隐蔽工程验收记录	施 2015-51
	4.工程开工/复工报审表	施 2015-38/39	13.工程安全和功能检验资料核查及主要功能抽查记录	施 2015-03
	5.设计变更、洽商记录及工程变更单	施 2015-34/35	14.资料核查、工程观感记录	施 2015-02
	6.材料、配件、设备进场验收记录;见证取样送检书、出厂质量证明书及现场抽样检验报告	施 002—104/20/102/103	15.分部工程质量验收记录	施 2015-05
			16.检验批质量验收记录	
	7.系统功能测定及设备调试记录		17.工程质量事故报告	施 2015-19
保温节能	**八、建筑节能工程**			
	九、分户工程验收			
	十、装饰装修工程		**十一、幕墙工程**	
	十二、钢结构工程			
	十三、预应力工程		**十四、建筑智能化工程二**	
竣工图	**十五、工程竣工图**		5.消防工程竣工图	
	1.建筑竣工图(含总图)		6.通风与空调工程竣工图	
	2.基础竣工图		7.电梯、智能建筑工程竣工图	
	3.结构竣工图		8.门窗、外墙、幕墙等装饰竣工图	
	4.给排水与采暖及电气工程竣工图		9.其他竣工图	

表 6-3　建设工程档案报送责任书

建设工程档案报送责任书

湘质监统编
城档 2015—1

报送档案单位：________________________(以下简称甲方)

责任人：____________　　电话：________________

接收档案单位：________________________市/县城建档案馆(室)(以下简称乙方)

联系人：____________　　电话：________________

根据《中华人民共和国档案法》、《中华人民共和国城乡规划法》、《建设工程质量管理条例》、《科学技术档案工作条例》、《城市建设档案管理规定》、《城市地下管线工程档案管理办法》等法律、法规的规定，结合实际情况，为确保建设单位(甲方)在工程项目竣工验收合格后三个月内及时向乙方报送一套符合要求的建设工程档案，经甲乙双方协商一致，签订本责任书：

一、工程项目名称：________________________

二、开、竣工日期：______年______月______日至______年______月______日

三、甲方责任：

(1) 领取建设工程规划许可证或建设工程施工许可证前，向工程项目所在地城建档案机构登记，并签订责任书；

(2) 配备专(兼)职工作人员，及时收集积累、整理工程各环节的文件资料，并在工程竣工前及时通知乙方进行工程档案预验收；

(3) 在工程项目竣工验收合格后三个月内，向乙方报送一套完整的工程档案；地下管线工程应在竣工验收后 15 个工作日内，向乙方报送一套完整的工程档案；如遇特殊情况，应向乙方提出延期报送申请，经乙方批准后在延期内报送；

(4) 向城建档案管理机构报送的工程档案内容按________________________文件规定执行；报送的工程档案应是原件，内容应当真实、准确，文字整洁，图表清晰，签章手续完备，制作和书写材料利于长期保存；案卷归档质量符合《建设工程文件归档规范》(GB/T 50328—2014)的规定。

四、乙方责任：

(1) 按国家有关规定，对该项建设工程文件材料的形成、积累、整理、归档及其城建档案报送、移交工作进行不定期的现场业务指导；

(2) 向甲方提供建设工程档案的专业培训、技术咨询及其相关的服务性工作；

(3) 收到甲方档案预验收申请后 5 个工作日内，对该项工程的档案进行预验收；

(4) 工程档案预验收合格后 2 个工作日内，出具档案预验收意见书；

(5) 接收该项建设工程档案后，确保档案安全保管和向甲方提供使用。

五、违约责任：

根据《中华人民共和国城乡规划法》、《建设工程质量管理条例》等法律法规的规定，甲方未按规定向乙方报送建设工程档案的，应按相关规定承担违约责任。

表 6-4 建筑工程文件归档范围

建筑工程文件归档范围

湘质监统编
城档 2015—2

类别	归档文件及编号		保存单位	
	归 档 文 件	湘质监统编文件编号	建设单位	城建档案馆
工程准备阶段文件(A类)				
A1	立项文件			
1	项目建议书批复文件及项目建议书		▲	▲
2	可行性研究报告批复文件及可行性研究报告		▲	▲
3	专家论证意见、项目评估文件		▲	△
4	有关立项的会议纪要、领导批示、其他立项附属文件		▲	△
5	项目立项政府批复文件		▲	▲
A2	建设用地、拆迁文件			
1	选址申请及选址规划意见通知书		▲	▲
2	建设用地批准书		▲	▲
3	拆迁安置意见、协议、方案等		▲	△
4	拆迁户拆迁资料及拆迁补偿资料		▲	△
5	建设用地规划许可证及其附件		▲	▲
6	土地使用证明文件及其附件		▲	▲
7	建设用地钉桩通知单		▲	△
A3	勘察、设计文件			
1	工程地质勘察报告(包括水文地质报告)		▲	▲
2	初步设计文件(说明书)、初步设计批复文件		▲	
3	设计方案审查意见		▲	▲
4	人防、环保、消防等有关主管部门(对设计方案)审查意见		▲	▲
5	设计计算书		▲	△
6	施工图设计文件审查意见及备案		▲	▲
7	节能设计备案文件		▲	△
A4	招投标文件			
1	勘察、设计、代建招投标文件		▲	△
2	勘察、设计、代建合同		▲	▲
3	施工招投标文件		▲	△
4	施工合同		▲	▲
5	工程监理招投标文件		▲	△
6	监理合同		▲	▲

续表

类别	归档文件及编号		保存单位	
	归档文件	湘质监统编文件编号	建设单位	城建档案馆
A5	开工审批文件			
1	建设工程规划许可证及其附件		▲	▲
2	建设工程施工许可证		▲	▲
A6	工程造价文件			
1	工程投资估算材料		▲	▲
2	工程设计概算材料		▲	▲
3	招标控制价格文件		▲	▲
4	合同价格文件		▲	▲
5	结算价格文件		▲	▲
A7	工程建设基本信息			
1	工程概况信息表		▲	▲
2	建设单位工程项目负责人及现场管理人员名册		▲	▲
3	监理单位工程项目总监及监理人员名册		▲	▲
4	施工单位工程项目经理及质量管理人员名册		▲	▲
5	设计单位工程项目负责人及各专业设计人员名册		▲	▲
6	勘察单位工程项目负责人及项目技术负责人、现场施工工人员名册		▲	▲
7	代建单位工程项目负责人及现场管理人员名册		▲	▲
8	分包施工单位工程项目经理及质量管理人员名册		▲	▲
9	检测单位(地基、主体、幕墙、钢构、节能等)		▲	▲
10	比对检测单位		▲	▲
11	其他		▲	▲
B1	监理、进度、造价控制文件(B类)			
1	监理规划审批记录		▲	▲
2	监理实施细则及审批记录		▲	▲
3	监理月报		▲	▲
4	监理会议纪要		▲	▲
5	监理日志		▲	▲
6	监理工作总结		▲	▲
7	总监理工程师任命书	监理 2015—1	▲	▲
8	监理报告	监理 2015—2	▲	▲
9	监理通知单	监理 2015—3	▲	▲

续表

类别	归档文件及编号		保存单位	
	归档文件	湘质监统编文件编号	建设单位	城建档案馆
10	监理通知回复单	监理 2015—4	▲	▲
11	监理工作联系单	监理 2015—5	▲	▲
12	旁站记录	监理 2015—6	▲	▲
13	公司对监理人员任命函及项目实施过程中监理人员变更函		▲	▲
14	质量事故处理记录		▲	▲
B2	进度控制文件			
1	工程开工报审表	施 2015—38	▲	▲
2	单位工程开工报告	施 2015—39	▲	▲
3	工程复工报审表	施 2015—40	▲	▲
4	工程开工令	施 2015—41	▲	▲
5	工程暂停令	施 2015—42	▲	▲
6	工程复工令	施 2015—43	▲	▲
7	工程临时最终延期报审表	施 2015—44	▲	▲
8	施工进度计划报审表	施 2015—45	▲	▲
9	施工进度计划		▲	▲
B3	造价控制文件			
1	工程款支付报审表	施 2015—46	▲	▲
2	工程变更、洽商费用报审表	施 2015—47	▲	▲
3	费用索赔报审表录	施 2015—48	▲	▲
4	工程款支付证书	施 2015—49	▲	▲
5	索赔意向通知书	施 2015—50	▲	▲
C1	施工管理及施工技术文件			
1	工程概况表	施 2015—16	▲	▲
2	施工现场质量管理检查记录	施 2015—17	▲	▲
3	企业资质证书及相关专业人员岗位证书		▲	▲
4	分包单位资质报审表	施 2015—18	▲	▲
5	工程质量事故报告	施 2015—19	▲	▲
6	施工日志	施 2015—30	▲	▲
7	施工组织设计或(专项)施工方案报审表	施 2015—31	▲	▲
8	施工组织设计		▲	▲
9	危险性较大分部分项工程施工方案		▲	▲

续表

类别	归档文件及编号		保存单位	
	归档文件	湘质监统编文件编号	建设单位	城建档案馆
10	转机专项施工方案		▲	▲
11	单位工程分部分项工程划分方案		▲	▲
12	工程试验检测方案		▲	▲
13	施工技术交底记录	施 2015—32	▲	▲
14	图纸会审记录	施 2015—33	▲	▲
15	设计变更通知单(设计院下发的)		▲	▲
16	工程洽商记录(技术核定单)	施 2015—34	▲	▲
17	工程变更单	施 2015—35	▲	▲
18	设计变更通知单内容上竣工图责任登记表	施 2015—36a	▲	▲
19	工程变更洽商记录内容上竣工图责任登记表	施 2015—36b	▲	▲
20	工程竣工图编制质量责任登记表	施 2015—37	▲	▲
	施工物资出厂质量证明及进场检测文件			
C2	出厂质量证明文件及检测报告			
1	工程材料/构配件/设备供应单位资格报审报	施 2015—102	▲	▲
2	工程资料、构配件、设备报审表	施 2015—103	▲	▲
3	建筑安装材料、设备及配件产品进场验收记录	施 2015—104	▲	▲
4	钢材质量证明抄件	施 2015—105	▲	▲
5	原材料、试块、试件见证取样送检委托书	施 2015—20	▲	▲
6	钢筋材质试验报告汇总表	施 2015—23	▲	▲
7	水泥材质试验报告汇总表	施 2015—24	▲	▲
8	预拌混凝土进场情况汇总表	施 2015—25	▲	▲
9	砖材质试验报告汇总表	施 2015—26	▲	▲
10	原材料使用部位及数量登记表	施 2015—27	▲	▲
11	砂、石、砖、水泥、钢筋、隔热保温、防腐材料、轻骨料出厂证明文件		▲	▲
12	其他物资出厂合格证、质量保证书、检测报告和报关单或商检证等		▲	▲
13	材料、设备的相关检验报告、型式检测报告、3C 强制认证合格证书或 3C 标志		▲	▲
14	主要设备、器具的安装使用说明书		▲	▲
15	进口的主要材料设备的商检证明文件		▲	▲

续表

类别	归档文件及编号		保存单位	
	归档文件	湘质监统编文件编号	建设单位	城建档案馆
16	涉及消防、安全、卫生、环保、节能的材料、设备的检测报告或法定机构出具的有效证明文件		▲	▲
17	其他施工物资产品合格证、出厂检验报告		▲	▲
C3	进场复试报告			
1	钢材的试验报告		▲	▲
2	水泥试验报告		▲	▲
3	砂试验报告		▲	▲
4	碎、(卵)石试验报告		▲	▲
5	外加剂试验报告		▲	▲
6	防水涂料试验报告		▲	▲
7	防水卷材试验报告		▲	▲
8	砖(砌块)试验报告		▲	▲
9	预应力筋复试报告		▲	▲
10	预应力锚具、夹具和连接器复试的报告		▲	▲
11	装饰装修用门窗复试报告		▲	▲
12	装饰装修用人造木板复试报告		▲	▲
13	装饰装修用花岗石复试报告		▲	▲
14	装饰装修用安全玻璃复试报告		▲	▲
15	装饰装修用外墙面砖复试报告		▲	▲
16	钢结构用钢材复试报告		▲	▲
17	钢结构用防火涂料复试报告		▲	▲
18	钢结构用焊接材料复试报告		▲	▲
19	钢结构用高强度大六角头螺栓连接副复试报告		▲	▲
20	钢结构用扭剪型高强螺栓连接副复试报告		▲	▲
21	幕墙用铝塑板、石材、玻璃、结构胶复试报告		▲	▲
22	给水排水及供工程材料、配件、设备复试报告		▲	▲
23	通风与空调工程散热器、供暖系统保温材料、绝热材料、风机盘管机组等复试报告		▲	▲
24	建筑电气工程材料、配件、设备复试报告		▲	▲
25	智能建筑工程材料、配件、设备复试报告		▲	▲
26	节能工程材料复试报告		▲	▲
27	电梯工程材料、配件、设备复试报告		▲	▲

续表

类别	归档文件及编号		保存单位	
	归档文件	湘质监统编文件编号	建设单位	城建档案馆
28	其他物资进场复试报告		▲	▲
C4	施工记录文件			
1	建筑结构隐蔽工程验收记录	施 2015—51	▲	▲
2	隐蔽验收记录(通用)	施 2015—52	▲	▲
3	建设工程现场隐蔽和变更情况照片贴页	施 2015—53	▲	▲
4	工程预检记录	施 2015—54	▲	▲
5	施工检查记录	施 2015—55	▲	▲
6	交接检查记录	施 2015—56	▲	▲
7	现场交桩记录	施 2015—57	▲	▲
8	工程定位测量记录	施 2015—58	▲	▲
9	基槽验线记录	施 2015—59	▲	▲
10	楼层平面放线记录	施 2015—60	▲	▲
11	楼层标高抄测记录	施 2015—61	▲	▲
12	建筑物沉降变形观测测量记录	施 2015—62	▲	▲
13	建筑物垂直度标高观测测量记录	施 2015—63	▲	▲
14	桩成孔验收记录	施 2015—64a	▲	▲
15	单桩垂直度及桩位偏差记录	施 2015—64b	▲	▲
16	施工控制测量成果报验表	施 2015—65	▲	▲
17	基坑支护变形监测记录	施 2015—66	▲	▲
18	桩基、支护测量放线记录	施 2015—67	▲	▲
19	锚杆、土钉施工记录	施 2015—68	▲	▲
20	锚索施工记录	施 2015—69	▲	▲
21	地基验槽检查记录	施 2015—70	▲	▲
22	地基钎探记录	施 2015—71	▲	▲
23	预拌混凝土施工记录	施 2015—72	▲	▲
24	现拌混凝土施工记录	施 2015—73	▲	▲
25	混凝土浇灌令	施 2015—74	▲	▲
26	混凝土开盘鉴定	施 2015—75	▲	▲
27	混凝土拆模申请书	施 2015—76	▲	
28	混凝土养护测温记录	施 2015—77	▲	
29	大体积混凝土测温记录	施 2015—78	▲	
30	结构实体强度用同条件养护试件测温记录	施 2015—79	▲	

续表

类别	归档文件及编号		保存单位	
	归档文件	湘质监统编文件编号	建设单位	城建档案馆
31	预制构件吊装记录	施2015—82	▲	▲
32	焊接材料烘焙记录	施2015—83	▲	▲
33	钢筋闪光对焊接头施工质量验收记录	施2015—84	▲	▲
34	钢筋电弧焊接头施工质量验收记录	施2015—85	▲	▲
35	钢筋电渣压力焊接头施工质量验收记录	施2015—86	▲	▲
36	钢筋直螺纹连接接头施工质量验收记录	施2015—87	▲	▲
37	焊接施工外观检查记录	施2015—88	▲	▲
38	屋面蓄水(淋水)试验及地下室防水效果检查记录	施2015—89	▲	▲
39	地漏安装、卫生间、阳台、厨房地面泼水检查记录	施2015—90	▲	▲
40	浴间、卫生间、厨房等有防水要求的地面蓄水试验记录	施2015—91	▲	▲
41	室内净高、室内与阳台、走廊、卫生间、厨房地面高差检查记录	施2015—92	▲	▲
42	防水工程试水检查记录	施2015—93	▲	▲
43	外窗外墙淋水检查记录	施2015—94	▲	▲
44	通风(烟)道、垃圾道检查记录	施2015—95	▲	▲
45	建筑物临空处防护栏及踏步功能检验记录	施2015—96	▲	▲
46	预应力空心板预制构件验收记录	施2015—97	▲	▲
47	施工现场预制构件验收记录	施2015—98	▲	▲
48	钢筋保护层厚度检验记录	施2015—99	▲	▲
49	预应力筋张拉记录	施2015—100	▲	▲
50	有黏结预应力结构灌浆记录	施2015—101	▲	▲
51	地基处理记录	施2015—106	▲	▲
52	天然地基(土方开挖)工程质量验收记录	施2015—107	▲	▲
53	强夯施工记录表	施2015—108	▲	▲
54	钻孔施工记录表	施2015—109	▲	▲
55	基坑支护水平位移沉降变形施工检测记录	施2015—110	▲	▲
56	试打桩记录	施2015—111	▲	▲
57	锤击沉管灌注桩施工记录	施2015—112	▲	▲
58	锤击沉管夯扩灌注桩施工记录	施2015—113	▲	▲
59	人工挖孔灌注桩单桩施工记录	施2015—114	▲	▲
60	振动沉管灌注桩施工记录	施2015—115	▲	▲
61	钻孔(含洛阳铲)取土混凝土灌注桩施工记录	施2015—116	▲	▲

续表

类别	归档文件及编号		保存单位	
	归档文件	湘质监统编文件编号	建设单位	城建档案馆
62	旋挖桩施工记录	施 2015—117	▲	▲
63	锤击钢筋混凝土预制桩施工记录	施 2015—118	▲	▲
64	静压预应力管桩(预制桩)施工记录	施 2015—119	▲	▲
65	扩头灌注桩施工记录表	施 2015—120	▲	▲
66	高压喷射注浆地基施工记录	施 2015—121	▲	▲
67	灌注桩施工记录表	施 2015—122	▲	▲
68	桩基工程质量验收记录	施 2015—123	▲	▲
69	钢结构构件进场检查记录	施 2015—124	▲	▲
70	钢结构钢柱基础坐标复核记录表	施 2015—125	▲	▲
71	垂直度和侧面弯曲检查记录	施 2015—126	▲	▲
72	钢结构整体垂直度和平面弯曲检查记录	施 2015—127	▲	▲
73	钢柱安装检查记录	施 2015—128	▲	▲
74	钢结构安装检查记录	施 2015—129	▲	▲
75	网架(索膜)施工记录	施 2015—130	▲	▲
76	扭剪型高强螺栓施工检查记录	施 2015—131	▲	▲
77	大六角头高强度螺栓施工检查记录	施 2015—132	▲	▲
78	幕墙构件、组件加工制作记录	施 2015—133	▲	▲
79	幕墙安装施工记录(一)	施 2015—134	▲	▲
80	幕墙安装施工记录(二)	施 2015—135	▲	▲
81	幕墙打胶养护环境的温度、湿度记录	施 2015—136	▲	▲
82	幕墙防雷接地电阻测试记录	施 2015—137	▲	▲
83	幕墙注胶检查记录	施 2015—138	▲	▲
84	幕墙淋水检查记录	施 2015—139	▲	▲
85	木结构施工记录	施 2015—140	▲	▲
86	装饰材料防火处理施工记录	施 2015—141	▲	▲
87	工艺设备开箱检查记录	施 2015—142	▲	▲
88	建筑设备安装工程隐蔽验收记录	施 2015—143	▲	▲
89	其他施工记录文件			
C5	施工试验及检测文件			
1	钢筋焊接试验报告汇总表(通用)	施 2015—21	▲	▲
2	钢筋机械连接试验报告汇总表	施 2015—22	▲	▲
3	混凝土、砂浆试块(同养、标养)试验报告汇总表	施 2015—28	▲	▲

续表

类别	归档文件及编号		保存单位	
	归档文件	湘质监统编文件编号	建设单位	城建档案馆
4	结构用砼试块强度评定验收记录	施2015—80	▲	▲
5	砌体砂浆试块强度评定验收记录	施2015—81	▲	▲
6	施工试验报告汇总表	施2015—29	▲	▲
7	锚杆试验报告		▲	▲
8	地基承载力检验报告		▲	▲
9	桩基检测报告		▲	▲
10	土工击试验报告		▲	▲
11	回填土试验报告(应附图)		▲	▲
12	钢筋机械连接试验报告		▲	▲
13	钢筋焊接连接试验报告		▲	▲
14	砂浆配合比通知单			▲
15	砂浆抗压强度试验报告		▲	▲
16	混凝土配合比通知单		▲	▲
17	混凝土抗压强度试验报告		▲	▲
18	混凝土抗渗试验报告		▲	▲
19	砂、石、水泥,放射性指标报告		▲	▲
20	混凝土碱总量计算书		▲	▲
21	外墙饰面砖样板黏结强度试验报告		▲	▲
22	后置埋件抗拔试验报告		▲	▲
23	超声波探伤报告,钎探记录		▲	▲
24	钢构件射线探伤报告		▲	▲
25	磁粉探伤报告		▲	▲
26	高强度螺栓抗滑移系数检测报告		▲	▲
27	钢结构焊接工艺评定		▲	▲
28	网架节点承载力试验报告		▲	▲
29	钢结构防腐、防火涂料厚度检测报告		▲	▲
30	木结构胶缝试验报告		▲	▲
31	木结构构件力学性能试验报告		▲	▲
32	木结构防护剂试验报告		▲	▲
33	幕墙双组分硅酮结构胶混匀性及拉断试验报告		▲	▲
34	幕墙的抗风压性能、空气渗透性能、雨水渗透性能及平面内变形性能检测报告		▲	▲

续表

类别	归档文件及编号		保存单位	
	归档文件	湘质监统编文件编号	建设单位	城建档案馆
35	外门窗的抗风压性能、空气渗透性能和雨水渗透性能检测报告		▲	▲
36	墙体节能工程保温板材与基层黏结强度现场拉拔试验		▲	▲
37	外墙保温浆料同条件养护试件试验报告		▲	▲
38	结构实体混凝土强度验收记录		▲	▲
39	结构实体钢筋保护层厚度验收记录		▲	▲
40	围护结构现场实体检验		▲	▲
41	室内环境检测报告		▲	▲
42	其他建筑与结构施工试验记录与检测文件		▲	▲
C6	给排水及供暖工程文件			
1	排水管道通球检验记录	施 2015—144	▲	▲
2	排(雨)水管道灌水静压试验记录	施 2015—145	▲	▲
3	室内给(冷热)、排水管道安装及附件检查记录	施 2015—146	▲	▲
4	给水(采暖)管道系统清理记录	施 2015—147	▲	▲
5	给水(采暖、冷冻)管道系统清理记录	施 2015—148	▲	▲
6	卫生器具盛水试验检查记录	施 2015—149	▲	▲
7	补偿器预拉伸(预压缩)记录	施 2015—150	▲	▲
8	消火栓系统试射试验记录	施 2015—151	▲	▲
9	自动喷水灭火系统联动试验记录	施 2015—152	▲	▲
10	锅炉烘炉、煮炉和试运行记录	施 2015—153	▲	▲
11	锅炉报警及联锁保护装置试验记录	施 2015—154	▲	▲
12	给排水及供暖施工试验记录与检测文件		▲	▲
C7	通风与空调工程文件			
1	风管漏光检测记录	施 2015—155	▲	▲
2	风管漏风检测记录	施 2015—156	▲	▲
3	现场组装除尘器、空调机漏风检测记录	施 2015—157	▲	▲
4	房间室内风量温度测量记录	施 2015—158	▲	▲
5	管网风量平衡调试记录	施 2015—159	▲	▲
6	空调系统试验调试报告	施 2015—160	▲	▲
7	空调水系统试运转调试记录	施 2015—161	▲	▲
8	制冷系统气密性试验记录	施 2015—162	▲	▲
9	空气净化系统检测记录	施 2015—163	▲	▲

续表

类别	归档文件及编号		保存单位	
	归档文件	湘质监统编文件编号	建设单位	城建档案馆
10	洁净室洁净度测试记录	施 2015—164	▲	▲
11	防排烟系统联合试运行记录	施 2015—165	▲	▲
12	设备单机试车记录	施 2015—166	▲	▲
13	系统联合试运转记录	施 2015—167	▲	▲
14	氨制冷剂系统、燃气管道焊缝检查记录	施 2015—168	▲	▲
15	管道(设备)吹污冲洗试验记录	施 2015—169	▲	▲
16	水泵试运转记录	施 2015—170	▲	▲
17	管道(设备)真空试验记录	施 2015—171	▲	▲
18	通风道、烟道、垃圾道检查记录	施 2015—172	▲	▲
19	通风空调施工试验记录与检测文件		▲	▲
C8	建筑电气工程			
1	电气照明器具通电安全检查记录	施 2015—173	▲	▲
2	低压电气动力设备试运行记录	施 2015—174	▲	▲
3	电气照明试运行记录	施 2015—175	▲	▲
4	大型照明灯具吊环承载力试验记录	施 2015—176	▲	▲
5	漏电开关模拟试验记录	施 2015—177	▲	▲
6	大容量电气线路节点温度测量记录	施 2015—178	▲	▲
7	高压电气设备及布线系统交接试验记录	施 2015—179	▲	▲
8	电气接地装置隐蔽验收记录	施 2015—180	▲	▲
9	普通电气设备安装动态检查记录	施 2015—181	▲	▲
10	防雷及电器设备接地电阻测试验收记录	施 2015—182	▲	▲
11	漏电保护器模拟动作试验记录	施 2015—183	▲	▲
12	线路、插座、开关接线检查记录	施 2015—184	▲	▲
13	双电源自动切换试验记录	施 2015—185	▲	▲
14	接地装置安装试验记录	施 2015—186	▲	▲
15	电气设备绝缘电阻测试记录	施 2015—187	▲	▲
16	低压配电电源质量检查记录	施 2015—188	▲	▲
17	建筑物照明全负荷通电试运行记录	施 2015—189	▲	▲
18	建筑电气施工试验记录与检测文件		▲	▲
C9	智能建筑工程			
1	智能分项工程检测记录	施 2015—190	▲	▲
2	智能化集成系统子分部工程检测记录	施 2015—191	▲	▲

续表

类别	归档文件及编号		保存单位	
	归档文件	湘质监统编文件编号	建设单位	城建档案馆
3	用户电话交换系统子分部工程检测记录	施 2015—192	▲	▲
4	信息网络系统子分部工程检测记录	施 2015—193	▲	▲
5	综合布线系统子分部工程检测记录	施 2015—194	▲	▲
6	有线电视及卫星电视接收系统子分部工程检测记录	施 2015—195	▲	▲
7	公共广播系统子分部工程检测记录	施 2015—196	▲	▲
8	会议系统子分部工程检测记录	施 2015—197	▲	▲
9	信息导引及发布系统子分部工程检测记录	施 2015—198	▲	▲
10	时钟系统子分部工程检测记录	施 2015—199	▲	▲
11	信息化应用系统子分部工程检测记录	施 2015—200	▲	▲
12	建筑设备监控系统子分部工程检测记录	施 2015—201	▲	▲
13	安全技术防范系统子分部工程检测记录	施 2015—202	▲	▲
14	应急响应系统子分部工程检测记录	施 2015—203	▲	▲
15	机房工程子分部工程检测记录	施 2015—204	▲	▲
16	防雷与接地子分部工程检测记录	施 2015—205	▲	▲
17	智能分部工程检测汇总记录	施 2015—206	▲	▲
18	火灾自动报警系统调试记录表	施 2015—207	▲	▲
19	火灾自动报警系统竣工验收记录	施 2015—208	▲	▲
20	火灾自动报警系统运行日登记表	施 2015—209	▲	▲
21	智能建筑工程系统工序交接检查记录表	施 2015—210	▲	▲
22	安装质量及观感质量验收记录	施 2015—211	▲	▲
23	智能建筑工程验收结论汇总记录	施 2015—212	▲	▲
24	智能建筑施工试验与检测文件		▲	▲
C10	建筑节能工程文件			
1	建筑节能保温材料试验报告汇总表	施 2015—213	▲	▲
2	建筑节能工程进场材料、设备和构件验收记录	施 2015—214	▲	▲
3	建筑节能分部工程质量验收记录	施 2015—215	▲	▲
4	建筑节能工程施工条件审查表	施 2015—216	▲	▲
5	建筑节能监测情况核查表	施 2015—217	▲	▲
6	建筑节能施工与设计符合性情况核查表	施 2015—218	▲	▲
7	建筑节能施工及验收应提交的主要资料	施 2015—219		
8	民用建筑节能信息公示牌(样式)	施 2015—220		
9	施工试验记录与检测文件		▲	▲

续表

类别	归档文件及编号		保存单位	
	归档文件	湘质监统编文件编号	建设单位	城建档案馆
C11	电梯工程文件			
1	施工企业特种设备安装资质证明书		▲	▲
2	电梯安装(维修)安全技术检验备查书(企业自检)		▲	▲
3	电梯承重梁、起重吊环埋设检查记录	施 2015—221	▲	▲
4	电梯机房、井道建筑、安装交接检记录	施 2015—222	▲	▲
5	轿厢平层准确度测量记录	施 2015—223	▲	▲
6	电梯层门安全装置检验记录	施 2015—224	▲	▲
7	电梯电气装置安装检查记录	施 2015—225	▲	▲
8	电梯噪声测试记录	施 2015—226	▲	▲
9	电梯验收整体功能检验记录	施 2015—227	▲	▲
10	自动扶梯、自动人行道建筑安装交接检记录	施 2015—228	▲	▲
11	自动扶梯、自动人行道验收整体功能检验记录	施 2015—229	▲	▲
12	自动扶梯、自动人行道整机运行试验记录	施 2015—230	▲	▲
13	电力驱动的曳引式或强制式电梯安全装置检测报告	施 2015—231	▲	▲
14	电力驱动的曳引式或强制式电梯安全、功能试验报告	施 2015—232	▲	▲
15	电力驱动的曳引式或强制式电梯运行检验报告	施 2015—233	▲	▲
16	电梯验收检验报告(技术监督局检测中心检验)		▲	▲
17	电梯施工试验记录与检测文件		▲	▲
C12	室内燃气工程文件			
1	施工企业燃气设备安装资质证明		▲	▲
2	燃气焊工资格备案	施 2015—234	▲	▲
3	燃气阀门试验记录	施 2015—235	▲	▲
4	燃气管道安装工程检查记录	施 2015—236	▲	▲
5	燃气工程隐蔽工程(封闭)记录	施 2015—237	▲	▲
6	室内燃气系统压力试验记录	施 2015—238	▲	▲
7	管道强度试验验收记录	施 2015—239	▲	▲
8	管道严密性试验检验验收记录	施 2015—240	▲	▲
9	室内燃气施工试验记录与检测文件		▲	▲
C13	分户验收文件			
1	住宅工程质量分户验收汇总表	分户 2015—1	▲	▲
2	住宅工程质量分户验收表	分户 2015—2	▲	▲
3	地面墙面顶棚工程质量分户验收记录	分户 2015—3	▲	▲

续表

类别	归档文件及编号		保存单位	
	归档文件	湘质监统编文件编号	建设单位	城建档案馆
4	门窗工程质量分户验收记录	分户 2015—4	▲	▲
5	护栏和扶手工程质量分户验收记录	分户 2015—5	▲	▲
6	防水工程质量分户验收记录	分户 2015—6	▲	▲
7	室内净距、净高尺寸检验记录	分户 2015—7	▲	▲
8	给排水及采暖工程质量分户验收记录	分户 2015—8	▲	▲
9	电气安装工程质量分户验收记录	分户 2015—9	▲	▲
10	节能工程质量分户验收记录	分户 2015—10	▲	▲
11	智能化工程质量分户验收记录	分户 2015—11	▲	▲
12	燃气烟道、通风道、邮政信报箱工程质量分户验收记录	分户 2015—12	▲	▲
C14	施工质量验收文件			
1	检验批质量验收记录	施 2015—07	▲	△
2	现场验收检验批检查原始记录	施 2015—08	▲	▲
3	分项工程质量验收记录	施 2015—06	▲	▲
4	分部(子分部)工程质量验收记录	施 2015—05	▲	▲
5	报审、报验表	施 2015—13	▲	▲
6	分部工程报验表	施 2015—14	▲	▲
7	其他施工质量验收文件			
C15	施工验收文件			
1	单位(子单位)工程质量竣工验收记录	施 2015—01	▲	▲
2	单位(子单位)工程质量控制资料核查记录	施 2015—02	▲	▲
3	单位(子单位)工程安全和功能检验资料核查及主要功能抽查记录	施 2015—03	▲	▲
4	单位(子单位)工程观感质量检查记录	施 2015—04a	▲	▲
5	单位(子单位)工程观感质量现场检查原始记录	施 2015—04b	▲	▲
6	工程竣工预验收质量问题整改通知单	施 2015—09	▲	▲
7	工程竣工预验收质量问题整改回复单	施 2015—10	▲	▲
8	工程竣工验收质量问题整改通知单	施 2015—11	▲	▲
9	工程竣工验收质量问题整改回复单	施 2015—12	▲	▲
10	单位工程竣工预验收报审表	施 2015—15	▲	▲
11	其他施工质量验收文件			
	竣工图(D类)			
1	建筑竣工图		▲	▲

续表

类别	归档文件及编号		保存单位	
	归档文件	湘质监统编文件编号	建设单位	城建档案馆
2	结构竣工图		▲	▲
3	钢结构竣工图		▲	▲
4	幕墙竣工图		▲	▲
5	室内装饰竣工图		▲	▲
6	建筑给排水及供暖竣工图		▲	▲
7	建筑电气竣工图		▲	▲
8	智能建筑竣工图		▲	▲
9	通风与空调竣工图		▲	▲
10	室外附属工程竣工图		▲	▲
11	规划红线内的室外给水、排水、供热、供电、照明管线、智能管线、燃气管道、雨水、其他地下管线布置等竣工图		▲	▲
12	规划红线内的道路、园林绿化、喷灌设施等竣工图		▲	▲
13	工程竣工测量总平面图(含规划范围内建筑物、各种管线及其他实施的平面位置)		▲	▲
工程竣工验收文件(E类)				
E1	竣工验收与备案文件			
1	工程竣工验收备案表	备2015—1	▲	▲
2	工程竣工验收报告	备2015—2	▲	▲
3	工程质量评估报告	备2015—3	▲	▲
4	工程施工质量验收申请报告	备2015—4	▲	▲
5	工程竣工验收申请报告	备2015—5	▲	▲
6	设计单位工程质量检查报告	备2015—6	▲	▲
7	勘察单位工程质量检查报告	备2015—7	▲	▲
8	房屋建筑工程质量保修书	备2015—8	▲	▲
9	商品房屋住宅工程质量保证书	备2015—9	▲	▲
10	商品房屋住宅工程使用说明书	备2015—10	▲	▲
11	质量常见问题专项治理检查表	备2015—11	▲	▲
12	建设工程五方责任主体项目负责人质量终身责任信息登记表	备2015—12a	▲	▲
13	法定代表人授权书	备2015—12b	▲	▲
14	建设工程五方责任主体项目负责人质量终身责任信息变更表	备2015—12c	▲	▲

续表

类别	归档文件及编号		保存单位	
	归档文件	湘质监统编文件编号	建设单位	城建档案馆
15	建设单位项目负责人工程质量终身责任承诺书(五方责任主体承诺书)	备 2015—12d	▲	▲
E2	竣工决算文件			
1	施工决算文件		▲	▲
2	监理决算文件		▲	△
E3	工程声像档案(包括照片、录音、录像)			
1	反映工程原址、原貌及周边情况的声像档案		▲	▲
2	记录工程建设活动的重大活动、重大事件,如拆迁情况、招商引资、签约仪式、工程招标与投标、奠基仪式的声像档案		▲	▲
3	记录基础施工过程中工程测量、放线、打桩、基槽开挖、桩基处理等关键工序的声像档案		▲	▲
4	记录主体工程施工过程中施工现场整体情况,钢筋、模板、混凝土施工、隐蔽工程施工、内外装饰装修的声像档案		▲	▲
5	反映工程采用的各种新技术、新材料、新工艺的声像档案		▲	▲
6	记录工程重大事故第一现场、事故指挥和处理措施、处理结果等情况的声像档案		▲	▲
7	记录工程验收情况、竣工典礼的声像档案		▲	▲
8	反映工程后的工程面貌的声像档案		▲	▲
E4	城建档案文件			
1	城建工程档案报送责任书	城档 2015—1	▲	▲
2	建筑工程文件归档范围	城档 2015—2		
3	建设工程档案预验收意见书	城档 2015—3	▲	▲
4	建设工程档案接收和移交证明书	城档 2015—4	▲	▲
5	移交档案目录	城档 2015—5	▲	▲
6	卷内目录	城档 2015—6	▲	▲
7	卷内备考表	城档 2015—7	▲	▲
8	案卷目录	城档 2015—8	▲	▲
E5	其他工程文件			

注:表中符号“▲”表示必须归档保存;“△”表示选择性归档保存。

表6-5　建设工程档案预验收意见书

建设工程档案预验收意见书

湘质监统编
城档 2015—3

监督注册号：
验收编号：

<table>
<tr><td>工程名称</td><td colspan="2"></td><td>工程地点</td><td colspan="2"></td></tr>
<tr><td>开工日期</td><td colspan="2">年　月　日</td><td>竣工日期</td><td colspan="2">年　月　日</td></tr>
<tr><td>建设单位</td><td colspan="5"></td></tr>
<tr><td>勘察单位</td><td colspan="2"></td><td>设计单位</td><td colspan="2"></td></tr>
<tr><td>施工单位</td><td colspan="2"></td><td>监理单位</td><td colspan="2" rowspan="2"></td></tr>
<tr><td>建设工程规划许可证号</td><td colspan="2"></td><td>建设工程施工许可证号</td></tr>
<tr><td>建筑面积</td><td></td><td>m²</td><td>层数</td><td></td><td>结构类型</td></tr>
<tr><td>工程长度</td><td colspan="2">m</td><td>结构类型</td><td colspan="2"></td></tr>
<tr><td>基建负责人</td><td colspan="2"></td><td>联系电话</td><td colspan="2"></td></tr>
<tr><td>档案员姓名</td><td colspan="2"></td><td>联系电话</td><td colspan="2"></td></tr>
<tr><td colspan="6">预验收意见：

经查验，该项建设工程档案基本符合《建设工程文件归档规范》(GB/T 50328—2014)、《建设电子文件与电子档案管理规范》(CJJ/T 117—2007)以及＿＿＿＿＿＿＿＿＿＿等标准、文件规定，验收合格，特此证明。
请按规定抓紧时间城建档案管理结构报送工程档案。

城建档案管理机构(盖章)
专项验收负责人签字：　　　　年　　月　　日</td></tr>
</table>

表格说明：

① 本意见书未经城建档案管理机构盖章无效；

② 本意见书不得涂改；

③ 本意见书一式三份(市城市建设档案馆、建设单位、建设工程竣工备案部门各一份)；

④ 本意见书为组织单位建设工程竣工验收、办理建设工程竣工备案手续的必要认可文件，不作为其他用途凭证。

表 6-6　建设工程档案接收和移交证明书

建设工程档案接收和移交证明书

湘质监统编
城档 2015—4
编号：001

<table>
<tr><td>报送建设工程档案单位</td><td colspan="3"></td></tr>
<tr><td>建设工程项目名称</td><td colspan="3"></td></tr>
<tr><td>建设工程规划许可证号</td><td colspan="3"></td></tr>
<tr><td>工程地点</td><td colspan="3"></td></tr>
<tr><td>工程总投资/万元</td><td></td><td>面积/m^2 / 长度/m</td><td></td></tr>
<tr><td>开工日期</td><td>年　月　日</td><td>竣工日期</td><td>年　月　日</td></tr>
<tr><td>建设工程
竣工档案
移交情况</td><td colspan="3">建设工程档案总数________卷(盒)，其中：
文字材料________卷；图纸________卷；
照　片________张；录像带________盒；
其他材料________________________

附：移交档案目录________份，共________页。</td></tr>
<tr><td colspan="2">报送单位(单位印章)：

报送单位法定代表人：

报送人(签字)</td><td colspan="2">接收单位(单位印章)：

接收人(签字)：

接收时间：</td></tr>
</table>

说明：本证明书为城建档案管理机构接收城建档案的凭证，房产权属登记管理机构验证此证明书后办理产权证。

表6-7 移交档案目录

移交档案目录

湘质监统编
城档 2015—5

序号	案卷题名	编制日期	数量					备注
			文字材料/页	图纸/张	声像/盘	电子文件	其他	

移交单位： 接收单位：

移交人： 移交日期： 年 月 日 接收人： 接收日期： 年 月 日

表6-8 卷 内 目 录

卷 内 目 录

湘质监统编
城档 2015—6

序号	文件编号	责任者	文 件 材 料 题 名	日 期	页次	备注

表 6-9 卷内备考表

卷内备考表

湘质监统编
城档 2015—7

本卷共有文字材料________页，其中：文字________页，图样材料________页。

说明：

立卷人：

年 月 日

审核人：

年 月 日

表6-10　案卷目录

案卷目录

湘质监统编
城档2015—8

案卷号	案卷题名	卷内数量			编制单位	编制日期	保管期限	密级	备注
		文字/页	图纸/张	其他					
						年　月　日			
						年　月　日			
						年　月　日			
						年　月　日			
						年　月　日			
						年　月　日			
						年　月　日			
						年　月　日			
						年　月　日			
						年　月　日			
						年　月　日			
						年　月　日			
						年　月　日			
						年　月　日			
						年　月　日			
						年　月　日			
						年　月　日			
						年　月　日			
						年　月　日			
						年　月　日			
						年　月　日			
						年　月　日			
						年　月　日			
						年　月　日			
						年　月　日			
						年　月　日			

项目7 建设工程竣工验收备案

学习目标

知识目标:①掌握工程竣工验收备案的程序;②掌握工程竣工验收备案表格的填写。

技能目标:①获取信息能力;②口头与书面表达能力;③能掌握工程备案的程序。

素质目标:①良好的学习观念;②良好的观察力、逻辑思维能力;③良好的协作和沟通能力;④求实、务实的工作态度。

重点:(1)工程竣工验收备案管理;(2)施工单位竣工验收备案的实施。

难点:备案资料的填写、收集、整理及验收。

为了加强房屋建筑工程和市政基础设施工程质量的管理,根据《建设工程质量管理条例》,建设部(现为住房和城乡建设部)于2000年4月制定并实施了《房屋建筑工程和市政基础设施工程竣工验收备案管理暂行办法》(以下简称《备案管理办法》)。

任务1 工程竣工验收备案管理

一、工程竣工验收备案的概念及范围

所谓竣工验收备案是指建设单位应当自工程竣工验收合格之日起15日内,依照《备案管理办法》的规定,向工程所在地的县级以上地方人民政府建设行政主管部门(以下简称备案机关)备案(即将工程的相关行政审批文件、质量验收文件、工程质量保修文件等报送备案机关审查存档),填写备案检查申请表(见表7-1)。同意备案文件作为工程竣工交付使用和办理房屋产权登记的必备文件。

根据《备案管理办法》,在中华人民共和国境内新建、扩建、改建各类房屋建筑工程和市政基础设施工程均要求进行竣工验收备案。

表 7-1　单位工程备案检查申请表

编号：　　　　　　　　　　　　　　　　　　　　　　　　竣工验收日期：　　年　　月　　日

<table>
<tr><td>建设单位及工程名称</td><td colspan="3"></td><td>工程地址</td><td></td></tr>
<tr><td>建筑面积/m^2</td><td colspan="3"></td><td>结构层次</td><td></td></tr>
<tr><td>施工单位</td><td></td><td>项目经理</td><td></td><td>电　话</td><td></td></tr>
<tr><td>监理单位</td><td></td><td>总　监</td><td></td><td>电　话</td><td></td></tr>
<tr><td>拟申报等级</td><td></td><td colspan="2">监理同意等级</td><td colspan="2"></td></tr>
<tr><td>质监员签字</td><td></td><td colspan="2">水电检测签字</td><td colspan="2"></td></tr>
<tr><td>技术资料审核意见</td><td></td><td colspan="2">站财务意见</td><td colspan="2"></td></tr>
<tr><td>建设方意见</td><td></td><td>监理方意见</td><td colspan="3"></td></tr>
<tr><td>施工方意见</td><td></td><td>施工主管意见</td><td colspan="3"></td></tr>
</table>

二、房屋建筑工程验收备案文件

房屋建筑工程文件材料验收备案审批表共分八个方面。

1. 工程竣工验收备案表(备 2015-1)

工程竣工验收备案表见表 7-2。

2. 工程竣工验收意见表

工程竣工验收意见表包括以下六种。

(1) 工程文件材料审查通知书(监 2001-8)。

(2) 建设工程质量监督报告(监 2002-7)。

(3) 工程竣工验收报告(备 2015-2)。

(4) 工程质量评估报告(备 2015-3)。

(5) 工程竣工报告(备 2015-4)。

(6) 工程竣工验收申请报告(备 2015-5)。

3. 单位工程质量综合验收文件

单位工程综合验收文件包括以下七种。

(1) 单位工程质量竣工验收记录(施 2015-1)。

(2) 单位(子单位)工程质量控制资料核查记录(施 2015-2)。

(3) 单位(子单位)工程安全和功能检验资料核查及主要功能抽查记录(施 2015-3)。

(4) 单位(子单位)工程观感质量检查记录(施 2015-4)。

(5) 分部(子分部)工程质量验收记录(施 2015-5)。

(6) 施工现场质量管理检查记录(施 2015-7)。

(7) 天然地基(土方开挖)工程质量验收记录(施 2015-45)。

4. 功能检测文件

功能检测文件包括以下两种。

(1) 安装工程检测结果通知书(备 2001-1)。

(2) 备案检查结果通知书(备 2001-2)。

5. 法律法规文件

法律法规文件包括规划许可证、施工许可证、施工图设计文件审批批准书、公安消防验收证明、环保部门认可文件、城建档案馆初验认可文件、安全监督评定书等。

6. 工程质量保修书

工程质量保证书是指房屋建筑工程质量保修书(备 2002-6)。

7. 住宅质量保证书和住宅使用说明书

住宅质量保修书和住宅使用说明书应由房产商提供。包括以下两个文档。

(1) 商品房屋住宅工程质量保证书(备 2002-7)。

(2) 商品房屋住宅工程使用说明书(备 2002-8)。

8. 工程竣工结算文件

工程竣工结算文件需要建设方与施工方签字盖章才有效。

三、工程竣工验收备案的程序

(1)建设单位应当自工程竣工验收合格之日起 15 日内向备案机关报送竣工验收备案文件。

(2)工程质量监督机构应当在工程竣工验收之日起 5 日内,向备案机关提交工程质量监督报告。

(3)备案机关收到建设单位报送的竣工验收备案文件,以及工程质量监督机构提交的工程质量监督报告后,应先验证文件是否齐全,在审查后再决定是否同意备案。

任务 2 施工单位竣工验收备案的实施

一、施工准备阶段施工单位的备案基础工作

伴随着备案工作的实施,政府建设工程质量监督管理模式已有大的调整。政府及其委托的监督机构抽查内容将从单一的实物质量扩大到施工现场质量保证体系质量责任制。因此,施工

单位应从多方面做好备案基础工作。

1. 施工单位应积累建设项目的基本文件依据

所谓文件依据，主要是指那些适用于工程项目通用的、具有普遍指导意义和必须遵守的基本文件。包括：①工程承包合同文件；②设计施工图文件；③国家及政府部门颁布的有关质量管理方面的法律、法规和规章；④有关质量检验与控制的技术与技术管理规定、标准和规范。

对于上述四类文件，施工现场项目部都必须在开工阶段及时收集、分类、编号，这是做好备案工作必需的准备工作。

2. 施工单位项目开工前的质量控制

(1) 施工准备阶段的质量控制要点：①掌握工程的特点和关键；②调查并创造有利施工的条件；③合理部署和选择施工队伍；④预测施工风险和做好应变准备。

(2) 做好项目开工前的准备工作：①施工组织准备；②施工技术准备；③施工物资准备；④施工现场准备；⑤施工队伍准备。

3. 施工单位项目开工前的备案配合工作

(1) 配合建设单位办理建设工程质量监督申报手续。

(2) 配合建设单位填写《建设工程从业人员资格审查表》。

(3) 施工单位参与首次监督工作会议。

(4) 施工单位接受首次监督检查。

(5) 理解和执行建设工程质量监督方法。

二、施工过程中施工单位的备案实施要点

施工过程中，施工单位对各项影响施工质量的因素应实施有效的管理和控制，这一过程是确保施工生产符合设计意图及国家标准要求的重要环节。同样，随着政府建设工程质量管理模式的改革和备案制度的实施，施工单位强化施工过程的质量管理控制既能确保施工生产实现设计意图，达到国家质量标准要求，也是适应政府强化监督，实施备案要求的所必需的基础工作。

1. 施工单位必须加强施工过程中的质量管理与控制

(1) 明确质量控制关键环节。

(2) 确立工序质量控制点。

(3) 严格隐蔽工程验收程序。

(4) 建立缺陷纠正程序。

(5) 建立半成品与成品保护措施。

(6) 抓好技术复核工作。

(7) 严格质量试验与检测手段。

(8) 加强对分包单位的管理。

2. 施工过程中施工单位的质量评定

施工单位在施工过程中，应及时按照《建筑工程施工质量验收统一标准》(GB 50300—2013)的要求，组织相关人员对检验批、分项工程、分部工程质量进行验收评定。单位工程完工后，施工单位应自行组织有关人员进行检查评定，合格后及时向监理单位提交竣工验收报告。

3. 施工单位对工程质量问题的处理

质量事故处理的目的是为了消除质量缺陷，达到建筑物的安全可靠和正常使用的各项功能

要求，并保证施工的正常进行。因此，当施工过程中出现质量问题时，应及时按照《建筑工程施工质量验收统一标准》(GB 50300—2013)和相关规定的要求进行处理。

4. 施工过程中施工单位的备案参与工作

(1) 接受质量监督机构的工作质量抽查。

(2) 接受监理单位、建设单位的日常质量监督检查。

(3) 参与工程质量验收。

(4) 对工程质量达不到合格标准的，认真进行质量整改。

三、竣工验收阶段施工单位备案实施要点

(1) 施工单位必须保证单位工程达到竣工验收标准，具体有如下几点。

① 对单位工程施工质量文件进行检查确认。

② 对工程项目质量的自评验收。

③ 填写“施工单位工程质量验收记录”。

④ 要求整改的问题已整改完毕，并报监理单位验收合格。

⑤ 按合同约定承担工程质量保修期的责任。

(2) 协助建设单位、监理单位查阅并帮助整理工程项目全过程竣工档案材料。

(3) 积极配合建设单位做好单位工程竣工验收。

(4) 如实填写“工程款支付证明”文件。

(5) 积极配合建设单位填写《建设工程竣工验收备案表》(见《建筑工程资料管理实训》中的相关表格)。

(6) 服从主管部门备案结论，妥善保存有关备案资料。

工程竣工验收报告见表7-3。

工程质量评估报告见表7-4。

工程竣工报告见表7-5。

工程竣工验收申请报告见表7-6。

设计单位工程质量检查报告(合格证明书)见表7-7。

勘察单位工程质量检查报告(合格证明书)见表7-8。

房屋建筑工程质量保修书见表7-9。

商品房屋住宅工程质量保证书见表7-10。

商品房屋住宅工程使用说明书见表7-11。

质量常见问题专项治理检查表见表7-12。

建设工程五方责任主体项目负责人质量终身责任信息登记表见表7-13。

法定代表人授权书见表7-14。

建设工程五方责任主体项目负责人工程质量终身责任信息变更表见表7-15。

建设单位项目负责人工程质量终身责任承诺书见表7-16。

勘察单位项目负责人质量终身责任承诺书见表7-17。

设计单位项目负责人工程质量终身责任承诺书见表7-18。

施工单位项目经理工程质量终身责任承诺书见表7-19。

监理单位总监理工程师工程质量终身责任承诺书见表7-20。

表 7-2　工程竣工验收备案表

工程竣工验收备案表

湘质监统编
备 2015—1
共 5 页　第 1 页

监督登记号：
备　案　号：

工程竣工验收备案表

工程名称：________________________

建设单位：________________________

湖南省住房和城乡建设厅制

年　　月　　日

________工程
竣工验收备案表

共4页　第2页

建设单位名称			
备案日期	年　月　日		
工程名称			
工程地点			
建筑面积/m^2			
结构类型			
工程用途			
开工日期	年　月　日		
竣工验收日期	年　月　日		
施工许可证号			
施工图审查意见			
勘察单位名称		资质等级	
设计单位名称		资质等级	
施工单位名称		资质等级	
监理单位名称		资质等级	
工程质量监督机构名称			

注：本表一式四份，建设单位、备案机关、城建档案馆、房屋产权行政主管部门各一份。

<table>
<tr><td rowspan="5">竣工验收意见</td><td>勘察单位意见</td><td>项目负责人：

（签名、公章）
年　月　日</td></tr>
<tr><td>设计单位意见</td><td>项目负责人：

（签名、公章）
年　月　日</td></tr>
<tr><td>施工单位意见</td><td>项目负责人：

（签名、公章）
年　月　日</td></tr>
<tr><td>监理单位意见</td><td>项目负责人：

（签名、公章）
年　月　日</td></tr>
<tr><td>建设单位意见</td><td>项目负责人：

（签名、公章）
年　月　日</td></tr>
</table>

共4页　第4页

<table>
<tr><td>工程
竣工
验收
备案
文件
目录</td><td colspan="3">(1) 工程竣工验收报告。
(2) 工程施工许可证。
(3) 施工图设计文件审查意见。
(4) 单位工程质量综合验收文件(含勘察、设计、施工、工程监理等单位分别签署的质量合格文件,施工单位出具的工程竣工报告,建设单位出具的工程竣工验收申请报告,监理单位出具的工程质量评价报告等)。
(5) 市政基础设施的有关质量检测和功能性试验资料。
(6) 法律、行政法规规定应当由规划、环保等部门出具的认可文件或者准许使用文件。
(7) 法律规定应当由公安消防部门出具的对大型的人员密集场所和其他特殊建设工程验收合格的证明文件。
(8) 施工单位签署的工程质量保修书。
(9) 商品住宅的《住宅质量保证书》和《住宅使用说明书》。
(10) 法规、规章规定必须提供的其他文件。</td></tr>
<tr><td>备案
意见</td><td colspan="3">________工程的竣工验收备案文件已于____年____月____日收讫,文件________。

(公章)

年　月　日</td></tr>
<tr><td>备案机关负责人</td><td></td><td>备案经办人</td><td></td></tr>
</table>

注:表中________内应填写齐全或基本齐全,不齐全或其他原因则不能备案。

表 7-3　工程竣工验收报告

______________工程
竣　工　验　收　报　告

湘质监统编
备 2015—2

我单位建设的__________单位（子单位）工程，由__________勘察，__________设计，__________施工，__________监理。根据施工图设计文件，该工程为______结构，最高______层，总建筑面积______平方米，工程长度______米，总造价______万元。该工程于______年______月______日开工，______年______月______日由建设单位牵头，勘察、设计、施工、监理等单位和其他有关方面的专家组成验收组（委员会），建设单位______同志担任验收组组长（主任），其验收情况报告如下。

一、执行基本建设程序情况

序号	程序内容	执行程序情况
1	可行性研究报告及立项审批文件、规划许可证等	
2	地质勘察报告、施工设计图纸（含变更）是否齐全，有无施工图设计文件审查意见	
3	有无施工、监理中标通知书及其合同和施工许可证等	
4	在工程施工中，参建各方是否尽职尽责完成合同约定的内容要求	
5	其他	

注：上面文件资料和许可证要写明文号、证号。

共 4 页　第 1 页

二、该单位工程质量的总体评价

验收组(委员会)在验收会上听取了建设、勘察、设计、施工、监理等单位分别汇报工程合同履约情况和在工程建设各个环节执行法律、法规和工程建设强制性标准的情况,审阅了这些参建单位提供的工程档案资料,查验了工程的实体质量,对该单位(子单位)工程建筑施工及设备安装的质量和各管理环节等方面作出的总体评价如下。

<table>
<tr><td>1</td><td colspan="3">该工程从立项至竣工验收,是否符合中华人民共和国《建设工程质量管理条例》规定的基本建设程序</td><td>符合　　基本符合</td></tr>
<tr><td>2</td><td colspan="3">依据勘察、设计、施工、监理单位所承担的任务与其单位的资质、现场执业人员的资格相是否符合</td><td>符合　　基本符合</td></tr>
<tr><td>3</td><td colspan="3">质量保证体系、责任制度是否完善和落实</td><td>完善　　较完善
落实　　较落实</td></tr>
<tr><td rowspan="8">4</td><td rowspan="8">在工程施工过程中执行强制性标准、工作质量、服务态度等情况综合评价</td><td rowspan="2">勘察单位</td><td>质量行为</td><td>端正　　较端正　　不端正</td></tr>
<tr><td>工程管理行为</td><td>高　　较高　　低</td></tr>
<tr><td rowspan="2">设计单位</td><td>质量行为</td><td>端正　　较端正　　不端正</td></tr>
<tr><td>工程管理行为</td><td>高　　较高　　低</td></tr>
<tr><td rowspan="2">施工单位</td><td>质量行为</td><td>端正　　较端正　　不端正</td></tr>
<tr><td>工程管理行为</td><td>高　　较高　　低</td></tr>
<tr><td rowspan="2">监理单位</td><td>质量行为</td><td>端正　　较端正　　不端正</td></tr>
<tr><td>工程管理行为</td><td>高　　较高　　低</td></tr>
<tr><td rowspan="3">5</td><td rowspan="3">验收组通过核查质量评价报告后,对该工程的质量控制(保证)资料进行了核查和主要功能、观感质量抽查,认为该工程共　　个分部(子分部)工程的情况是:</td><td colspan="2">其质量控制资料和安全、功能检验测试报告是否齐全和符合规范要求</td><td>齐全　　基本齐全　　欠齐全
符合　　基本符合　　欠</td></tr>
<tr><td colspan="2">主要使用功能抽查是否符合规定要求</td><td>符合　　基本符合　　欠</td></tr>
<tr><td colspan="2">观感质量</td><td>好　　一般　　差</td></tr>
<tr><td>6</td><td colspan="3">公安消防、环保部门是否出具了准许使用的文件</td><td>消防:　是　　否
环保:　是　　否</td></tr>
<tr><td>7</td><td>提供了单位工程验收文件</td><td colspan="3">(1) 单位(子单位)工程质量竣工验收记录
(2) 单位(子单位)工程质量控制资料核查记录
(3) 单位(子单位)工程安全和功能检验资料核查及主要功能抽查记录
(4) 单位(子单位)工程观感质量检查记录</td></tr>
</table>

注:依据国家《建筑工程施工质量验收统一标准》(GB 50300—2013)和住房城乡建设部关于印发《房屋建筑和市政基础设施工程竣工验收规定》(建质〔2013〕171 号)的规定要求,同意该单位(子单位)工程竣工验收。

共 4 页　第 2 页

三、参加竣工验收的单位、人员及验收组(委员会)成员的身份情况如下表：

参加单位名称	姓名	职务	参加单位名称	姓名	职务

验收组（委员会）成员身份情况							
工作单位	姓名	专业	职称	工作单位	姓名	专业	职称

注：(1) 聘请专家姓名：

(2) 监督站监督竣工验收的人员姓名：

附件：提交资料内容一览表

建设单位(公章)

年　月　日

抄送：监督站

共 4 页　第 3 页

附件：

提交资料内容一览表

共4页　第4页

序号	文 件 名 称	备　注
1	施工许可证	复印件，施工单位加盖单位公章
2	施工图设计文件及重大变更审查意见	
3	施工单位工程竣工报告	
4	单位工程质量评价报告	
5	设计单位工程质量检查报告	
6	勘察单位工程质量检查报告	
7	工程质量保修书	
8	住宅工程分户验收汇总表	
9	工程竣工验收质量问题整改情况回复单	
10	单位(子单位)工程质量竣工验收记录	
11	单位(子单位)工程质量控制资料核查记录	
12	单位(子单位)工程安全和功能检验资料核查及主要功能抽查记录	
13	单位(子单位)工程观感质量检查记录	
14	竣工验收意见(验收组)	

表 7-4　工程质量评估报告

________________________工程

质　量　评　估　报　告

湘质监统编
备 2015—3

受______________________（建设单位）委托监理，由______________承包施工的______________工程，自______年______月______日开工以来，我单位按照该工程的监理规划，对工程的实体质量采取了旁站，巡视和平行检查等形式进行监督；对主要建筑材料、构配件和砼、砂浆等均实行了见证取样送检；并按照国家施工质量验收统一标准及其相关专业质量验收规范的规定要求，对分部分项工程及时进行了验收签认，对监理资料的情况进行了自检，资料编制基本完整。该工程已基本完工，且施工单位对已完工工程的质量进行了自检自评达到合格要求。在此基础上，我单位根据建设单位要求，结合合同、设计、规范的要求，按国家现行建筑工程施工质量验收统一标准的规定要求进行了核查，认为该单位（子单位）工程所含分部（子分部）工程的质量均验收合格，质量控制资料及有关安全和功能的检测资料完整，主要功能项目的抽查结果与观感质量验收符合相关专业质量验收规范的规定，综合验收评价该单位（子单位）工程的施工质量达到合格要求。

其《单位（子单位）工程质量控制资料核查记录》、《单位（子单位）工程安全和功能检验资料核查及主要功能抽查记录》和《单位（子单位）工程观感质量检查记录》分别见湘质监统编施 2015—02、施 2015—03、施 2015—04 表。

总监理工程师签字：

监理单位负责人签字

监理单位（公章）

年　　月　　日

本评价报告一式四份，建设、施工、监督站、监理各一份。

表7-5 工程竣工报告

工程竣工报告

湘质监统编
备 2015—4

________________(建设单位)：

根据住房城乡建设部《房屋建筑和市政基础设施工程竣工验收规定》(建质〔2013〕171号)文件，由我公司承担施工的____××××实验大楼____工程，现已按该工程的设计及施工合同约定的内容予以完成，并对工程质量进行了自检自评，现将情况报告如下。

一、完成工程设计和合同约定的各项内容。

二、在工程完工后对工程质量进行了自查，确认工程质量符合有关法律、法规和工程建设强制性标准，符合设计文件及合同要求。

三、监理单位对工程进行了质量评估，具有完整的监理资料，并提出工程质量评估报告(见备 2015—3)。

四、勘察、设计单位对勘察、设计文件及施工过程中由设计单位签署的设计变更通知书进行了检查，并提出质量检查报告(见备 2015—10～11)。

五、有完整的技术档案和施工管理资料(见施 2015—02)。

六、有工程使用的主要建筑材料、建筑构配件和设备的进场试验报告，以及工程质量检测和功能性试验资料(见施 2015—03)。

七、有施工单位签署的工程质量保修书(见备 2015—8～9)。

八、对于住宅工程，进行分户验收并验收合格(见分户 2015—1～12)。

九、建设主管部门及工程质量监督机构责令整改的问题及预验收中需要整改的质量问题全部整改完毕(见质量隐患整改回复单及施 2015—12)。

十、法律、法规规定的其他条件。

鉴于该工程施工任务已经完成，特提请建设单位安排对该项工程进行竣工验收。

项目经理签字： 施工单位负责人签字：

总监理工程师签字： 施工单位(公章)

年 月 日

本报告一式四份，建设、监理、施工、监督站各一份。

表 7-6　工程竣工验收申请报告

________工程竣工验收申请报告

湘质监统编
备 2015—5

________工程质量监督站、备案机关：

由我单位建设、________施工、________监理的________单位(子单位)工程，现已按设计及合同约定内容要求完成(甩项的分部分项工程及其原因见后)。施工单位(均)已出具了施工质量验收申请报告，要求我单位在____年____月____日前组织竣工验收；监理单位也于____年____月____日出具了工程质量评价报告；你站于____年____月____日组织有关监督人员进行竣工验收前检查时所提出的工程质量问题，施工单位也已按要求全部整改完毕。我单位已组织了以____同志为组长(主任)的验收组(委员会)，拟定于____年____月____日在________(地址)进行竣工验收，请予派员与会监督该工程的竣工验收，并提交以下资料供检查。

(1) 该工程全套施工技术资料。

(2) 监理单位对该工程的质量评价报告。

(3) 工程竣工预验收质量问题整改回复单。

(4) 验收组(委员会)成员名单及其身份(含工作单位)、文化程度、所学专业、职务、职称等)情况。

(5) 验收组筹备会议研究制定的验收方案(即验收程度、内容与时间安排等要点)。

甩项的分部分项工程及其原因：

建设单位负责人签字：

建设单位(公章)

年　　月　　日

表7-7　设计单位工程质量检查报告(合格证明书)

设计单位工程质量检查报告(合格证明书)

湘质监统编
备2015—6

单位工程名称			
设计单位名称			
设计单位地址			
设计单位邮编		联系电话	
设计合理使用年限			
设计允许最终沉降量			

质量要求		质量验收意见
1	本工程依法进行设计、执行有关部门批文及根据勘察成果文件进行设计的情况	
2	本工程是否按强制性标准和强制性条文进行工程设计	
3	在施工过程中,设计单位签发的设计文件(包括设计变更通知单和技术核定单等)是否符合国家规范、强制性标准要求,实物质量、规模、使用功能与设计文件是否相符	
4	施工过程中,是否发现结构性的质量缺陷(如沉降超标、倾斜、裂缝等)并提出设计处理方案,施工单位是否按设计处理方案处理	
5	本工程是否已完成工程设计文件要求的各项内容	
6	其他需说明的情况	

项目负责人:	年　月　日	设计企业公章
注册建筑师:	年　月　日	
注册结构师:	年　月　日	
单位法人代表:	年　月　日	

表 7-8　勘察单位工程质量检查报告(合格证明书)

勘察单位工程质量检查报告(合格证明书)

湘质监统编
备 2015—7

单位工程名称			
勘察单位名称			
勘察单位地址			
勘察单位邮编		联系电话	
质量要求		质量验收意见	
1	本工程依法进行勘察工作及执行有关主管部门批文的情况		
2	本工程是否按强制性标准和强制性条文进行勘察工作		
3	本工程提供的工程勘察成果是否符合要求，且真实、准确		
4	勘察单位是否按建设部建建[1999]176 号《通知》要求，参加工程地基基础检验，是否参加与地基有关的工程质量事故调查，并配合设计单位提供技术处理方案		
5	本工程地基验槽情况是否与工程地质勘察报告内容相符		
6	其他需说明的情况		
企业负责人：		年　月　日	勘察企业公章
企业技术负责人：		年　月　日	
企业法人代表：		年　月　日	

表 7-9　房屋建筑工程质量保修书

________________房屋
建筑工程质量保修书

湘质监统编
备 2015—8

________________公司(以下简称施工单位)按照其资质等级、经营范围和中(议)标书等内容要求,承担了________________(以下简称建设单位)的________________房屋建筑安装工程施工,现已按该工程的设计及合同约定的内容要求完成,并于________年________月________日办理了竣工验收手续。为保护建设单位、施工单位、房屋建筑所有人和使用人的合法权益,维护公共安全和公众利益,根据《中华人民共和国建筑法》、《建设工程质量管理条例》和国家住建部《房屋建筑工程质量保修办法》的规定要求,经建设、施工双方约定该工程竣工验收后,如在以下保修范围、保修期限内出现质量缺陷,施工单位履行保修义务,予以修复,并按有关规定承担应负的保修责任等。

一、质量保修范围

根据施工单位的中(议)标书和与建设单位签定的《建设工程合同》及工程决算书所包括的工程量与质量内容要求,施工单位应对该工程以下保修范围的分项、分部工程承担保修义务。

(1) 地基与基础分部的分项工程:

(2) 主体结构分部的分项工程:

(3) 建筑装饰装修分部的分项工程:

(4) 屋面分部的分项工程:

(5) 幕墙子分部工程:

(6) 建筑给水、排水及采暖分部的分项工程:

(7) 建筑电气分部的分项工程:

(8) 通风与空调分部的分项工程:

(9) 电梯(共________台)分部的分项工程:

(10) 智能建筑分部的分项工程:

二、质量保修期限

根据国家《房屋建筑工程质量保修办法》规定的最低期限,建设单位与施工单位双方约定,在正常使用条件下,该工程的质量保修期限如下。

(1) 国家保修办法规定地基基础和主体结构工程,为设计文件规定的该工程的合理使用年限,该工程建设、施工双方单位约定保修期限为________年。

（2）国家保修办法规定屋面防水工程、有防水要求的卫生间、房间和外墙面防渗漏的最低保修期限为五年，该工程建设、施工双方单位约定保修期限为________年。

（3）国家保修办法规定供热与供冷系统的最低保修期限为两个采暖期、供冷期，该工程建设、施工双方单位约定保修期限为________个采暖、________供冷期。

（4）国家保修办法规定装修工程及电气管线、给排水管道、设备安装的最低保修期限为2年，该工程建设、施工双方单位约定保修期限为________年。

（5）经建设、施工双方单位约定，____________________________的保修期为________年。

（6）房屋建筑工程的保修期从竣工验收合格之日，即________年________月________日起计算。

三、质量保修责任

（1）该工程在保修期限内由于勘察、设计、施工、监理原因造成质量缺陷的，分别由勘察、设计、施工、监理单位承担质量保修责任。

因该工程质量缺陷造成人身或者财产损害，责任方应当向被损害方依法给予赔偿。

（2）因施工单位采购的或者建设单位按照工程承包合同规定采购经施工单位检测验收使用的建筑材料、设备、构配件如____________________________等的质量不合格引起的工程质量缺陷，由施工单位承担质量保修责任；因建设单位采购并要求施工单位使用的建筑材料、设备、构配件如____________________________________等的质量不合格引起的工程质量缺陷，施工单位不承担质量保修责任。

（3）因用户使用不当或者不可抗力的原因造成的工程质量缺陷，勘察、设计、施工、监理单位不承担质量保修责任。

（4）建设工程在保修期内出现质量缺陷，建设单位或者用户可以向负责该工程质量监督的单位投诉。监督单位应当自接到投诉之日起，三十日内认定、通知质量保修责任方，并通知原施工单位维修。质量保修责任方和原施工单位应当自接到通知书之日起七日内到达现场与建设单位或者用户确定维修方案。维修费用由质量保修责任方按规定承担。

（5）因该工程质量保修责任发生纠纷的，当事人可以通过协商或者调解解决，也可以依据仲裁协议申请仲裁或者向人民法院起诉。

建设单位(章)： 施工单位(章)：

年 月 日 年 月 日

本质量保修书一式七份，勘察、设计、施工、监理、建设单位及质监站各一份。

表 7-10　商品房屋住宅工程质量保证书

湘质监统编
备 2015—9

________商品房屋
住宅工程质量保证书

甲方(卖方):
保证约人
乙方(买方):

由甲方开发新建坐落在________市________区(镇)________路(街)________住宅工程第________单元、第________层________#住房________套的房地产(房屋建筑面积________平方米)出售给乙方。为加强商品住宅质量管理,确保商品住宅售后服务质量水平,维护商品住宅消费者合法权益,根据住建部建房[1998]102号《商品住宅实行住宅质量保证书和住宅使用说明书制度的规定》要求,如果商品住宅售出后在以下保修范围、保修期限内出现质量缺陷,由甲方履行保修义务,承担保修责任。

一、该工程在竣工验收时,经验收组评价其工程质量等级为________,且已办理竣工验收备案手续。在正常使用条件下地基基础工程和主体结构工程,按设计文件和有关规定该住宅的合理使用年限为________年,在正常合理使用的年限内出现危级结构安全的质量缺陷,由甲方履行保修义务、承担保修责任。

二、在正常使用情况下该商品住宅以下部位、部件的保修内容与保修期为:

(1) 屋面墙面、地下室和厨房、厕所及卫生间地面、管道等防渗漏的保修期为5年;

(2) 墙面、顶棚抹灰面脱落、地面找平基层或水泥砂浆面层空鼓开裂、大面积起砂等,以及门窗翘裂,五金件等零配件和卫生洁具不符合标准规定要求等引起的损坏,其保修期均为2年;

(3) 供热、供冷系统和设备的保修期为2个采暖期、供冷期;(4) 灯具、电器开关和管道堵塞的质量保修期为半年,其他部位、部件的保修期限为________年;

(5) 提供所售房屋的能源消耗指标、节能措施和保护要求的资料、保温隔热工程保修期为________年;

(6) 该商品住宅售出后,由甲方委托的________物业管理公司负责维修处理;

(7) 该商品住宅于________年________月________日由甲方交付乙方使用,交付时乙方对该住宅设备、设施的正常运行进行了认可。乙方验收后自行添置、改动的设施、设备,由乙方自行承担维修责任。保修期从竣工验收合格之日,即________年________月________日起计算。

三、在保修期内,因该住宅工程质量缺陷造成房屋所有人、使用人或者第三方人身、财产损害的,乙方可以向甲方提出赔偿要求,甲方向造成该商品住宅工程质量缺陷的责任方追偿。因保修不及时造成新的人身、财产损害,由造成拖延的责任方承担赔偿责任;因乙方使用不当,如擅自改动结构、设备位置的不当装修等,或第三方和不可抗力造成的质量缺陷,不属于甲方保修范围。

房屋住宅使用说明书见表7-11(湘质监统编备2015—10)。

甲方(章):

法定代表人:

联系电话:

年　月　日

乙方(章):

法定代表人:

联系电话:

年　月　日

表 7-11　商品房屋住宅工程使用说明书

商品房屋住宅工程使用说明书

湘质监统编
备 2015—10

________________（买方用户）：

由我公司开发、________________设计、________________施工、________________监理、________________工程质量监督站代表政府监督的________________商品住宅工程，于______年______月______日正式办理了竣工验收手续。该住宅位于________________，建筑面积______平方米，结构类型为______、______层。现就该住宅结构主要部位（部件）的类型、性能、标准等简要情况及其使用时应注意的事项说明如下。

（1）该套（幢）住宅平面示意图（见附图）中的粗实线为承重墙，粗虚线为自重墙，细实线为填充墙、保温墙等；在使用或进行家庭居室装饰装修时，不得随意在承重墙上穿洞，拆除连接阳台门窗的自重墙体，扩大原有门窗尺寸或者另建门窗。

（2）该套（幢）住宅楼地面的设计活荷载，阳台为______ kN/m^2、其他为______ kN/m^2；在使用或进行家庭居室装饰装修时，不得随意增加楼地面的静、活荷值，不得随意在室内不砌墙、刨凿顶板或者超负荷吊顶、安装大型灯具、吊扇，不得破坏或者拆改厨房、厕所等有防水要求的楼地面的防水层。

（3）该套（幢）住宅的上水管道为______、采用明（暗）敷，下水管道为______、采用明（暗）敷，消防管道为______、采用明（暗）敷，燃气、热力管道为______、采用明（暗）敷，照明及家用电器设备用电、通讯等线路采用穿管暗（明）敷，配电负荷为______ A（安）；在使用或进行家庭居室装饰装修时，不得损坏或者拆改上述管线的设置，更不应不经穿管直接埋设电线及超负荷用电。

（4）厨房、厕所、阳台等地面的地漏盖板及屋面雨水管、洞口的铅丝球，应经常清理不得丢失和淤积杂物，严禁在卫生洁具内抛弃垃圾，引起下水管道堵塞。

（5）房屋所有人、使用人进行家庭装饰装修，凡涉及拆改主体结构和明显加大荷载的，必须按照住建部第46号令《建筑装饰装修管理规定》第八条规定的程序办理；在装饰装修材料、设备的使用上要认真执行国家关于建筑环保和节能的规范要求；进行简易装饰装修（如仅做面层涂料、贴墙纸、铺面砖等）的，应当到房屋产权单位或物业管理单位登记备案。

家庭居室装饰装修不论是自行进行还是委托他人进行，均应当采取有效安全防护和消防等措施，不得大量使用易燃装饰材料，不得从楼上向地面或由垃圾道、下水道抛弃因装饰居室而产生的废弃物及其他物品，尽量减轻或者避免对相邻居民正常生活所造成的影响。

房地产开发企业（章）：

年　　月　　日

表7-12 质量常见问题专项治理检查表

质量常见问题专项治理检查表

湘质监统编
备 2015—11
编号：001

工程名称：

建设单位		项目负责人	
施工单位		项目经理	
监理单位		总监理工程师	
设计单位		项目负责人	
开工日期	年 月 日	建筑面积	m^2
进度情况		结构类型/层数	

序号	检验项目	检查情况
1	组织学习建设管理部门关于常见问题专项治理的文件及规定；防治机构建立、目标责任分解及相关制度建设等情况	
2	质量常见问题专项防治任务书、奖罚措施及落实等情况	
3	现阶段质量常见问题及防治措施和前阶段防治效果验收动态公示等情况	
4	施工图设计增加《质量通病防治设计专篇》，并将专篇列入施工图审查内容	
5	质量常见问题防治列入图纸会审、设计交底情况	
6	质量常见问题专项防治方案、验收方案等编审、执行等情况	
7	质量常见问题专项防治技术交底和样板引路	
8	裂缝、渗漏等质量常见问题措施落实及质量隐患情况	
9	监理单位履行质量常见问题专项治理工作例会、旁站、隐蔽验收、效果评估等职责情况	

综合验收意见：

检查人签字：

检查日期： 年 月 日

表 7-13　建设工程五方责任主体项目负责人质量终身责任信息登记表

建设工程五方责任主体项目负责人质量终身责任信息登记表

湘质监统编
备 2015—12a

工程名称：　　　　　　　　　　　　信息登记日期：　年　月　日

信息登记单位							
工程地址							
工程面积		结构类型		层数		工程造价	
开工日期	年　月　日			竣工日期	年　月　日		
建设单位	单位名称						
	项目负责人姓名		身份证号				
	执业资格证书号		联系电话				
勘察单位	单位名称						
	项目负责人姓名		身份证号				
	执业资格证书号		注册专业				
	执业印章号		联系电话				
设计单位	单位名称						
	项目负责人姓名		身份证号				
	执业资格证书号		注册专业及等级				
	执业印章号		联系电话				
施工单位	单位名称						
	项目负责人姓名		身份证号				
	执业资格证书号		联系电话				
监理单位	单位名称						
	总监理工程师姓名		身份证号				
	执业资格证书号		联系电话				
备　注							

信息记录人：

表 7-14 法定代表人授权书

法定代表人授权书

湘质监统编
备 2015—12b

兹授权我单位________(姓名)担任________工程项目的(建设、勘察、设计、施工、监理)项目负责人,对该工程项目的(建设、勘察、设计、施工、监理)工作实施组织管理,依据国家有关法律法规及标准规范履行职责,并依法对设计使用年限内的工程质量承担相应的终身责任。

本授权书自授权之日起生效。

被授权人基本情况			
姓　名		身份证号	
注册执业资格		注册执业证号	
被授权人签字:			

授权单位(盖章):________________

____

法定代表人(签字):________________

授 权 日 期:________年________月________日

表 7-15　建设工程五方责任主体项目负责人工程质量终身责任信息变更表

建设工程五方责任主体项目负责人
工程质量终身责任信息变更表

湘质监统编
备 2015—12c

工程名称：

<table>
<tr><td>申请变更单位</td><td colspan="7"></td></tr>
<tr><td>工程地址</td><td colspan="7"></td></tr>
<tr><td>工程(建筑)面积</td><td></td><td>结构类型</td><td></td><td>层数</td><td></td><td>工程造价</td><td></td></tr>
<tr><td>开工日期</td><td colspan="3">年　月　日</td><td colspan="2">新任项目负责人到位日期</td><td colspan="2">年　月　日</td></tr>
<tr><td colspan="4">变 更 前</td><td colspan="4">变 更 后</td></tr>
<tr><td>项目负责人姓名</td><td colspan="3"></td><td>项目负责人姓名</td><td colspan="3"></td></tr>
<tr><td>注册专业</td><td colspan="3"></td><td>注册专业</td><td colspan="3"></td></tr>
<tr><td>执业资格证书号</td><td colspan="3"></td><td>执业资格证书号</td><td colspan="3"></td></tr>
<tr><td>执业印章号</td><td colspan="3"></td><td>执业印章号</td><td colspan="3"></td></tr>
<tr><td>身份证号</td><td colspan="3"></td><td>身份证号</td><td colspan="3"></td></tr>
<tr><td>联系电话</td><td colspan="3"></td><td>联系电话</td><td colspan="3"></td></tr>
<tr><td>变更申请</td><td colspan="7">变更理由及变更意见：

单位(公章)
单位法人代表：　　　　年　月　日</td></tr>
<tr><td>主管部门</td><td colspan="7">主管部门意见：

部门(公章)
负责人：　　　　年　月　日</td></tr>
</table>

表7-16 建设单位项目负责人工程质量终身责任承诺书

建设单位项目负责人工程质量终身责任承诺书

湘质监统编
备 2015—12d

工程名称		法人代表姓名	
建设单位		身份证号码	
授权书编号		被授权人姓名	
职称/职务		身份证号码	

本人承诺在工程建设过程中一定认真履行下列职责，并承担相应终身质量责任。

(1) 对工程质量承担全面责任。

(2) 坚持先勘察、后设计、再施工的原则。向勘察、设计、施工、监理、检测和施工图审查等单位提供真实、准确、齐全的建设项目相关的原始材料。

(3) 依法依规招标，择优选择具有相应资质等级的施工、监理、勘察、设计、检测和施工图审查等单位，不违法发包工程，不迫使承包方以低于成本价竞标，不任意压缩合理工期。对直接分包项目、甲供材料及委托检测承担质量责任。

对规定必须实行监理的工程项目依法委托监理，对依法未委托监理的工程项目履行监理职责。

(4) 及时办理项目施工图审查及备案、质量监督、合同备案、质量基本保证条件开工审查和工程质量保险等手续，领取施工许可证(含依法直接分包工程)后方开工建设。向施工现场提供经施工图审查机构审查合格并加盖了专用章的施工用图和设计变更等相关设计文件。

(5) 不以任何理由要求或允许勘察、设计、施工、监理、检测等单位违反法律法规降低工程建设标准、使用未经检验或检验不合格的建筑材料、建筑配件和设备。

(6) 在施工过程中对施工、监理、检测等单位履职情况和工程实体质量进行检查督促。

(7) 主体分部和竣工验收前，组织质量常见问题专项治理和分户验收自评。工程竣工后，组织勘察、设计、监理、施工等有关单位进行竣工验收，并接受工程质量监督机构监督，经验收合格的工程项目方交付使用。

(8) 工程竣工验收后，在建筑物明显部位设置质量终身责任永久性标牌，载明建设、勘察、设计、施工、监理单位名称和项目负责人姓名。

(9) 建立健全工程档案(含各方主体项目负责人质量终身责任信息档案)管理制度，及时收集整理文件资料，并在工程验收竣工后三个月内向城建档案管理部门移交一套符合规定的工程档案。

(10) 工程竣工验收合格后在法律有关规定及合同约定的保修范围和时限内承担工程保修责任。对未办理工程质量保险的部分，承担相应的维修、保修责任，并采取相应维修资金保障措施(应附具体措施及相关证明)。

(11) 法律法规规定的其他职责。

(12) 如存在违法发包，或因其他违法违规等不当行为，造成工程质量事故或因投诉、举报、群体性事件、媒体报道并造成恶劣社会影响的严重工程质量问题，造成尚在设计使用年限内的建筑工程不能正常使用等质量后果及其他法律后果，无论本人身在何处、身居何职或是否退休，自愿承担相关法律责任。

本承诺书一式三份，一份在办理工程质量监督手续时连同法定代表人授权书报工程质量监督机构备案，一份待建设工程竣工验收合格备案后与档案资料一并交城建档案管理部门存档，一份保存于各自责任主体单位备查。

承诺人(签名并加盖注册执业章)：

年 月 日

应附：单位法人及项目负责人身份证复印件、法定代表人授权书及身份证复印件。

表 7-17 勘察单位项目负责人质量终身责任承诺书

勘察单位项目负责人质量终身责任承诺书

湘质监统编
备 2015—12e

工程名称		法人代表姓名 身份证号码	
勘察单位			
授权书编号		被授权人姓名 身份证号码	
执业资格名称及编号			

本人承诺在该工程建设过程中一定认真履行下列相应职责，并承担相应终身质量责任。

（1）严格按照核定的工程勘察资质等级和业务范围开展勘察业务，不越级和超范围勘察或以其他工程勘察单位的名义承揽勘察业务，不允许其他单位或个人以本单位的名义承揽勘察业务，依法签订工程勘察业务合同，不转包或违法分包所承揽的勘察业务。自觉执行国家规定的工程勘察收费标准，坚决杜绝恶性压价竞争。

（2）严格执行工程勘察标准和工程勘察现场见证制度，坚决杜绝偷工减料、弄虚作假，不提供虚假的勘察成果资料。

（3）在勘察过程中及时整理、核对工程勘察工作的原始记录，确保取样、记录的真实、准确，不离开现场追记或者补记。（4）确保向业主提供的勘察文件真实、准确，相关的签字、盖章手续齐全，符合国家规定的勘察文件编制深度要求，并及时将勘察报告及相关原始资料归档保存。对勘察及施工过程中签署的变更通知书进行核查，在竣工验收时提交勘察质量核查报告。

（5）法律法规规定的其他职责。

（6）如因违法违规或其他不当行为，造成工程质量事故或因投诉、举报、群体性事件、媒体报道并造成恶劣社会影响的严重工程质量问题，造成尚在设计使用年限内的建筑工程不能正常使用等质量后果，无论本人身在何处、身居何职或是否退休，自愿承担相关法律责任。

本承诺书一式三份，一份在办理工程质量监督手续时连同法定代表人授权书报工程质量监督机构备案，一份待建设工程竣工验收合格备案后与档案资料一并交城建档案管理部门存档，一份保存于各自责任主体单位备查。

承诺人（签名并加盖注册执业章）：

年　月　日

应附：单位法人及项目负责人身份证复印件、法定代表人授权书及身份证复印件。

表7-18　设计单位项目负责人工程质量终身责任承诺书

设计单位项目负责人工程质量终身责任承诺书

湘质监统编
备2015—12f

工程名称		法人代表姓名	
设计单位		身份证号码	
授权书编号		被授权人姓名	
执业资格名称及编号		身份证号码	

本人承诺在该工程建设过程中一定认真履行下列职责，并承担相应终身质量责任。

(1) 严格按照核定的工程设计资质等级和业务范围开展设计业务，不越级和超范围设计或以其他工程设计单位的名义承揽设计业务，不允许其他单位或个人以本单位的名义承揽设计业务，依法签订工程设计业务合同，不转包或违法分包所承揽的设计业务。自觉执行国家规定的工程设计收费标准，不参与恶性压价竞争。

(2) 确保提供的设计文件(含重大设计变更)经过严格的内部审核校对程序，相关的签字、盖章手续齐全，符合国家规定的文件编制深度要求，并及时将设计文件及相关资料归档保存。

(3) 严格按照工程建设强制性标准和相关工程建设规范、标准进行设计。施工图设计严格按批准的初步设计文件进行，决不超规模、超标准设计。拒绝未经现场见证的勘察成果，不依据未经现场见证的勘察成果进行设计。

(4) 认真开展裂缝、渗漏等工程质量常见问题专项防控治理，设计防控工作，保证所出具设计文件的深度能满足现场质量常见问题防控施工需要。

(5) 严格执行施工图设计文件审查制度。未经施工图审查机构审查合格并加盖审查机构专用章的图纸(含设计变更)，不交付相关单位使用。对施工图审查机构提出的审查意见的修改变更，一律体现在加盖有审查机构专用章的设计图纸上。

(6) 向相关单位提供加盖有设计单位出图专用章、执业人员印章和审查机构专用章的合法有效的施工图纸。按规定向施工、监理等单位做好设计交底，对质量常见问题防治和建筑节能进行专项交底，做好设计后续服务。

(7) 严格按照相关规定进行设计变更。涉及到建设规模、行业标准、工艺流程等重大变更，须由建设单位报原初步设计审批机关批准后才进行设计变更修改。涉及到工程建设强制性标准、地基基础和主体结构安全性等方面的变更，须报经原施工图审查机构审查合格，并加盖审查机构专用章。所有的设计变更均体现在加盖有审查机构专用章的设计图纸上。不向建设单位和施工、监理等单位提供未加盖有审查机构专用章的设计变更图纸，也不用设计变更通知单替代设计图纸的变更修改。

(8) 及时将设计图纸及相关原始资料归档保存。参与竣工验收时，以加盖施工图审查机构审查专用章的设计图纸作为验收依据。对设计文件及施工过程中签署的设计变更通知书进行检查，在竣工验收前提交质量检查报告。

(9) 法律法规规定的其他职责。

(10) 如因违法违规或其他不当行为，造成工程质量事故或因投诉、举报、群体性事件、媒体报道并造成恶劣社会影响的严重工程质量问题，造成尚在设计使用年限内的建筑工程不能正常使用等质量后果，无论本人身在何处、身居何职或是否退休，自愿承担相关法律责任。

本承诺书一式三份，一份在办理工程质量监督手续时连同法定代表人授权书报工程质量监督机构备案，一份待建设工程竣工验收合格备案后与档案资料一并交城建档案管理部门存档，一份保存于各自责任主体单位备查。

承诺人(签名并加盖注册执业章)：

年　月　日

应附：单位法人及项目负责人身份证复印件、法定代表人授权书及身份证复印件。

表 7-19　施工单位项目经理工程质量终身责任承诺书

施工单位项目经理工程质量终身责任承诺书

湘质监统编
备 2015—12g

工程名称		法人代表姓名 身份证号码	
设计单位			
授权书编号		被授权人姓名 身份证号码	
执业资格名称及编号			

本人承诺在该工程建设过程中一定认真履行下列职责，并承担终身质量责任。

(1) 按规定已取得相应执业资格和安全生产考核合格证书，在岗履职，不违反规定同时在两个及两个以上的工程项目担任项目经理。

(2) 对工程项目施工质量负全责，负责建立质量管理体系，负责配备专职质量、施工、技术等施工现场管理人员，负责落实质量责任制、质量管理规章制度和操作规程。

(3) 按照经施工图审查机构审查合格并加盖了审图专用章的工程设计文件、施工技术标准和合同约定的质量标准精心组织施工，不擅自修改工程设计，不偷工减料。负责组织编制施工组织设计，负责组织制定质量技术措施，负责组织编制、论证和实施关键分部分项工程专项施工方案，负责组织质量、施工技术交底和建立样板引路制度。组织本项目开展工程施工质量常见问题专项治理工作，组织编制质量常见问题专项治理方案和相关防控措施并督促落实。

(4) 组织对进入现场的建筑材料、构配件、设备、预拌混凝土等进行检验验收并建立相关台账（含不合格品处理台账），未经检验或检验不合格不投入使用；组织对涉及结构安全的试块、试件以及有关材料进行取样检测并建立相关台账，送检试样不弄虚作假，不篡改或者伪造检测报告，不明示或暗示检测机构出具虚假检测报告。

(5) 组织做好隐蔽工程的验收工作，参加地基基础、主体结构等分部工程的验收，参加单位工程和工程竣工验收；在验收文件上签字，不签署虚假文件。

(6) 在桩基、高边坡、深基坑、结构首层及顶层、结构转化层、高大模板支设、大型混凝土浇筑、防水施工等关键环节或关键部位施工期间现场带班；组织关键环节或关键部位等的自检验收，未经验收或验收不合格，不进入下道工序施工；组织主体分部工程和竣工验收前的质量常见问题专项治理和分户验收自检自评。

(7) 定期组织质量隐患排查，建立质量隐患整改台帐，及时消除质量隐患；认真落实住房城乡建设主管部门和工程建设相关单位提出的质量隐患整改要求，在隐患整改报告上签字。

(8) 组织对关键岗位人员和钢筋焊接、混凝土浇捣等质量关键工种作业人员的岗前施工技术质量培训和考核，考核不合格不得上岗。

(9) 发生工程质量事故时按规定报告质量事故，立即启动应急预案，保护事故现场，开展应急救援和采取减损措施。

(10) 不转包、不违法分包和挂靠，不以包代管。

(11) 向建设单位出具质量保修书，保修书中明确建设工程的保修范围、保修期限和保修责任等。建设工程在保修范围和期限内发生质量问题，严格依法依规履行保修义务，并对造成的损失承担赔偿责任。

(12) 如存在转包、违法分包、挂靠、以包代管，或因其他违法违规等不当行为，造成工程质量事故、因投诉、举报、群体性事件、媒体报道并造成恶劣社会影响的严重工程质量问题，造成尚在设计使用年限内的建筑工程不能正常使用等质量后果及其他法律后果，无论本人身在何处、身居何职或是否退休，本人自愿承担相关法律责任。

本承诺书一式三份，一份在办理工程质量监督手续时连同法定代表人授权书报工程质量监督机构备案，一份待建设工程竣工验收合格备案后与档案资料一并交城建档案管理部门存档，一份保存于各自责任主体单位备查。

承诺人（签名并加盖注册执业章）：

年　月　日

应附：企业法人及项目经理身份证复印件、法定代表人授权书及身份证复印。

表 7-20　监理单位总监理工程师工程质量终身责任承诺书

监理单位总监理工程师工程质量终身责任承诺书

湘质监统编
备 2015—12h

工程名称		法人代表姓名	
监理单位		身份证号码	
授权书编号		被授权人姓名	
执业资格名称及编号		身份证号码	

本人承诺在该工程建设过程中一定认真履行下列职责，并承担相应终身质量责任。

(1) 已按规定取得相应执业资格，保证在岗履职，不违反规定同时在多个工程项目担任总监理工程师。不转让监理业务，不承担与施工单位以及建筑材料、建筑构配件和设备供应单位有隶属关系或其他利害关系的工程监理业务。不允许其他单位或个人以本人参与名义承揽监理业务。

(2) 对工程项目施工质量承担监理责任，负责建立项目质量监理体系，按规定要求和实际需要配备专业监理工程师、监理员等，负责督促施工单位质量责任制和质量管理规章制度的建立、完善和落实，对施工项目经理及其他关键岗位人员到岗及履职情况进行考核。

(3) 按照经施工图审查机构审查合格并加盖了审图专用章的工程设计文件、规范标准和合同约定的质量标准进行监理，并对施工所使用图纸进行核查；对施工组织设计、质量保证措施、专项施工方案的审查和督促执行；对施工单位施工技术质量交底和样板引路制度的督促落实。组织编制监理规划、监理实施细则和旁站监理方案，对监理实施细则和旁站监理方案进行审批。对项目质量常见问题专项治理方案和相关防控措施组织审查并督促落实和检查验收。

(4) 组织对施工单位建筑材料、构配件、设备、预拌混凝土等进场检验验收及相关台账（含不合格品处理台账）情况进行检查督促，对未申报检查验收或检查验收不合格的材料不允许使用；组织对涉及结构安全的试块、试件以及有关材料取样检测及相关台账情况进行检查督促，对取样送检进行见证。

(5) 组织隐蔽工程的验收工作，组织地基基础、主体结构等分部工程的验收，参加单位工程和工程竣工验收；在验收文件上签字，不签署虚假文件。

(6) 对桩基、高边坡、深基坑、结构首层及顶层、结构转化层、高大模板支设、大型混凝土浇筑、防水施工等关键环节或关键部位组织监理人员重点检查和旁站；组织对施工单位自检及工程实体质量情况进行检查抽测，未经验收或验收不合格，不进入下道工序施工；主体分部工程和竣工验收前组织对质量常见问题专项治理和分户验收进行检查评估。

(7) 定期组织质量隐患排查，建立质量隐患整改台帐，及时督促施工单位消除质量隐患。

(8) 对于施工单位拒不整改，以及存在违法发包、转包、违法分包、挂靠和以包代管等违法违规行为或其他责任主体存在严重违法违规等行为的，应及时制止并报告当地质量监督机构。

(9) 督促施工单位向建设单位出具质量保修书，审查保修书中工程的保修范围、保修期限和保修责任等。

(10) 因其他违法违规或其他不当行为，造成工程质量事故或因投诉、举报、群体性事件、媒体报道并造成恶劣社会影响的严重工程质量问题，造成尚在设计使用年限内的建筑工程不能正常使用等质量后果及其他法律后果，无论本人身在何处、身居何职或是否退休，本人自愿承担相关法律责任。

本承诺书一式三份，一份在办理工程质量监督手续时连同法定代表人授权书报工程质量监督机构备案，一份待建设工程竣工验收合格备案后与档案资料一并交城建档案管理部门存档，一份保存于各自责任主体单位备查。

承诺人（签名并加盖注册执业章）：

年　月　日

应附：单位法人及总监理工程师身份证复印件、法定代表人授权书及身份证复印件。

附　　录

附录 A　工程资料形成、类别、来源、保存及代号索引

一、工程资料的形成

工程资料的形成如图 A-1 所示。

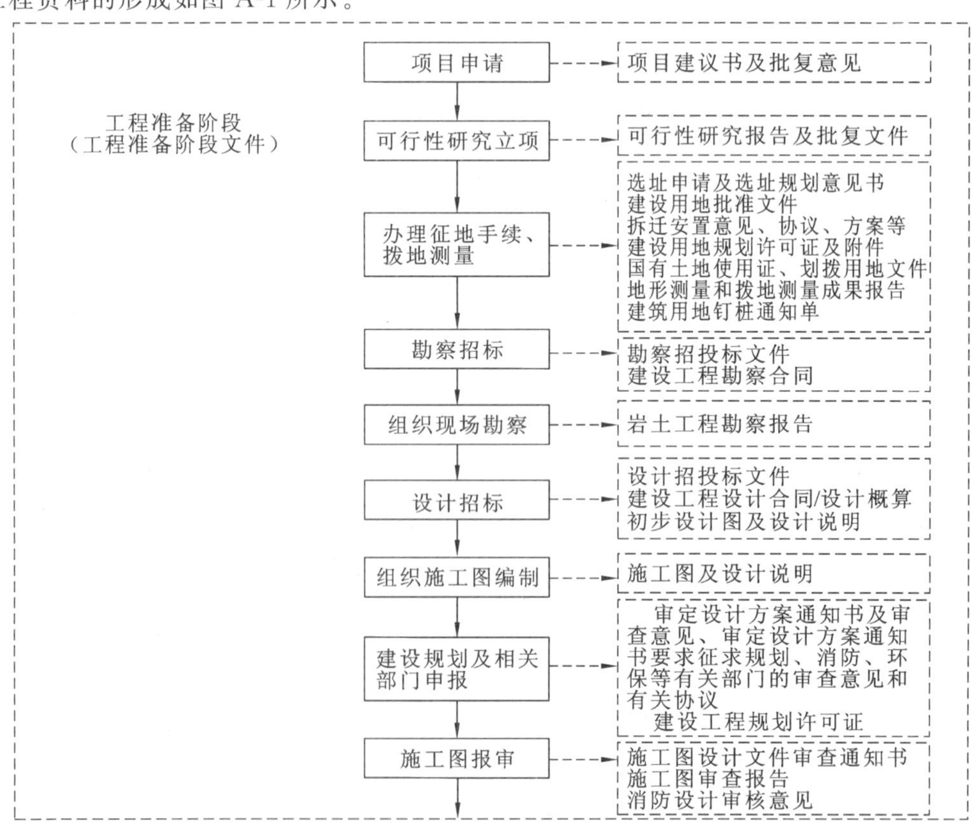

图 A-1　工程资料的形成

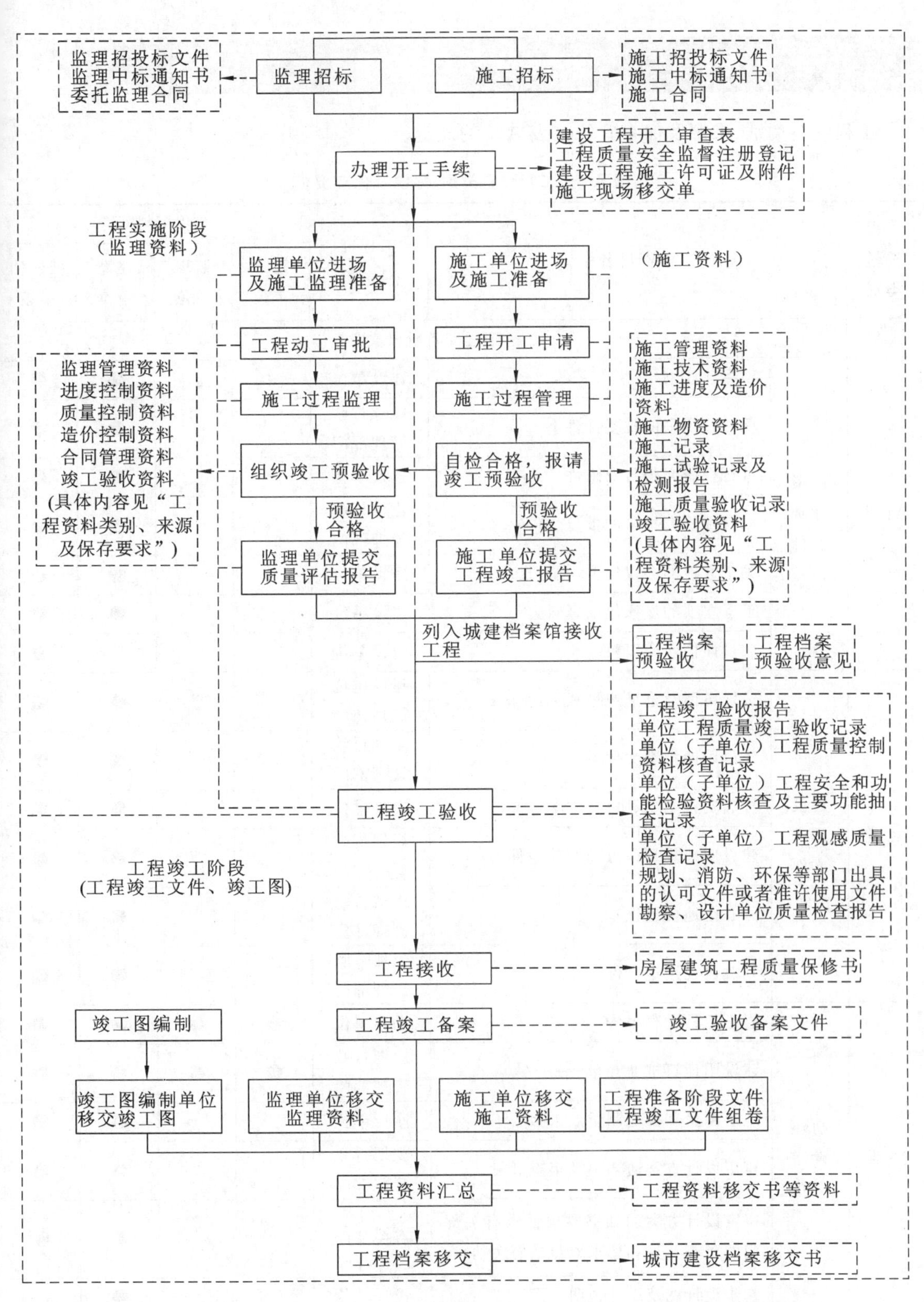
监理招投标文件
监理中标通知书
委托监理合同
监理招标
施工招标
施工招投标文件
施工中标通知书
施工合同
办理开工手续
建设工程开工审查表
工程质量安全监督注册登记
建设工程施工许可证及附件
施工现场移交单
工程实施阶段
（监理资料）
（施工资料）
监理单位进场
及施工监理准备
施工单位进场
及施工准备
工程动工审批
工程开工申请
施工过程监理
施工过程管理
监理管理资料
进度控制资料
质量控制资料
造价控制资料
合同管理资料
竣工验收资料
(具体内容见"工程资料类别、来源及保存要求")
组织竣工预验收
自检合格，报请
竣工预验收
施工管理资料
施工技术资料
施工进度及造价资料
施工物资资料
施工记录
施工试验记录及检测报告
施工质量验收记录
竣工验收资料
(具体内容见"工程资料类别、来源及保存要求")
预验收
合格
监理单位提交
质量评估报告
施工单位提交
工程竣工报告
列入城建档案馆接收工程
工程档案
预验收
工程档案
预验收意见
工程竣工验收
工程竣工验收报告
单位工程质量竣工验收记录
单位（子单位）工程质量控制资料核查记录
单位（子单位）工程安全和功能检验资料核查及主要功能抽查记录
单位（子单位）工程观感质量检查记录
规划、消防、环保等部门出具的认可文件或者准许使用文件
勘察、设计单位质量检查报告
工程竣工阶段
(工程竣工文件、竣工图)
工程接收
房屋建筑工程质量保修书
竣工图编制
工程竣工备案
竣工验收备案文件
竣工图编制单位
移交竣工图
监理单位移交
监理资料
施工单位移交
施工资料
工程准备阶段文件
工程竣工文件组卷
工程资料汇总
工程资料移交书等资料
工程档案移交
城市建设档案移交书

续图 A-1

二、工程资料类别、来源及保存要求

工程资料类别、来源及保存宜符合表 A-1 的规定。

表 A-1　工程资料类别、来源及保存要求

工程资料类别	工程资料名称		工程资料来源	工程资料保存			
				施工单位	监理单位	建设单位	城建档案馆
A 类	工程准备阶段文件						
A1 类	决策立项文件	项目建议书	建设单位			●	●
		项目建议书的批复文件	建设行政管理部门			●	●
		可行性研究报告及附件	建设单位			●	●
		可行性研究报告的批复文件	建设行政管理部门			●	●
		关于立项的会议纪要、领导批示	建设单位			●	●
		工程立项的专家建议资料	建设单位			●	●
		项目评估研究资料	建设单位			●	●
A2 类	建设用地文件	选址申请及选址规划意见通知书	建设单位 规划部门			●	●
		建设用地批准文件	土地行政管理部门			●	●
		拆迁安置意见、协议、方案等	建设单位			●	●
		建设用地规划许可证及其附件	规划行政管理部门			●	●
		国有土地使用证	土地行政管理部门			●	●
		划拨建设用地文件	土地行政管理部门			●	●
A3 类	勘察设计文件	岩土工程勘察报告	勘察单位	●	●	●	●
		建设用地钉桩通知单(书)	规划行政管理部门	●	●	●	●
		地形测量和拨地测量成果报告	测绘单位			●	●
		审定设计方案通知书及审查意见	规划行政管理部门			●	●
		审定设计方案通知书要求征求有关部门的审查意见和要求取得的有关协议	有关部门			●	●
		初步设计图及设计说明	设计单位			●	

续表

工程资料类别		工程资料名称	工程资料来源	工程资料保存			
				施工单位	监理单位	建设单位	城建档案馆
A3类	勘察设计文件	消防设计审核意见	公安机关消防机构	○	○	●	●
		施工图设计文件审查通知书及审查报告	施工图审查机构	○	○	●	●
		施工图及设计说明	设计单位	○	○	●	
A4类	招投标及合同文件	勘察招投标文件	建设单位 勘察单位			●	
		勘察合同*	建设单位 勘察单位			●	●
		设计招投标文件	建设单位 设计单位			●	
		设计合同*	建设单位 设计单位			●	●
		监理招投标文件	建设单位 监理单位		●	●	
		委托监理合同*	建设单位 监理单位		●	●	●
		施工招投标文件	建设单位 施工单位	●	○	●	
		施工合同	建设单位 施工单位	●	○	●	●
A5类	开工条件	建设项目列入年度计划的申报文件	建设单位			●	●
		建设项目列入年度计划的批复文件或年度计划项目表	建设行政管理部门			●	●
		规划审批申报表及报送的文件和图纸	建设单位 设计单位			●	
		建设工程规划许可证及其附件	规划部门			●	●
		建设工程施工许可证及其附件	建设行政管理部门	●	●	●	●
		工程质量安全监督注册登记	质量监督机构	○	○	●	●
		工程开工前的原貌影像资料	建设单位	●	●	●	●
		施工现场移交单	建设单位	○	○	○	
A6类	商务文件	工程投资估算资料	建设单位			●	
		工程设计概算资料	建设单位			●	
		工程施工图预算资料	建设单位			●	

续表

工程资料类别	工程资料名称		工程资料来源	工程资料保存			
				施工单位	监理单位	建设单位	城建档案馆
B类	A类其他资料						
B1类	监理管理资料	监理规划	监理单位		●	●	●
		监理实施细则	监理单位	○	●	●	●
		监理月报	监理单位		●	●	
		监理会议纪要	监理单位	○	●	●	
		监理工作日志	监理单位		●		
		监理工作总结	监理单位		●	●	●
B1类	监理管理资料	工作联系单(表B.1.1)	监理单位 施工单位	○	○		
		监理工程师通知(表B.1.2)	监理单位	○	○		
		监理工程师通知回复单(表C.1.7)	施工单位	○	○		
		工程暂停令(表B.1.3)	监理单位	○	○	○	●
		工程复工报审表(表C.3.2)	施工单位	●	●	●	●
B2类	进度控制资料	工程开工报审表(表C.3.1)	施工单位	●	●	●	●
		施工进度计划报审表(表C.3.3)	施工单位	○	○		
B3类	质量控制资料	质量事故报告及处理资料	施工单位	●	●	●	●
		旁站监理记录(表B.3.1)	监理单位	○	●	●	
		见证取样和送检见证人员备案表(表B.3.2)	监理单位或施工单位	●	●	●	
		见证记录(表B.3.3)	监理单位	●	●	●	
		工程技术文件报审表(表C.2.1)	施工单位	○	○		
B4类	造价控制资料	工程款支付申请表(表C.3.6)	施工单位	○	○	●	
		工程款支付证书(表B.4.1)	监理单位	○	○	●	
		工程变更费用报审表	施工单位	○	○	●	
		费用索赔申请表	施工单位	○	○	●	
		费用索赔审批表(表B.4.2)	监理单位	○	○	●	

续表

工程资料类别		工程资料名称	工程资料来源	工程资料保存			
				施工单位	监理单位	建设单位	城建档案馆
B5 类	合同管理资料	委托监理合同	监理单位		●	●	●
		工程延期申请表(表 C.3.5)	施工单位	●	●	●	●
		工程延期审批表(表 B.5.1)	监理单位	●	●	●	●
		分包单位资质报审表(表 C.1.3)	施工单位	●	●	●	
B6 类	竣工验收资料	单位(子单位)工程竣工预验收报验表	施工单位	●	●	●	
		单位(子单位)工程质量竣工验收记录	施工单位	●	●	●	●
		单位(子单位)工程质量控制资料核查记录	施工单位	●	●	●	●
		单位(子单位)工程安全和功能检验资料核查及主要功能抽查记录	施工单位	●	●	●	●
		单位(子单位)工程观感质量检查记录	施工单位	●	●	●	●
		工程质量评估报告	监理单位	●	●	●	●
		监理费用决算资料	监理单位		○	●	
		监理资料移交书	监理单位		●	●	
		B 类其他资料					
C 类	施工资料						
C1 类	施工管理资料	工程概况表(表 C.1.1)	施工单位	●	●	●	●
		施工现场质量管理检查记录(表 C.1.2)	施工单位	○	○		
		企业资质证书及相关专业人员岗位证书	施工单位	○	○		
		分包单位资质报审表(表 C.1.3)	施工单位	●	●	●	
		建设工程质量事故调查、勘查记录(表 C.1.4)	调查单位	●	●	●	●
		建设工程质量事故报告书	调查单位	●	●	●	●
C1 类	施工管理资料	施工检测计划	施工单位	○	○		
		见证记录	监理单位	●	●	●	
		见证试验检测汇总表(表 C.1.5)	施工单位	●	●		
		施工日志(C.1.6)	施工单位	●			
		监理工程师通知回复单(表 C.1.7)	施工单位	○	○		

续表

工程资料类别	工程资料名称		工程资料来源	工程资料保存			
				施工单位	监理单位	建设单位	城建档案馆
C2类	施工技术资料	工程技术文件报审表（表C.2.1）	施工单位	○	○		
		施工组织设计及施工方案	施工单位	○	○		
		危险性较大分部分项工程施工方案专家论证表（表C.2.2）	施工单位	○	○		
		技术交底记录（表C.2.3）	施工单位	○			
		图纸会审记录（表C.2.4）	施工单位	●	●	●	●
		设计变更通知单（表C.2.5）	设计单位	●	●	●	●
		工程洽商记录（技术核定单）（表C.2.6）	施工单位	●	●	●	●
C3类	进度造价资料	工程开工报审表（表C.3.1）	施工单位	●	●	●	●
		工程复工报审表（表C.3.2）	施工单位	●	●	●	●
		施工进度计划报审表（表C.3.3）	施工单位	○	○		
		施工进度计划	施工单位	○	○		
		人、机、料动态表（表C.3.4）	施工单位	○	○		
		工程延期申请表（表C.3.5）	施工单位	●	●	●	●
		工程款支付申请表（表C.3.6）	施工单位	○	○	●	
		工程变更费用报审表（表C.3.7）	施工单位	○	○	●	
		费用索赔申请表（表C.3.8）	施工单位	○	○	●	
C4类	施工物资资料	出厂质量证明文件及检测报告					
		砂、石、砖、水泥、钢筋、隔热保温、防腐材料、轻集料出厂质量证明文件	施工单位	●	●	●	●
		其他物资出厂合格证、质量保证书、检测报告和报关单或商检证等	施工单位	●	○	○	
		材料、设备的相关检验报告、形式检验报告、3C强制认证合格证中3C标志	采购单位	●	○	○	
		主要设备、器具的安装使用说明书	采购单位	●	○	○	
		进口的主要材料设备的商检证明文件	采购单位	●	○	●	●
		涉及消防、安全、卫生、环保、节能的材料、设备的检测报告或法定机构出具的有效证明文件	采购单位	●	●	●	

续表

工程资料类别	工程资料名称		工程资料来源	工程资料保存			
				施工单位	监理单位	建设单位	城建档案馆
C4 类	施工物资资料	进场检验通用表格					
		材料、构配件进场检验记录(表 C.4.1)	施工单位	○	○		
		设备开箱检验记录(表 C.4.2)	施工单位	○	○		
		设备及管道附件试验记录(表 C.4.3)	施工单位	●	○	●	
		进场复式报告					
		钢材试验报告	检测单位	●	●	●	●
		水泥试验报告	检测单位	●	●	●	●
		砂试验报告	检测单位	●	●	●	●
		碎(卵)石试验报告	检测单位	●	●	●	●
		外加剂试验报告	检测单位	●	●	○	●
		防水涂料试验报告	检测单位	●	○	●	
		防水卷材试验报告	检测单位	●	○	●	
		砖(砌块)试验报告	检测单位	●	●	●	●
		预应力筋复试报告	检测单位	●	●	●	●
		预应力锚具、夹具和连接器复试报告	检测单位	●	●	●	●
		装饰装修用门窗复试报告	检测单位	●	○	●	
		装饰装修用人造木板复试报告	检测单位	●	○	●	
		装饰装修用花岗石复试报告	检测单位	●	○	●	
		装饰装修用安全玻璃复试报告	检测单位	●	○	●	
		装饰装修用外墙面砖复试报告	检测单位	●	○	●	
		钢结构用钢材复试报告	检测单位	●	●	●	●
		钢结构用防火涂料复试报告	检测单位	●	●	●	●
		钢结构用焊接材料复试报告	检测单位	●	●	●	●
		钢结构用高强度大六角头螺栓连接副复试报告	检测单位	●	●	●	●
		钢结构用扭剪型高强螺栓连接副复试报告	检测单位	●	●	●	●
		幕墙用铝塑板、石材、玻璃、结构胶复试报告	检测单位	●	●	●	●
		散热器、采暖系统保温材料、通风与空调工程绝热材料、风检盘管机组、低压配电系统电缆的见证取样复试报告	检测单位	●	○	●	
		节能工程材料复试报告	检测单位	●	●	●	

续表

工程资料类别	工程资料名称		工程资料来源	工程资料保存			
				施工单位	监理单位	建设单位	城建档案馆
C5类	施工记录	通用表格					
		隐蔽工程验收记录(表 C.5.1)	施工单位	●	●	●	●
		施工检查记录(表 C.5.2)	施工单位	○			
		交接检查记录(表 C.5.3)	施工单位	○			
		专用表格					
		工程定位测量记录(表 C.5.4)	施工单位	●	●	●	●
		基槽验线记录	施工单位	●	●	●	●
		楼层平面放线记录	施工单位	○	○		
		楼层标高抄测记录	施工单位	○	○		
		建筑物垂直度、标高观测记录(表 C.5.5)	施工单位	●	○	●	
		沉降观测记录	建设单位委托测量单位提供	●	○	●	●
		基坑支护水平位移监测记录	施工单位	○	○		
		桩基、支护测量放线记录	施工单位	○	○		
		地基验槽记录(表 C.5.6)	施工单位	●	●	●	●
		地基钎探记录	施工单位	○	○	●	●
		混凝土浇灌申请书	施工单位	○	○		
		预拌混凝土运输单	施工单位	○			
		混凝土开盘鉴定	施工单位	○	○		
		混凝土拆模申请单	施工单位	○	○		
		混凝土预拌测温记录	施工单位	○			
		混凝土养护测温记录	施工单位	○			
		大体积混凝土养护测温记录	施工单位	○			
		大型构件吊装记录	施工单位	○	○	●	●
		焊接材料烘焙记录	施工单位	○			
		地下工程防水效果检查记表(表 C.5.7)	施工单位	○	○	●	
		防水工程试水检查记录(表 C.5.8)	施工单位	○	○	●	
		通风(烟)道、垃圾道检查记录(表 C.5.9)	施工单位	○	○	●	
		预应力筋张拉记录	施工单位	●	○	●	●
		有黏结预应力结构灌浆记录	施工单位	●	○	●	●

续表

工程资料类别	工程资料名称		工程资料来源	工程资料保存			
				施工单位	监理单位	建设单位	城建档案馆
C5 类	施工记录	钢结构施工记录	施工单位	●	○	●	
		网架(索膜)施工记录	施工单位	●	○	●	●
		木结构施工记录	施工单位	●	○	●	
		幕墙注胶检查记录	施工单位	●	○	●	
		自动扶梯、自动人行道的相邻区域检查记录	施工单位	●	○	●	
		电梯电气装置安装检查记录	施工单位	●	○	●	
		自动扶梯、自动人行道电气装置检查记录	施工单位	●	○	●	
		自动扶梯、自动人行道整机安装质量检查记录	施工单位	●	○	●	
C6 类	施工试验记录及检测报告	通用表格					
		设备单机试转记录(表 C.6.1)	施工单位	●	○	●	●
		系统试运转调记录(表 C.6.2)	施工单位	●	○	●	●
		接地电阻测试记录(表 C.6.3)	施工单位	●	○	●	●
		绝缘电阻测试记录(表 C.6.4)	施工单位	●	○	●	
		专用表格					
		建筑与结构工程					
		锚杆试验报告	检测单位	●	○	●	●
		地基承载力检测报告	检测单位	●	○	●	●
		桩基检测报告	检测单位	●	○	●	●
		土工击实试验报告	检测单位	●	○	●	●
		回填土试验报告(应附图)	检测单位	●	○	●	●
		钢筋机械连接试验报告	检测单位	●	○	●	●
		钢筋焊接连接试验报告	检测单位	●	○	●	●
		砂浆配合比申请单、通知单	施工单位	○	○		
		砂浆抗压强度试验报告	检测单位	●	○	●	●
		砌筑砂浆试块强度统计、评定记录(表 C.6.5)	施工单位	●		●	●
		混凝土配合比申请单、通知单	施工单位	○	○		

续表

工程资料类别	工程资料名称		工程资料来源	工程资料保存			
				施工单位	监理单位	建设单位	城建档案馆
C6 类	施工试验记录及检测报告	混凝土抗压强度试验报告	检测单位	●	○	●	●
		混凝土试块强度统计、评定记录(表 C.6.6)	施工单位	●		●	●
		混凝土抗渗试验报告	检测单位	●	○	●	●
		砂、石、水泥放射性指标报告	施工单位	●	○	●	●
		混凝土碱总含量计算书	施工单位	●	○	●	●
		外墙饰面砖样板黏结强度试验报告	检测单位	●	○	●	●
		后置埋件拉拔试验报告	检测单位	●	○	●	●
		超声波探伤报告、探伤记录	检测单位	●	○	●	●
		钢构件射线探伤报告	检测单位	●	○	●	●
		磁粉探伤报告	检测单位	●	○	●	●
		高强度螺栓抗滑移系数检测报告	检测单位	●	○	●	●
		钢结构焊接工艺评定	检测单位	○	○		
		网架节点承载力试验报告	检测单位	●	○	●	●
		钢结构防腐、防火涂料厚度检测报告	检测单位	●	○	●	●
		木结构构件力学性能试验报告	检测单位	●	○	●	
		木结构防护剂试验报告	检测单位	●	○	●	●
		幕墙双组分硅酮结构密封胶混匀性及拉断试验报告	检测单位	●	○	●	●
		幕墙的抗风压性能、空气渗透性能、雨水渗透性能及平面内变形性能检测报告	检测单位	●	○	●	●
		外门窗的抗风压性能、空气渗透性能和雨水渗透性能检测报告	检测单位	●	○	●	●
		墙体节能工程保温板材与基层黏结强度现场拉拔试验	检测单位	●	○	●	●
		外墙保温浆料同条件养护试件试验报告	检测单位	●	○	●	●
		结构实体混凝土强度检验记录(表 C.6.7)	施工单位	●	○	●	●
		结构实体钢筋保护层厚度检验记录(表 C.6.8)	施工单位	●	○	●	●

续表

工程资料类别	工程资料名称		工程资料来源	工程资料保存			
				施工单位	监理单位	建设单位	城建档案馆
C6类	施工试验记录及检测报告	围护结构现场实体检验	检测单位	●	○	●	
		室内环境检测报告	检测单位	●	○	●	
		节能性能检测报告	检测单位	●	○	●	●
		给排水及采暖工程					
		灌(满)水试验记录(表C.6.9)	施工单位	○	○	●	
		强度严密性试验记录(表C.6.10)	施工单位	●	○	●	●
		通水试验记录(表C.6.11)	施工单位	○	○	●	
		冲(吹)洗试验记录(表C.6.12)	施工单位	●	○	●	
		通球试验记录	施工单位	○	○	●	
		补偿器安装记录	施工单位	○	○		
		消火栓试射记录	施工单位	●	○	●	
		安全附件安装检查记录	施工单位	●	○		
		锅炉烘炉试验记录	施工单位	●	○		
		锅炉煮炉试验记录	施工单位	●	○		
		锅炉试运行记录	施工单位	●	○	●	
		安全阀定压合格证书	检测单位	●	○	●	
		自动喷水灭火系统联动试验记录	施工单位	●	○	●	●
		建筑电气工程					
		电气接地装置平面示意图表	施工单位	●	○	●	●
		电气器具通电安全检查记录	施工单位	○	○	●	
		电气设备空载试运行记录(表C.6.13)	施工单位	●	○	●	●
		建筑物照明通电度运行记录	施工单位	●	○	●	●
		大型照明灯具承载试验记录(表C.6.14)	施工单位	●	○	●	
		漏电开关模拟试验记录	施工单位	●	○	●	
		大容量电气线路结点测温记录	施工单位	●	○	●	
		低压配电电源质量测试记录	施工单位	●	○	●	
		建筑物照明系统照度测试记录	施工单位	○	○	●	
		智能建筑工程					
		综合布线测试记录	施工单位	●	○	●	●
		光纤损耗测试记录	施工单位	●	○	●	●

续表

工程资料类别	工程资料名称		工程资料来源	工程资料保存			
				施工单位	监理单位	建设单位	城建档案馆
C6类	施工试验记录及检测报告	视频系统末端测试记录	施工单位	●	○	●	●
		子系统检测记录(表C.6.15)	施工单位	●	○	●	●
		系统试运行记录	施工单位	●	○	●	●
		通风与空调工程					
		风管漏光检测记录(表C.6.16)	施工单位	○	○	●	
		风管漏风检测记录(表C.6.17)	施工单位	●	○	●	
		现场组装除尘器、空调机漏风检测记录	施工单位	○	○		
		各房间室内风量测量记录	施工单位	●	○	●	
		管网风量平衡记录	施工单位	●	○	●	
		空调系统试运转调试记录	施工单位	●	○	●	●
		空调水系统试运转调试记录	施工单位	●	○	●	●
		制冷系统气密性试验记录	施工单位	●	○	●	●
		净化空调系统检测记录	施工单位	●	○	●	●
		防排烟系统联合试运行记录	施工单位	●	○	●	●
		电梯工程					
		轿厢平层准确度测量记录	施工单位	○	○	●	
		电梯层门安全装置检测记录	施工单位	●	○	●	
		电梯电气安全装置检测记录	施工单位	●	○	●	
		电梯整机功能检测记录	施工单位	●	○	●	
		电梯主要功能检测记录	施工单位	●	○	●	
		电梯负荷运行试验记录	施工单位	●	○	●	●
		电梯负荷运行试验曲线图表	施工单位	●	○	●	
		电梯噪声测试记录	施工单位	○	○	○	
		自动扶梯、自动人行道安全装置检测记录	施工单位	●	○	●	
		自动扶梯、自动人行道整机性能、运行试验记录	施工单位	●	○	●	●

续表

<table>
<tr><th rowspan="2">工程资料类别</th><th rowspan="2" colspan="2">工程资料名称</th><th rowspan="2">工程资料来源</th><th colspan="4">工程资料保存</th></tr>
<tr><th>施工单位</th><th>监理单位</th><th>建设单位</th><th>城建档案馆</th></tr>
<tr><td rowspan="21">C7 类</td><td rowspan="21">施工质量验收记录</td><td>检验批质量验收记录(表 C.7.1)</td><td>施工单位</td><td>○</td><td>○</td><td>●</td><td></td></tr>
<tr><td>分项工程质量验收记录(表 C.7.2)</td><td>施工单位</td><td>●</td><td>●</td><td>●</td><td></td></tr>
<tr><td>分部(子分部)工程质量验收记录(表 C.7.3)</td><td>施工单位</td><td>●</td><td>●</td><td>●</td><td>●</td></tr>
<tr><td>建筑节能分部工程质量验收记录(表 C.7.4)</td><td>施工单位</td><td>●</td><td>●</td><td>●</td><td>●</td></tr>
<tr><td>自动喷水系统验收缺陷项目划分记录</td><td>施工单位</td><td>●</td><td>○</td><td>○</td><td></td></tr>
<tr><td>程控电话交换系统分项工程质量验收记录</td><td>施工单位</td><td>●</td><td>○</td><td>●</td><td></td></tr>
<tr><td>会议电视系统分项工程质量验收记录</td><td>施工单位</td><td>●</td><td>○</td><td>●</td><td></td></tr>
<tr><td>卫星数字电视系统分项工程质量验收记录</td><td>施工单位</td><td>●</td><td>○</td><td>●</td><td></td></tr>
<tr><td>有线电视系统分项工程质量验收记录</td><td>施工单位</td><td>●</td><td>○</td><td>●</td><td></td></tr>
<tr><td>公共广播与紧急广播系统分项工程质量验收记录</td><td>施工单位</td><td>●</td><td>○</td><td>●</td><td></td></tr>
<tr><td>计算机网络系统分项工程质量验收记录</td><td>施工单位</td><td>●</td><td>○</td><td>●</td><td></td></tr>
<tr><td>应用软件系统分项工程质量验收记录</td><td>施工单位</td><td>●</td><td>○</td><td>●</td><td></td></tr>
<tr><td>网络安全系统分项工程质量验收记录</td><td>施工单位</td><td>●</td><td>○</td><td>●</td><td></td></tr>
<tr><td>空调与通风系统分项工程质量验收记录</td><td>施工单位</td><td>●</td><td>○</td><td>●</td><td></td></tr>
<tr><td>变配电系统分项工程质量验收记录</td><td>施工单位</td><td>●</td><td>○</td><td>●</td><td></td></tr>
<tr><td>公共照明系统分项工程质量验收记录</td><td>施工单位</td><td>●</td><td>○</td><td>●</td><td></td></tr>
<tr><td>给排水系统分项工程质量验收记录</td><td>施工单位</td><td>●</td><td>○</td><td>●</td><td></td></tr>
<tr><td>热源和热交换系统分项工程质量验收记录</td><td>施工单位</td><td>●</td><td>○</td><td>●</td><td></td></tr>
<tr><td>冷冻和冷却水系统分项工程质量验收记录</td><td>施工单位</td><td>●</td><td>○</td><td>●</td><td></td></tr>
<tr><td>电梯和自动扶梯系统分项工程质量验收记录</td><td>施工单位</td><td>●</td><td>○</td><td>●</td><td></td></tr>
<tr><td>数据通信接口分项工程质量验收记录</td><td>施工单位</td><td>●</td><td>○</td><td>●</td><td></td></tr>
</table>

续表

工程资料类别	工程资料名称		工程资料来源	工程资料保存			
				施工单位	监理单位	建设单位	城建档案馆
C7类	施工质量验收记录	中央管理工作站及操作分站分项工程质量验收记录	施工单位	●	○	●	
		系统实时性、可维护性、可靠性分项工程质量验收记录	施工单位	●	○	●	
		现场设备安装及检测分项工程质量验收记录	施工单位	●	○	●	
		火灾自动报警及消防联动系统分项工程质量验收记录	施工单位	●	○	●	
		综合防范功能分项工程质量验收记录	施工单位	●	○	●	
		视频安防监控系统分项工程质量验收记录	施工单位	●	○	●	
		入侵报警系统分项工程质量验收记录	施工单位	●	○	●	
		出入口控制（门禁）系统分项工程质量验收记录	施工单位	●	○	●	
		巡更管理系统分项工程质量验收记录	施工单位	●	○	●	
		停车场（库）管理系统分项工程质量验收记录	施工单位	●	○	●	
		安全防范综合管理系统分项工程质量验收记录	施工单位	●	○	●	
		综合布线系统安装分项工程质量验收记录	施工单位	●	○	●	
		综合布线系统性能检测分项工程质量验收记录	施工单位	●	○	●	
		系统集成网络连接分项工程质量验收记录	施工单位	●	○	●	
		系统数据集成分项工程质量验收记录	施工单位	●	○	●	
		系统集成整体协调分项工程质量验收记录	施工单位	●	○	●	
		系统集成综合管理及冗余功能分项工程质量验收记录	施工单位	●	○	●	
		系统集成可维护性和安全性分项工程质量验收记录	施工单位	●	○	●	
		电源系统分项工程质量验收记录	施工单位	●	○	●	

续表

工程资料类别	工程资料名称			工程资料来源	工程资料保存			
					施工单位	监理单位	建设单位	城建档案馆
C8类	竣工验收资料	工程竣工报告		施工单位	●	●	●	●
C8类	竣工验收资料	单位(子单位)工程竣工预验收报验表(表C.8.1)		施工单位	●	●	●	
C8类	竣工验收资料	单位(子单位)工程质量竣工验收记录(表C.8.2-1)		施工单位	●	●	●	●
C8类	竣工验收资料	单位(子单位)工程质量控制资料核查记录(表C.8.2-2)		施工单位	●	●	●	●
C8类	竣工验收资料	单位(子单位)工程安全和功能检验资料核查及主要功能抽查记录(表C.8.2-3)		施工单位	●	●	●	●
C8类	竣工验收资料	单位(子单位)工程观感质量检查记录(表C.8.2-4)		施工单位	●	●	●	●
C8类	竣工验收资料	施工决算资料		施工单位	○	○	●	
C8类	竣工验收资料	施工资料移交书		施工单位	●		●	
C8类	竣工验收资料	房屋建筑工程质量保修书		施工单位	●	●	●	
D类	C类其他资料							
D类	竣工图							
D类	竣工图	建筑与结构竣工图	建筑竣工图	编制单位	●		●	●
D类	竣工图	建筑与结构竣工图	结构竣工图	编制单位	●		●	●
D类	竣工图	建筑与结构竣工图	钢结构竣工图	编制单位	●		●	●
D类	竣工图	建筑装饰与装修竣工图	幕墙竣工图	编制单位	●		●	●
D类	竣工图	建筑装饰与装修竣工图	室内装饰竣工图	编制单位	●		●	
D类	竣工图	建筑给水、排水与采暖竣工图		编制单位	●		●	●
D类	竣工图	建筑电气竣工图		编制单位	●		●	●
D类	竣工图	智能建筑竣工图		编制单位	●		●	●
D类	竣工图	通风与空调竣工图		编制单位	●		●	●
D类	竣工图	室外工程竣工图	室外给水、排水、供热、供电、照明管线等竣工图	编制单位	●		●	●
D类	竣工图	室外工程竣工图	室外道路、园林绿化、花坛、喷泉等竣工图	编制单位	●		●	●
D类	D类其他资料							

续表

工程资料类别	工程资料名称		工程资料来源	工程资料保存			
				施工单位	监理单位	建设单位	城建档案馆
E类	工程竣工文件						
E1类	竣工验收文件	单位(子单位)工程质量竣工验收记录	施工单位	●	●	●	●
		勘察单位工程质量检查报告	勘察单位	○	○	●	●
		设计单位工程质量检查报告	设计单位	○	○	●	●
		工程竣工验收报告	建设单位	●	●	●	●
		规划、消防、环保等部门出具的认可文件或准许使用文件	政府主管部门	●	●	●	●
		房屋建筑工程质量保修书	施工单位	●	●	●	
		住宅质量保证书、住宅使用说明书	建设单位			●	
		建设工程竣工验收备案表	建设单位	●	●	●	●
E2类	竣工决算文件	施工决算资料	施工单位	○	○	●	
		监理费用决算资料	监理单位		○	●	
E3类	竣工交档文件	工程竣工档案预验收意见	城建档案管理部门			●	●
		施工资料移交书	施工单位	●		●	
		监理资料移交书	监理单位		●	●	
		城市建设档案移交书	建设单位			●	
E4类	竣工总结文件	工程竣工总结	建设单位			●	●
		竣工新貌影像资料	建设单位	●		●	●
	E类其他资料						

注：

(1) 表中工程资料名称与资料保存单位所对应的栏中，“●”表示“归档保存”，“○”表示“过程保存”，是否归档保存可自行确定。

(2) 表中注明“＊”的表，宜由施工单位和监理或建设单位共同形成；表中注明“＊＊”的表，宜由建设、设计、监理、施工等多方共同形成。

(3) 勘察单位保存资料内容应包括工程地质勘查报告、勘察招投标文件、勘察合同、勘察单位工程质量检查报告，以及勘察单位签署的有关质量验收记录等。

(4) 设计单位保存资料内容应包括审定设计方案通知书及审查意见、审定设计方案通知书、要求征求有关部门的审查意见和要求取得的有关协议、初步设计图及设计说明、施工图及设计说明、消防设计审核意见、施工图设计文件审查通知书及审查报告、设计招投标文件、设计合同、图纸会审记录、设计变更通知单、设计单位签署意见的工程洽商记录（包括技术核定单）、设计单位工程质量检查报告，以及设计单位签署的有关质量验收记录。

三、分部(子分部)工程代号索引表

分部(子分部)工程代号索引表见表 A-2。

表 A-2　分部(子分部)工程代号索引表

分部工程代号	分部工程名称	子分部工程代号	子分部工程名称	分项工程名称	备注
01	地基与基础	01	无支护土方	土方开挖、土方回填	
		02	有支护土方	排桩、降水、排水、地下连续墙、锚杆、土钉墙、水泥土桩、沉井与沉箱、钢筋混凝土支撑	单独组卷
		03	地基与基础处理	灰土地基、砂和砂石地基、碎砖三合土地基、土工合成材料地基、粉煤灰地基、重锤夯实地基、强夯地基、振冲地基、砂桩地基、预压地基、高压喷射注浆地基、土与灰土挤密桩地基、注浆地基、水泥粉煤灰碎石桩地基、夯实水泥土桩地基	复合地基单独组卷
		04	桩基	锚杆静压桩及静力压桩、预应力离心管桩、钢筋混凝土预制桩、钢桩、混凝土灌注桩(成孔、钢筋笼、清孔、水下混凝土灌注)	单独组卷
		05	地下防水	防水混凝土、水泥砂浆防水层、卷材防水、涂料防水层、金属板防水层、塑料板防水层、细部构造、喷锚支护、复合式衬砌、地下连续墙、盾构法隧道、渗排水、盲沟排水、隧道、坑道排水、预注浆、后注浆、衬砌裂缝注浆	
		06	混凝土基础	模板、钢筋、混凝土、后浇带混凝土、混凝土结构缝处理	
		07	砌体基础	砖砌体、混凝土砌块砌体、配筋砌体、石砌体	
		08	劲钢(管)混凝土	劲钢(管)焊接、劲钢(管)与钢筋的连接、混凝土	
		09	钢结构	焊接钢结构、栓接钢结构、钢结构制作、钢结构安装、钢结构涂装	单独组卷
02	主体结构	01	混凝土结构	模板、钢筋、混凝土、预应力、现浇结构、装配式结构	
		02	劲钢(管)混凝土结构	劲钢(管)焊接、螺栓连接、劲钢(管)与钢筋的连接、劲钢(管)制作、安装、混凝土	
		03	砌体结构	砖砌体、混凝土小型空心砌块砌体、石砌体、填充墙砌体、配筋砖砌体	

续表

分部工程代号	分部工程名称	子分部工程代号	子分部工程名称	分项工程名称	备　注
02	主体结构	04	钢结构	钢结构焊接、紧固件连接、钢零部件加工、单层钢结构安装、多层及高层钢结构安装、钢结构涂装、钢构件组装、钢构件预拼装、钢网架结构安装、压型金属板	单独组卷
		05	木结构	方木和原木结构、胶合木结构、轻型木结构、木构件防护	单独组卷
		06	网架和索膜结构	网架制作、网架安装、索膜安装、网架防火、防腐涂料	单独组卷
03	建筑装饰装修	01	地面	整体地面：基层、水泥混凝土面层、水泥砂浆面层、水磨石面层、防油渗面层、水泥钢(铁)屑面层、不发火(防爆的)面层； 板块面层：基层、砖面层(陶瓷锦砖、缸砖、陶瓷地砖和水泥花砖面层)、大理石面层和花岗岩面层、预制板块面层(预制水泥混凝土、水磨石板块面层)、料石面层(条石、块石面层)、塑料板面层、活动地板面层、地毯面层； 木竹面层：基层、实木地板面层(条材、块材面层)、实木复合地板面层(条材、块材面层)、中密度(强化)复合地板面层(条材面层)、竹地板面层	
		02	抹灰	一般抹灰、装饰抹灰、清水砌体勾缝	
		03	门窗	木门窗制作与安装、金属门窗安装、塑料门窗安装、特种门安装、门窗玻璃安装	
		04	吊顶	暗龙骨吊顶、明龙骨吊顶	
		05	轻质隔墙	板材隔墙、骨架隔墙、活动隔墙、玻璃隔墙	
		06	饰面板(砖)	饰面板安装、饰面板粘贴	
		07	幕墙	玻璃幕墙、金属幕墙、石材幕墙	单独组卷
		08	涂饰	水性涂料涂饰、溶剂型涂料涂饰、美术涂饰	
		09	裱糊与软包	裱糊、软包	
		10	细部	橱柜制作与安装，窗帘盒、窗台板和暖气罩制作与安装，门窗套制作与安装、护栏和扶手制作与安装、花饰制作与安装	

续表

分部工程代号	分部工程名称	子分部工程代号	子分部工程名称	分项工程名称	备 注
04	建筑屋面	01	卷材防水屋面	保温层、找平层、卷材防水层、细部构造	
		02	涂膜防水屋面	保温层、找平层、涂膜防水层、细部构造	
		03	刚性防水屋面	细石混凝土防水、密封材料嵌缝、细部构造	
		04	瓦屋面	平瓦屋面、油毡瓦屋面、金属板屋面、细部构造	
		05	隔热屋面	架空屋面、蓄水屋面、种植屋面	
05	建筑给排水及采暖	01	室内给水系统	给水管道及配件安装、室内消火栓系统安装、给水设备安装、管道防腐、绝热	
		02	室内排水系统	排水管道及配件安装、雨水管道及配件安装	
		03	室内热水供应系统	管道及配件安装、辅助设备安装、防腐、绝热	
		04	卫生器具安装	卫生器具安装、卫生器具给水配件安装、卫生器具排水管道安装	
		05	室内采暖系统	管道及配件安装、辅助设备及散热器安装、金属辐射板安装、低温热水地板辐射采暖系统安装、系统水压试验及调试、防腐、绝热	
		06	室外给水管网	给水管道安装、消防水泵接合器及室外消火栓安装、管沟及井室	
		07	室外排水管网	排水管道安装、排水管沟与井池	
		08	室外供热管网	管道及配件安装、系统水压试验及调试、防腐、绝热	
		09	建筑中水系统及游泳池系统	建筑中水系统管道及辅助设备安装，游泳池水系统安装	
		10	供热锅炉及辅助系统安装	锅炉安装、辅助设备及管道安装、安全附件安装、烘炉、煮炉和试运行、换热站安装、防腐、绝热	单独组卷
		11	自动喷水灭火系统	消防水泵和稳压泵安装、消防水箱安装和消防水池施工、消防气压给水设备安装，消防水泵接合器安装、管网安装、喷头安装、报警阀组安装、其他组件安装、系统水压试验、气压试验、冲洗、水源测试、消防水泵调试、稳压泵调试、报警阀组调试、排水装置调试、联动试验	单独组卷

续表

分部工程代号	分部工程名称	子分部工程代号	子分部工程名称	分项工程名称	备　注
05	建筑给排水及采暖	12	气体灭火系统	灭火剂储存装置的安装、选择阀及信号反馈装置安装、阀驱动装置安装、灭火剂输送管道安装、喷嘴安装、预制灭火系统安装、控制组件安装、系统调试	单独组卷
		13	泡沫灭火系统	消防泵的安装、泡沫液储罐的安装、泡沫比例混合器的安装、管道阀门和泡沫消火栓的安装、泡沫产生装置的安装、系统调试	单独组卷
		14	固定水炮灭火系统	管道及配件安装、设备安装、系统水压试验、系统调试	单独组卷
06	建筑电气	01	室外电气	架空线路及杆上电气设备安装、变压器及箱式变电所安装，成套配电柜、控制柜（屏、台）和动力、照明配电箱（盘）及控制柜安装，电线、电缆导管和线槽敷设，电线、电缆穿管和线槽敷线，电缆头制作、导线连接和线路电气试验，建筑物外部装饰灯具、航空障碍标志灯和庭院路灯安装，建筑照明通电试运行，接地装置安装	
		02	变配电室	变压器、箱式变电所安装，成套配电柜、控制柜（屏、台）和动力、照明配电箱（盘）安装，裸母线、封闭母线、插接式母线安装，电缆沟内和电缆竖井内电缆敷设，电缆头制作、导线连接和线路电气试验，接地装置安装，避雷引下线和变配电室接地干线敷设	单独组卷
		03	供电干线	裸母线、封闭母线、插接式母线安装，桥架安装和桥架内电缆敷设，电缆沟内和电缆竖井电缆敷设，电线、电缆导管和线槽敷设，电线、电缆穿管和线槽敷线，电缆头制作、导线连接和线路电气试验	
		04	电气动力	成套配电柜、控制柜（屏、台）和动力、照明配电箱（盘）安装，低压电动机、电加热器及电动执行机构检查、接线，低压电气动力设备检测、试验和空载试运行，桥架安装和桥架内电缆敷设，电线、电缆导管和线槽敷设，电线、电缆穿管和线槽敷线，电缆头制作、导线连接和线路电气试验，插座、开关、风扇安装	

续表

分部工程代号	分部工程名称	子分部工程代号	子分部工程名称	分项工程名称	备　注
06	建筑电气	05	电气照明安装	成套配电柜、控制柜(屏、台)和动力、照明配电箱(盘)安装,电线、电缆导管和线槽配线,电线、电缆导管和线槽敷线,槽板配线,钢索配线,电缆头制作、导线连接和线路电气试验,普通灯具安装,专用灯具安装,插座、开关、风扇安装,建筑照明通电试运行	
		06	备用和不间断电源安装	成套配电柜、控制柜(屏、台)和动力、照明配电箱(盘)安装,柴油发电机组安装,不间断电源的其他功能单元安装,裸母线、封闭母线、插接式母线安装,电线、电缆导管和线槽敷设,电线、电缆导管和线槽敷线,电缆头制作、导线连接和线路电气试验,接地装置安装	
		07	防雷及接地安装	接地装置安装,避雷引下线和变配电室接地干线敷设,建筑物等电位连接,接闪器安装	
07	智能建筑	01	通信网络系统	通信系统、卫星及有线电视系统、公共广播系统	单独组卷
		02	办公自动化系统	计算机网络系统、信息平台及办公自动化应用软件、网络安全系统	单独组卷
		03	建筑设备监控系统	空调与通风系统、变配电系统、照明系统、给排水系统、热源和热交换系统、冷冻和冷却系统、电梯和自动扶梯系统、中央管理工作站与操作分站、子系统通信接口	单独组卷
		04	火灾报警及消防联动系统	火灾和可燃气体探测与火灾报警控制系统、消防联动系统	单独组卷
		05	安全防范系统	电视监控系统、入侵报警系统、巡更系统、出入口控制(门禁)系统、停车管理系统	按分项单独组卷
		06	综合布线系统	综合布线系统	单独组卷
		07	智能化集成系统	集成系统网络、实时数据库,智能化集成系统与功能接口,信息安全	
		08	电源与接地	机房、智能建筑电源、防雷及接地	
		09	环境	空间环境、室内空调环境、视觉照明环境、电磁环境	单独组卷

续表

分部工程代号	分部工程名称	子分部工程代号	子分部工程名称	分项工程名称	备　注
07	智能建筑	10	住宅(小区)智能化系统	火灾自动报警及消防联动系统、安全防范系统(含电视监控系统、入侵报警系统、巡更系统、门禁系统、楼宇对讲系统、住户对讲呼救系统、停车管理系统)、物业管理系统(多表现场计量及与远程传输系统、建筑设备监控系统、公共广播系统、小区网络及信息服务系统、物业办公自动化系统)、智能家庭信息平台	单独组卷
08	通风与空调	01	送排风系统	风管与配件制作、部件制作、风管系统安装、空气处理设备安装、消声设备制作与安装、风管与设备防腐、风机安装、系统调试	
		02	防排烟系统	风管与配件制作、部件制作、风管系统安装、防排烟风口、常闭正压风口与设备安装、风管与设备防腐、风机安装、系统调试	
		03	除尘系统	风管与配件制作、部件制作、风管系统安装、除尘器与排污设备安装、风管与设备防腐、风机安装、系统调试	
		04	空调风系统	风管与配件制作、部件制作、风管系统安装、空气处理设备安装、消声设备制作与安装、风管与设备防腐、风机安装、风管与设备绝热、系统调试	
		05	净化空调系统	风管与配件制作、部件制作、风管系统安装、空气处理设备安装、消声设备制作与安装、风管与设备防腐、风机安装、风管与设备绝热、系统调试	
		06	制冷设备系统	制冷机组安装、制冷剂管道及配件安装、制冷附属设备安装、管道及设备的防腐与绝热、系统调试	
		07	空调水系统	管理冷热(媒)水系统安装、冷却水系统安装、冷凝水系统安装、阀门及部件安装、冷却塔安装、水泵及附属设备安装、管道与设备的防腐与绝热、系统调试	

续表

分部工程代号	分部工程名称	子分部工程代号	子分部工程名称	分项工程名称	备 注
09	电梯	01	电力驱动的曳引式或强制式电梯安装	设备进场验收、土建交接检验、驱动主机、导轨、门系统、轿厢、对重(平衡重)、安全部件、悬挂装置、随行电缆、补偿装置、电气装置、整机安装验收	单独组卷
		02	液压电梯安装	设备进场验收、土建交接检验、液压系统、导轨、门系统、轿厢、平衡重、安全部件、悬挂装置、随行电缆、电气装置、整机安装验收	单独组卷
		03	自动扶梯、自动人行道安装	设备进场验收、土建交接检验、整机安装验收	单独组卷

附录B 竣工图图纸绘制及折叠方法

一、一般要求

(1) 图纸折叠前应按裁图线裁剪整齐,其图纸幅面应符合表B-1、图B-1的规定。

表B-1 图纸幅面要求

基本幅面代号	0	1	2	3	4
b×1	841 mm×1189 mm	594 mm×841 mm	420 mm×594 mm	297 mm×420 mm	297 mm×210 mm
c	10 mm			5 mm	
a	25 mm				

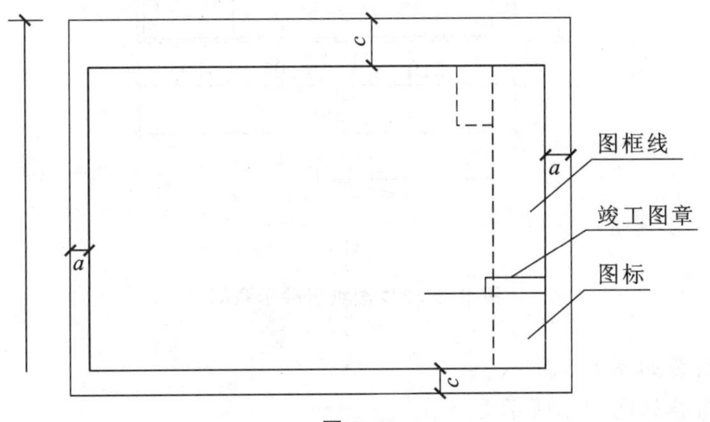

图B-1

注:①尺寸代号见图1;②尺寸单位为mm。

（2）图面应折向内，成手风琴风箱式。

（3）折叠后幅面尺寸应以4＃图纸基本尺寸(297 mm×210 mm)为标准。

（4）图纸及竣工图章应露在外面。

（5）3＃～0＃图纸应在装订边297 mm处折一个三角或剪一个缺口，折进装订边。

二、折叠方法

（1）4＃图纸不折叠。

（2）3＃图纸折叠如图B-2所示(图中序号表示折叠次序，虚线表示折起的部分，以下同)。

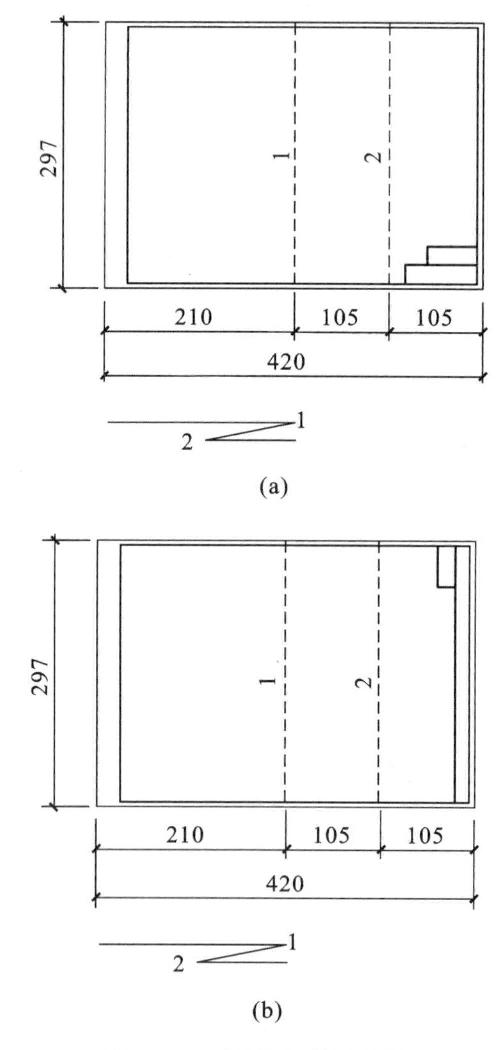

图 B-2　3＃图纸折叠示意图

（3）2＃图纸折叠如图B-3所示。

（4）1＃图纸折叠如图B-4所示。

（5）0＃图纸折叠如图B-5所示。

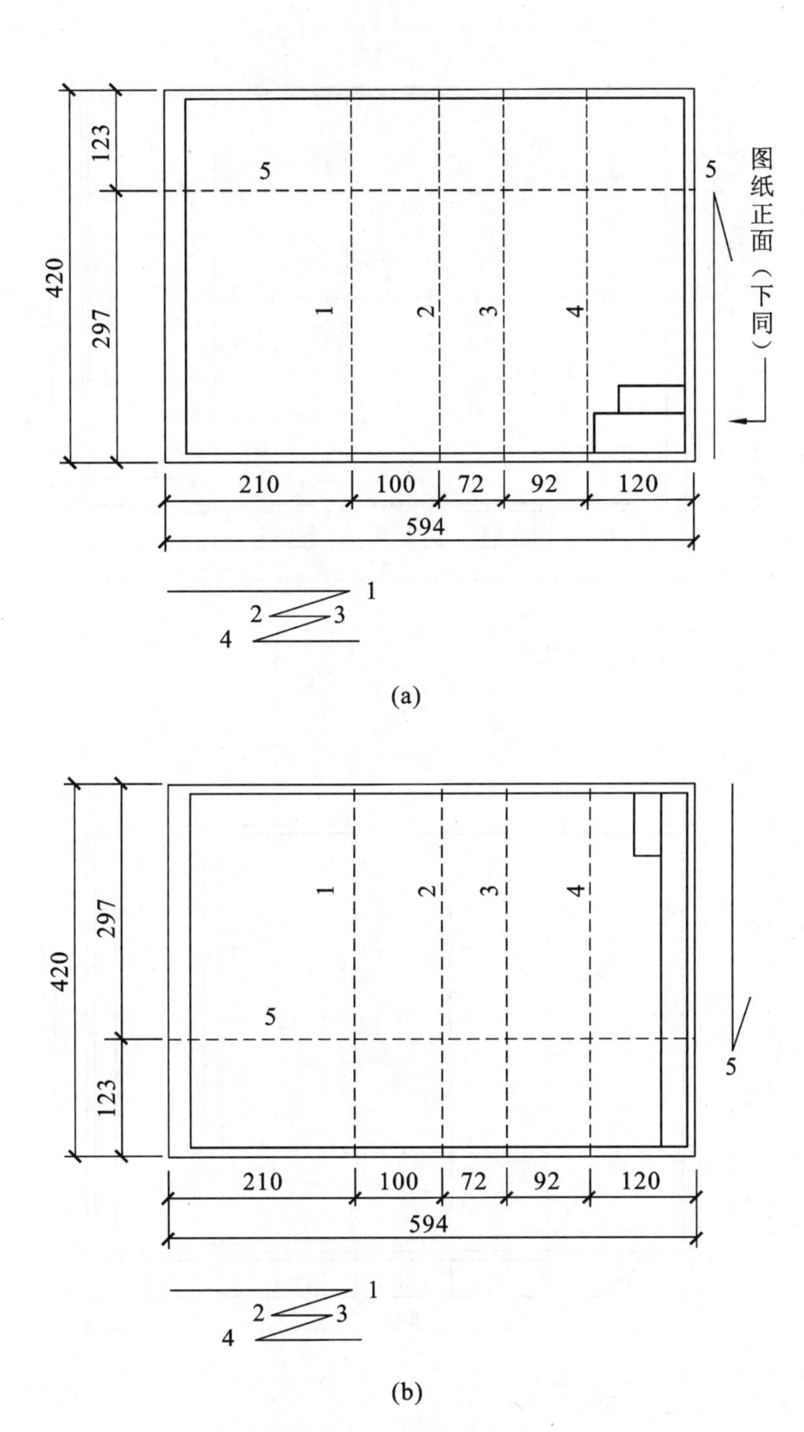

图 B-3　2＃图纸折叠示意图

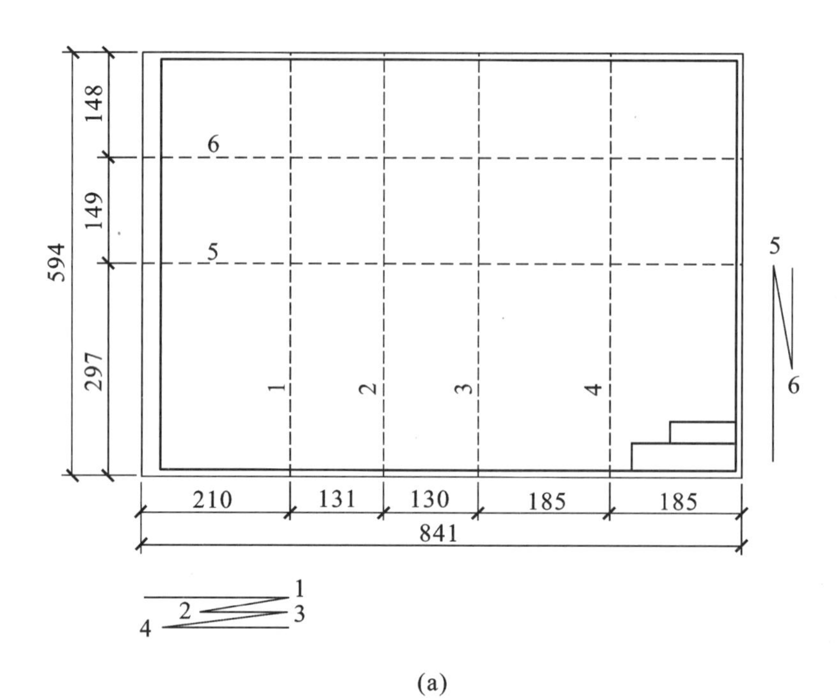

(a)

(b)

图 B-4　1＃图纸折叠示意图

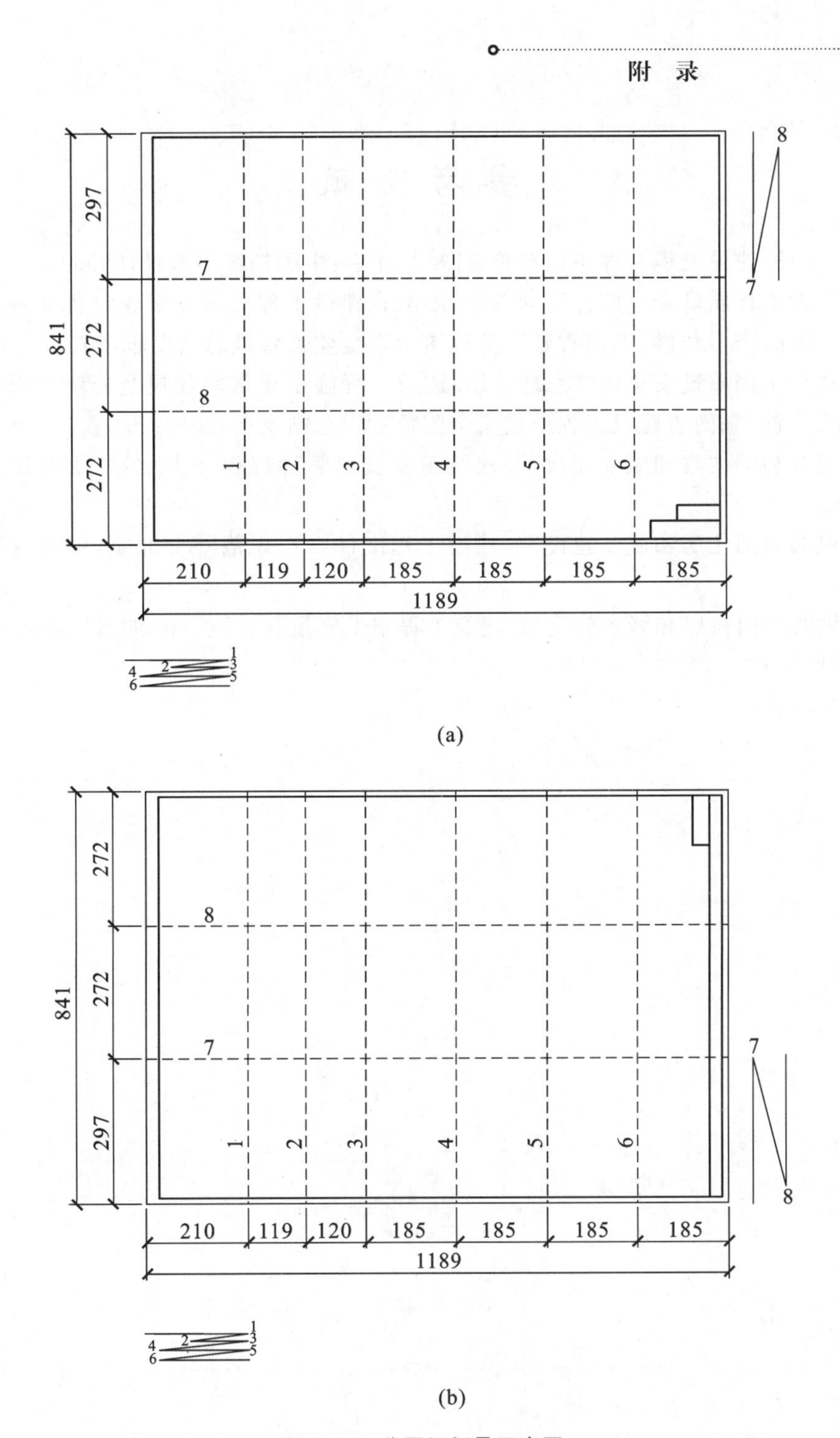

图 B-5 0♯图纸折叠示意图

三、工具使用

图纸折叠前,准备好一块略小于 4♯图纸尺寸(一般为 292 mm×205 mm)的模板。折叠时,应先把图纸放在规定位置,然后按照折叠方法的编号顺序依次折叠。

参考文献

[1] 冯兆平，张丹. 建设工程文件与档案管理[M]. 北京：中国档案出版社，2006.

[2] 湖南省建设工程质量安全监督管理总站. 湖南省建设工程质量监督验收备案各类往来文函用表格式汇编[S]. 长沙：湖南省建设工程质量安全监督管理总站发布，2011.

[3] 湖南省建设工程质量安全监督总理总站. 建筑工程施工质量验收规范分项工程检验批样表汇编[S]. 长沙：湖南省建设工程质量安全监督管理总站发布，2008.

[4] 中华人民共和国住房和城乡建设部. 建筑工程资料管理规程[S]. 北京：中国建筑工业出版社，2010.

[5] 中华人民共和国住房和城乡建设部. 建设工程文件归档规范[S]. 北京：中国建筑工业出版社，2014.

[6] 中华人民共和国住房和城乡建设部. 建筑工程施工质量验收统一标准[S]. 北京：中国建筑工业出版社，2013.